ARISTIPP

UND EINIGE SEINER ZEITGENOSSEN.

Omnis Aristippum decuit color et status et res,
Tentantem majora fere, minoribus aequum.

Sibi res non se rebus submittere.

HERAUSGEGEBEN

VON

C. M. WIELAND.

VIERTER BAND.

LEIPZIG

BEY GEORG JOACHIM GÖSCHEN. 1801.

ARISTIPPS BRIEFE.

VIERTES BUCH.

Aristipp an Eurybates.

Ich habe mich gewöhnt mir einzubilden daſs
es meinen Freunden sehr wohl ergehe, wenn
sie mich lange nichts von sich hören lassen, und es wäre mir lieb wenn sie sich
eben dasselbe von mir vorstellen wollten.
In der That hat die Zeit für niemand schnellere Flügel als für die Glücklichen; und wenn
man auch vielbeschäftigte Personen sagen
hört, daſs ihnen Tage zu Stunden werden,
so geschieht dieſs doch meistens nur, wenn
sie sich aus eigener Wahl und mit Dingen,
die ihnen in einem hohen Grade wichtig
oder angenehm sind, beschäftigen; denn bey
Arbeiten dieser Art fühlt man sich nicht
minder glücklich, ja vielmehr noch glücklicher als im Genuſs eines nicht mit Arbeit
erkauften Vergnügens. Bey allem dem gestehe ich, lieber Eurybates, wir haben uns
beynahe zu viel darauf verlassen, daſs wir
einander nicht unentbehrlich sind, und wenn

wir es noch lange so forttrieben, könnt' es,
wiewohl gegen unsre Meinung, doch so
weit mit uns kommen, dafs wir einander
vor lauter Woblbefinden endlich ganz ver-
gäfsen. Denke indessen nicht, dafs ich mir
ein Verdienst daraus machen wolle, dir in
Erneuerung unsers Briefwechsels zuvor gekommen zu seyn. Du weifst es ist meine
Sache nicht, meinen Handlungen einen gleis-
senden Anstrich zu geben, und für weiser
oder uneigennütziger angesehen seyn zu wollen, als wir andern anspruchlosen Leute
gewöhnlich zu seyn pflegen. Kurz, ich
habe zwey sehr eigennützige Ursachen dir
zu schreiben: die erste, dafs mir das Verlangen nach zuverlässigen Nachrichten von
dir selbst und allem was zu dir gehört,
und von der schönen Athenä überhaupt
durch so lange Nichtbefriedigung peinlich
zu werden anfängt; die andere, dafs ich
vielleicht durch dich aus meiner Ungewifs-
heit über das Schicksal unsrer Freundin
Lais gezogen zu werden hoffe. Zwey Jahre
sind bereits vorüber, seitdem Sie, im Begriff
Korinth und das südliche Griechenland auf
immer zu verlassen, mit den abnungsschwe-
ren Worten von mir und Kleonidas Abschied
nahm: „wenn ich an den Ufern des Peneus
die Ruhe wieder finde, werdet Ihr mehr
von mir hören: wo nicht, so lafst mich in

euerm Andenken leben und seyd glücklich. " —
Sie hat in dieser langen Zeit nichts von sich
hören lassen, und ich kann mich nicht erwehren ihrentwegen in Sorgen zu seyn; denn
wofern es ihr nicht ginge wie wir wünschen, so bin ich nur allzu gewiß, daß sie
zu stolz ist Hülfe von ihren Freunden anzunehmen, geschweige bey ihnen zu suchen.

Wir genügsamen Cyrener befinden uns
bey unsrer goldnen Mittelmäßigkeit so wohl,
daß wir uns wenig um die besondern Umstände der ewigen Zwistigkeiten und Fehden
bekümmern, welche Eifersucht, Ehrgeitz
und Begierde immer mehr zu haben, zwischen
Athen und Sparta, und überhaupt zwischen
dem Dorischen und Ionischen Stamm
der Hellenen niemahls ausgeben lassen
werden. Alles was ich seit einiger Zeit von
dem Übermuth, womit die Spartaner sich der
ihnen aufgetragenen Vollziehung des Friedens des Antalcidas überheben, ver-
nommen habe, läßt mich einen nahe bevor-
stehenden neuen Ausbruch des allgemeinen
Mißvergnügens der Städte vom zweyten und
dritten Rang vermuthen, wovon die Athener
ohne Zweifel Gelegenheit nehmen werden,
sich der Herrschaft des Meers wieder zu
bemächtigen, auf deren langen Besitz sie ein
vermeintes Zwangsrecht grunden, welches

ihnen von den übrigen Seestädten freywillig niemahls zugestanden werden wird.

Inzwischen erheben sich im nördlichen
Griechenlande, wie uns neuerlich ein reisen-
der Byzantiner berichtet, zwey neue Mächte;
eine seit ungefähr vierzig Jahren unvermerkt
heran gewachsene Republik, und ein vor
kurzem noch unbedeutender Fürst; welche,
wenn man ihren raschen Fortschritten noch
einige Zeit so gleichgültig wie bisher zusehen würde, beide der bisherigen Verfassung der Hellenen eine grofse Veränderung
drohen. Du siehest dafs ich von Olynthus in der Chalcidice und von dem
Thessalischen Fürsten Jason rede, der,
nach allem was der Byzantiner von ihm
erzählt, den Unternehmungsgeist seines alten
Nahmensverwandten in der Heldenzeit mit
der Tapferkeit Achills und der Besonnenheit
des erfindungsreichen Ulysses verbindet, und
kein Geheimnifs mehr daraus macht, dafs er
nichts geringeres vorhabe, als das alte Mut-
terland der Hellenen wieder in sein
schon so lange her verscherztes vormahliges
Ansehen zu setzen, und die Macht des
gesammten Griechenlands darin zusammen
zu drängen, um sodann, an der Spitze aller
Abkömmlinge Deukalions, das Griechische
Asien auf immer vom Joche der Perser zu

befreyen. Meiner Meinung nach könnte
euern übelberathenen, die wahre Freyheit
und ihr wahres Interesse ewig verkennen-
den Freystaaten nichts glücklicheres begegnen, als wenn es diesem edeln Thessalier
gelänge seinen grofsen Gedanken auszuführen.

Ärgere dich nicht, lieber Eurybates, mich
so filotyrannisch reden zu hören; meine
Vorliebe zur Monarchie dauert gewöhnlich nur
so lange, als ich in einem demokratischen
oder oligarchischen Staat lebe, und ich bin
der Freyheit nie wärmer zugethan, als da,
wo ein Einziger alle Gewalt in den Händen
hat. Ein weiser und edel gesinnter Monarch
weifs jedoch beides sehr gut mit einander
zu vereinigen; nur Schade, dafs die weisen
und guten Monarchen ein eben so seltnes
Geschenk des Zufalls sind als die weisen
und guten Demagogen. Ist es nicht ein nie-
derschlagender Gedanke, dafs noch kein Volk
auf dem Erdboden Verstand genug gehabt
hat, das, was bisher blofs Sache des Zufalls
war, zu einem Werke seiner Verfassung
und seiner Gesetze zu machen? Und wo ist
das Volk, von welchem ein solches Kunstwerk (vielleicht das gröfste, dessen der
menschliche Verstand fähig ist) zu erwarten wäre, da das sinnreichste und gebildet-
ste von allen, die Griechen, in so vielen

Jahrhunderten noch nicht so weit gekommen
ist, sich den Unterschied zwischen Regierung und Herrschaft deutlich zu machen,
und einzusehen, dafs wohl regieren eine
Kunst, und in der Ausübung zwar eine
der schwersten, aber doch, so gut wie jede
andre, zu erlernen und auf feste Grundsätze
zurück zu führen ist? Das schlimmste ist nur,
dafs die Kunst wohl zu regieren, wenn sie
auch gefunden wäre, ohne die Kunst zu
gehorchen wenig helfen könnte; oder mit
andern Worten: dafs das Volk zum Gehorchen eben so wohl erzogen und gebildet
werden müfste, als seine Obern zum Regieren.
Der Gesetzgeber der Lacedämonier ist meines Wissens der einzige, der diefs einge-
sehen hat; und dafs die Verfassung, die er
ihnen gab, der Natur zum Trotz, länger als
irgend eine andere gedauert hat, ist, denke
ich, hauptsächlich der sonderbaren Erziehung
beyzumessen, an welche alle Bürger von
Sparta durch seine Gesetze gebunden sind.

Ich für meine Person werde immer und
überall frey gestehen, dafs mir die Wörter
Herr und Herrschaft eben so herzlich
zuwider sind, als Knecht und Knecht-
schaft; ich will regiert seyn, nicht
beherrscht; wenn ich aber doch ja einen
Herren über mich dulden mufs, so sey es

ein einziger Agamemnon, nicht alle
Heerführer — und am allerwenigsten das
ganze Heer der Achaier. Da jedoch
die Wahl nicht immer in meiner Willkühr
steht, so werde ich mich, im Nothfall wenigstens bis uns Plato mit seiner Republik be-
schenken wird, mit meiner Filosofie zu behelfen wissen, die mich allenthalben unter
leidlichen Umständen so glücklich zu seyn
lehrt als ich billiger Weise verlangen kann;
und leidlich sollte sie mir sogar den Schnappsack und Stecken unsers Freundes Diogenes
machen, wenn der einzige Herr, den ich
gutwillig über mich erkenne, die allmäch-
tige Göttin Anangke jemahls Belieben tragen sollte, mich auf so wenig Eigenthum
herabzusetzen; ein Fall, wovor der große
König zu Persepolis am Ende nicht sicherer
ist als ich.

2.

Eurybates an Aristipp.

Das zweydeutige Mittelding von Knabe und
Jüngling, aus dessen Händen du diesen Brief
erhalten wirst, lieber Aristipp, trägt so deutliche Merkmahle seiner Abkunft in seinem
Gesichte, dafs er Euch hoffentlich beym ersten
Anblick lebhaft genug an Droso und Eurybates erinnern wird, um ihn ohne schär-
fere Untersuchung für den, wofür er sich
ausgiebt, gelten zu lassen, und als solchen
gastfreundlich aufzunehmen. Ich glaubte dir
nicht besser beweisen zu können, dafs Zeit
und Entfernung meine dir längst bekannten
Gesinnungen nicht geschwächt haben, als
indem ich dir meinen Sohn Lysanias unan-
gemeldet zuschickte, in voller Zuversicht,
dafs du ihn für einige Zeit unter deine Hausgenossen aufnehmen, und des Glückes unter
deinen Augen zu leben würdigen werdest.
Es ist nun seine eigene Sache, sich Euch
durch sich selbst zu empfehlen. Ihr werdet
wenigstens finden, dafs er Euch, wie billig,
nicht als ein roher Marmorblock zugefertiget

worden ist. Er hat drey Jahre lang die
Schule unsers berühmten Isokrates, und
in dem letzt verflofsnen sogar die Akademie besucht; und da sein noch zu grünes
Alter ihm den Zutritt zu den Geheimnissen der Filosofie verwehrte, welche der
göttliche Plato in ein beynahe noch dichte-
res Dunkel einhüllt als jenes, das die heiligen Mysterien zu Eleusis umgiebt, so hat
er wenigstens von dem exoterischen
Unterricht unsers Attischen Pythagoras so viel mit genommen als er aufpacken
konnte.

Die Wahrheit zu sagen wünsche ich auch
nicht, dafs mein Sohn und Erbe sich jemahls
so hoch versteige, um unter die Dinge
über uns zu gerathen, oder gar bis zu den
Ideen unsers grofsen Sehers empor zu dringen, und bis zu der hehren „Göttin Anangke
und ihrem vom Gipfel des Lichthimmels
herabhangenden, unermefslichen stählernen
Spinnrocken und ihrer wundervollen Spindel mit den acht in einander steckenden
Wirteln, auf deren jedem eine Sirene
sitzt; die ihren eigenen aber immer eben
denselben Ton von sich giebt, wozu die
Moiren, Lachesis, Klotho und Atropos, während sie unsre Schicksale spinnen,
sich die Zeit damit kürzen, alle drey zugleich,

Lachesis das Vergangene, Klotho das Gegenwärtige, und Atropos das Künftige zu singen" — wie du aus dem zehenten Buch der wundervollen Republik mit mehrerem vernehmen wirst, von welcher, als einer der neuesten überirdischen Erscheinungen aus der Akademie, Lysanias dir eine von unserm Freunde Speusipp selbst berichtigte Abschrift überbringt. Wenn du mir gelegentlich dein Urtheil über dieses sonderbare Kunstwerk, so ausführlich als Lust und Musse dirs gestatten werden, mittheilen wolltest, würdest du mir keine geringe Gefälligkeit erweisen: denn mein eigenes macht mit den dithyrambischen Lobgesängen seiner Bewunderer einen so hässlichen Misklang, dass es unbescheiden wäre, wenn ich nicht einiges Misstrauen in seine Vollgültigkeit setzte. Aufrichtig zu reden, Aristipp, ich hab' es noch nicht über mich gewinnen können, das ganze Werk von Anfang bis zu Ende zu durchlesen; ich kenn' es nur aus einigen Bruchstücken, und würde dir daher desto mehr Dank wissen, wenn du mich durch einen umständlichen Bericht, wie du das Ganze gefunden hast (einen vollständigen Auszug darf ich dir nicht zumuthen) in den Stand setzen wolltest, mir einen hinlänglichen Begriff davon zu machen.

Es wird dir nicht entgehen, dafs mein
Lysanias mit einer gewissen natürlichen Anmuthung zu den Spindeln, Wirteln, Sirenen
und singenden Spinnerinnen des göttlichen
Platons auf die Welt gekommen ist. Um
so nöthiger fand ich ihn bey Zeiten in
einen gesellschaftlichen Kreis feingebilde-
ter, aber unverkünstelter und anverschea-
bener, vorzüglicher aber anspruchloser,
mit Einem Wort, unverfälschtes
und (wenn ich dir eine deiner Redensar-
ten abborgen darf) menschliches Menschen zu bringen, unter welchen er sich
an eine natürliche Ansicht der Dinge
gewöhnen; für alles Menschliche das rechte
Mafs finden, und sich in Allem auf der
Mittellinie zwischen zu wenig und
zu viel mit Sicherheit und Leichtigkeit sein
ganzes Leben durch fast bewegen lernen
könne.

Ich würde einen meiner angelegensten
Wünsche erfüllt sehen, wenn Lysanias bey
Euch den Beschäftigungen und Freuden des
Landlebens Geschmack abgewinnen, und
bey täglichem Anblick der Glückseligkeit
etlicher durch Übereinstimmung der Gemüther und wechselseitiges Wohlwollen noch
enger als durch die Bande der Anverwandt-
schaft und Verschwägerung vereinigter Famil

lien, den hohen Werth des häuslichen
Glückes schätzen lernte. Er ist mein einziger Sohn; ich möchte ihn einst als einen
glücklichen Menschen hinter mir lassen, und
ich habe keine Lust ihn einer Republik aufzuopfern, in welcher der Übermuth und
thörichte Dünkel des zu herrschen wähnen-
den, aber jedem kecken Schwätzer zu Gebote
stehenden Pöbels täglich ausschweifender,
die Unredlichkeit der Demagogen, die ihm
den Ring durch die Nase gezogen haben,
immer schreyender, die Maximen, nach welchen man handelt, immer widersinnischer,
der gegenwärtige Zustand immer heilloser,
und die Aussicht in die Zukunft immer trü-
ber werden. Der gute Plato hat uns mit
seiner erhabenen, aber nur gar zu hoch
hinauf geschraubten Filosofie, die er zur
bösen Stunde der schlichten Sokratischen
untergeschoben hat, im Ganzen nicht um
einen Schritt vorwärts gebracht; und wie
sollt' er auch? Wahrlich, die Behauptung
in seinem Menon, daß die Tugend keine
Frucht des Unterrichts und der Erziehung
seyn könne, ist nicht sehr geschickt eine
bessere Erziehung unserer immer mehr ver-
wildernden Jugend zu befördern; und was ein
noch so fein und zierlich ausgearbeitetes
Modell einer Republik idealischer Menschen,
die von lauter leibhaften Platonen nach idea-

lischen Gesetzen zu einem idealischen Zweck
regiert werden, uns Athenern und allen übrigen, eben so unplatonischen Hellenen, helfen
soll, — wenn du es ausfindig machen kannst,
lieber Aristipp, so wirst du mich durch die
Mittheilung sehr verbinden. Was ich täglich sehe ist, daß die um uns her auf-
schießende neue Generation (vermuthlich
zu großem Trost unsers Filosofen) alle mögliche Hoffnung giebt, noch schlechter als
ihre schon so sehr ausgeartete Väter zu
werden, und also für die Wahrheit seiner
Behauptung, daß außer einer Republik von
Filosofen seines Schlags kein Heil sey, noch
handgreiflicher beweisen wird als wir.

So wie die Sachen dermahlen bey uns
stehen, kann ein ehrlicher Mann, der nicht
das Opfer eines vergeblichen und lächerli-
chen Heldenthums zu werden Lust hat,
keine bessere Partey ergreifen, als nach dem
Beyspiel unsrer wackern Großväter sich auf
seine Hufe zurück zu ziehen, seiner Öhl-
bäume und Knoblauchfelder zu warten, seinem Hauswesen vorzustehen, und sich von
allen Versuchungen der unter der schönen
Larve der Vaterlandsliebe sich verbergen-
den Ruhmsucht und Begierde den Meister
zu spielen, so rein als möglich zu erhalten.

Bey allem dem können doch in Zeitläufen, wie die unsrigen, Fälle eintreten, wo man schlechterdings zwischen zwey Übeln wählen muß, und, um nicht durch die Untüchtigkeit oder Treulosigkeit des Schiffers, auf dessen Fahrzeug man sich befindet, zu Grunde zu gehen, genöthigt ist selbst Hand anzulegen, und zu Erhaltung des Ganzen mit Rath und That beyzutragen. In dieser Rücksicht wird es dann freylich nöthig seyn, daß Lysanias, außer den gewöhnlichen gymnastischen und andern Leibesübungen, sich hauptsächlich in den beiden Künsten, die einem hellenischen Staatsmann und Kriegsbefehlshaber die unentbehrlichsten sind, der Redekunst und der Kunst die Menschen recht zu behandeln, so geschickt zu machen suche als nur immer möglich seyn wird. In der letztern kann ihn niemand weiter bringen als Du selbst; zur erstern hat er unter Isokrates einen so festen Grund gelegt, daß es bloß einer fleißig fortgesetzten Übung unter den Augen eines guten Meisters bedarf. Ich habe ihn deßwegen noch besonders an deinen Freund und ehmahligen Zögling Antipater empfohlen, der, nach einem langen Aufenthalt unter uns, mit allen Schätzen der Griechischen Musen beladen zu Edoh? zurück gekehrt ist, und auch durch die genaue Kenntniß, die er sich

von dem Innern unsrer zahllosen Republiken
und ihren Verhältnissen gegen einander erworben hat, dem jungen Menschen nützlich
werden könnte. In allem diesem, Aristipp,
wird, wie ich zuversichtlich hoffe, deine
Gesinnung für den Vater auch dem Sohne
zu Statten kommen, und ich werde dir und
deinen Freunden in seiner mit euerer Hülfe
vollendeten Bildung die gröfste aller Wohl-
thaten zu danken haben.

Nun noch ein Wort von unsrer Freundin Lais. Auch ich nehme an der schönsten und liebreitzendsten aller Weiber, die
seit der schönen Helena die Männerwelt
in Flammen gesetzt haben, zu warmen Antheil, um nicht zu wünschen, dafs ich dir
die angenehmsten Nachrichten von ihr zu
geben haben möchte: aber mit allen möglichen Nachforschungen ist von ihrem dermahligen Aufenthalt und Zustand nichts Zu-
verlässiges zu erhalten gewesen, wiewohl
es an allerley einander widersprechenden
und mehr oder weniger ungereimten Gerüch-
ten nicht fehlt. Ich besorge sehr, die Moiren spinnen ihr nicht viel Gutes. So viel
scheint gewifs, dafs ihr Vorsatz, sich in
Thessalien anzusiedeln, nicht zu Stande gekommen ist. Der heillose Mensch, der ihr
ganzes Wesen auf eine so unbegreifliche

Art überwältiget hat, scheint ihr nicht Zeit
dazu gelassen zu haben. Er führte sie wie
im Triumf von einer Thessalischen und Epi-
rotischen Stadt zur andern, machte überall
grossen Aufwand, und verließ sie endlich
(sagt man) wie Theseus die arme Ariadne
auf Naxos, ohne sich zu bekümmern was
aus ihr werden könnte. Sobald ich diese
Nachricht aus einer ziemlich sichern Hand
erhielt, schickte ich einen meiner Freyge-
lafsnen, auf dessen Verstand und Treue ich
rechnen darf, mit dem Auftrag, wofern
es nöthig wäre ganz Thessalien, Epirus und
Akarnanien zu durchwandern, um sie aufzusuchen und Nachrichten von ihr einzuziehen.
Learch zu Korinth that eben dasselbe,
und unser Vorsatz war, sie, sobald sie gefunden wäre, mit möglichster Schonung
ihres Zartgefühls zu bewegen, überall wo
sie künftig zu leben gedächte, uns die Sorge
für ihre Haushaltung zu überlassen. Aber,
wie gesagt, bis itzt ist es unmöglich gewesen auf ihre Spur zu kommen. Wir geben
indessen noch nicht alle Hoffnung auf, und
sobald wir etwas entdecken, soll es dir
unverzüglich mitgetheilt werden. Wenigstens haben wir soviel mit unsern Nachforschungen gewonnen, dass alle über ihren
Tod und, die Art ihres Todes herumlaufende
Gerüchte bey genauerer Untersuchung falsch

befunden worden sind. Mit wie vielem
Vergnügen würde ich sie in den Besitz des
schönen Witthums wieder einsetzen, wo
der edle Leontides ihr auf alle Fälle eine
ruhige und angenehme Freystätte gegen alle
Zufälle des Lebens zu hinterlassen glaubte!

Was euch der Byzantiner von dem schnel-
len Wachsthum der neuen Chalcidischen
Republik Olynthus und von den weit aus-
sehenden Entwürfen des Thessalischen Fürsten Jason berichtet hat, bestätigt sich alle
Tage mehr. Der letztere ist wirklich ein
Mann von seltnen und glänzenden Eigenschaften, ganz dazu gemacht sein Vaterland
aus dem politischen Nichts, worin es beynahe seit der Heroenzeit gelegen, hervor
zu ziehen, und ihm die ganze Wichtigkeit
zu verschaffen, die es vermöge seiner Lage,
Fruchtbarkeit und starken Bevölkerung schon
längst hätte behaupten können, wenn seine
Kräfte in einen einzigen Punkt zusammen
gedrängt gewirkt hätten. Was Olynthus
betrifft, so hat sie sich nicht nur zum Haupt
einer beynahe allgemeinen Bundesvereinigung
aller Städte der Chalcidice erhoben, sie
hat sogar einen ansehnlichen Theil der
Macedonischen Provinz Pierien an sich

gebracht, den unmächtigen Amyntas aus
seinem Königssitz zu Pella vertrieben, und
sich unter den benachbarten Thrazischen
Völkerschaften einen bedeutenden Anhang
zu verschaffen gewusst; kurz sie ist bereits
mächtig genug, eine gänzliche Unabhängigkeit von Athen und Sparta behaupten zu
können; zumahl da Jason (der einzige im
nördlichen Griechenland, der ihrer Vergröfse-
rungssucht Grenzen zu setzen vermöchte)
es natürlicher Weise seinem Interesse ge-
mäfser findet, mit dieser neuen Republik
in gutem Vernehmen zu stehen. Dafs beide
unsrer Aufmerksamkeit nicht entgangen sind,
kannst du dir leicht vorstellen. Beide, vorzüglich aber der Held des Tages Jason,
versehen unsre Versammlungsplätze, Märkte
und Hallen reichlich mit immer frischen
Neuigkeiten, und wenn du uns reden hören
könntest, müfstest du glauben, die Athener
hielten sich dem letztern noch sehr verbunden, dafs er nicht müde wird, ihnen so
viel Stoff zu zeitkürzenden Unterhaltungen
zu geben. Denn dafs wir von den Fortschritten, die er in Thessalien und den
angrenzenden Landschaften macht, etwas
für uns selbst befürchten sollten, dazu
ist er noch zu weit von uns entfernt; und
sollte die Gefahr wider Vermuthen gröfser
werden, ,,so sind wir ja auch da, und im

Nothfall findet sich wohl immer, mit oder
ohne unser Zuthun, ein Dolch, der den luf-
tigen Entwürfen eines kleinen Thessalischen
Parteygängers auf einmahl ein Ziel setzt."
Mit den Olynthiern, deren täglich zunehmende Seemacht billig unsre Eifersucht reitzen sollte, scheint es zwar eine andre Bewandtnifs zu haben: aber „was ist denn
am Ende das Olynth, das wie ein Pilz seit
gestern aus dem Boden auftauchte, gegen
die uralte, weltberühmte, von Pallas und
Poseidon und allen andern Göttern begün-
stigte Athenä? und was werden diese Chal-
cidier gegen die Abkömmlinge der unüber-
windlichen Männer von Marathon und
Salamis anrichten? Lafs sie sich doch
vergröfsern und ausbreiten so gut sie können, sie arbeiten doch nur für Uns! Wir
können der Zeitigung dieser schönen saft-
reichen Frucht ruhig zusehen, sicher dafs
wir sie pflücken werden, so bald sie uns
reif genug zu seyn dünken wird." — So,
mein Freund, denkt und spricht man in
Athen, und sieht daher mit der gröfsten
Gleichgültigkeit den Anstalten zu, welche
die herrschlustigen Spartaner, als Vollzieher
und Schirmherren des Friedens des Antalcidas, zu machen im Begriff sind, um
etliche kleine, von ihnen selbst aufgehetzte
Städte gegen die Olynthier in Schutz zu

nehmen, und sich mit diesen in eine Fehde
einzulassen, ,,von welcher wir, wie sie auch
ausfallen. mag, immer den Vortheil haben
werden im Trüben zu fischen, und uns um
so leichter wieder zu Herren des Meers zu
machen, da, allem Ansehen-nach, entweder
Sparta oder Olynth in den Fall kommen
wird, unsern Beystand suchen zu müssen.''

Diese eben so unkluge als unedle Art
von Politik ist nun einmahl unter uns Griechen herrschend geworden; und wird (wie
du sehr richtig voraus siehst) über lang oder
kurz den Verlust unsrer Freyheit zur Folge
haben. Ein Staat, der von seiner Unabhängigkeit keinen weisern Gebrauch macht
als wir, und es immer nur darauf anlegt,
Alles rings um sich her zu unterdrücken
und seiner Willkühr zu unterwerfen, ist
eben so unfähig als unwürdig seine eigene
Freyheit zu behaupten, und bereitet thö-
richter Weise die Fesseln sich selbst, die er
unaufhörlich für alle andre schmiedet. Aber
wie weit sind wir Athener noch entfernt,
uns eine solche Katastrofe der ewigen Tragödie, die wir in Griechenland spielen, träu-
men zu lassen? Wir sehen mit hämischer
Schadenfreude zu, wie das stolze, gewaltthätige und unersättliche Sparta sich allen
Griechen täglich verhafster und unerträgli-

cher macht, und kein warnender Dämon
flüstert uns zu, daſs die Spartaner nichts
thun, als was wir selbst an ihrer Stelle so
lange gethan haben und mit Freuden wieder
thun werden, so bald das Übergewicht wieder auf unsrer Seite seyn wird.

Wie hoch haben die Stifter von Cyrene
sich um ihre Nachkommen verdient gemacht,
da sie euch jenseits des libyschen Meeres,
unter dem heitersten Himmel und auf dem
fruchtbarsten Boden, eine so schöne und
sichere Freystätte bereiteten; weit genug von
der stürmischen Hellas entfernt, um weder
mit Gewalt in den Wirbel unsrer Händel
hinein gerissen zu werden, noch in Versuchung zu gerathen, euch freywillig darein
zu mischen. Wohl Euch bey eurer goldnen
Mittelmäſsigkeit! Cyrene wird vermuthlich
niemahls eine bedeutende Rolle in der Geschichte spielen; aber in Hinsicht auf Glückseligkeit ist es mit Völkern und Staaten wie
mit einzelnen Menschen: man wird immer
unter denen, die sich still und unbekannt
durchs Leben schleichen, mehr glückliche
finden, als unter denen, die am meisten Aufsehen, Geräusch und Staub um sich her
machen.

———

3.

Aristipp an Eurybates.

Der schöne Lysanias hat sich durch sein
sittsames, anmuthiges und gefälliges Wesen
bereits nicht weniger Freunde in Cyrene
erworben als Personen sind, mit welchen
er bekannt zu werden Gelegenheit hatte.
An einem jungen Cekropiden sind diefs
so seltene Tugenden, dafs man beynahe,
wo nicht an seiner Attischen Autochtho-
nie, wenigstens an seiner Erziehung in
Athen zweifeln müfste, wenn er nicht von
so vielen andern Seiten eine Bildung zeigte,
die man in seinem Alter nur zu Athen erhalten haben kann. Mit Einem Worte, Freund
Eurybates, die Grazien haben ihm bey seiner Geburt zugelächelt und ihn mit der
Gabe zu gefallen beschenkt, der köstlichsten
aller Göttergaben, die ihrem Besitzer in allen
Verhältnissen des Lebens unzählige Vortheile bringt, und nur dann gefährlich wird,
wenn er sich selbst zu sehr gefällt. Bis itzt
scheint unser junger Freund von dieser Untugend völlig frey zu seyn; nichts an ihm

verräth dafs er sich seiner Liebenswürdigkeit bewufst sey; im Gegentheil beweiset
die Art, wie er das Wohlgefallen, so wir
Alle an ihm haben, aufnimmt, dafs er, weit
entfernt es für einen schuldigen Tribut zu
halten, uns vielmehr dafür, als für eine
ganz freywillige Äufserung unserer Guther-
zigkeit und Wohlmeinung mit ihm, verbunden zu seyn glaubt. Dafs er in dieser schönen Unbefangenheit erhalten, und weder
durch zu vieles Liebkosen verzärtelt, noch
durch Schmeicheley eitel und einbildisch
gemacht werde, soll eine der angelegensten
Sorgen aller derer seyn, denen du dieses
edle Gewächs zu pflegen anvertraut hast.
Wir fühlen den ganzen Werth deines Zutrau-
ens, und werden uns beeifern es zu rechtfertigen. Inzwischen vereinigen sich Musarion und Kleone mit Kleonidas und mir, der
schönen D r o s o zu danken, dafs sie unsern
Freund Eurybates mit einem so liebenswür-
digen Erben beschenkt hat, und bitten Sie
versichert zu seyn, dafs es nicht an ihrem
guten Willen liegen soll, wenn er seine
geliebte Mutter in Cyrene nicht doppelt wieder gefunden zu haben glauben wird.

Du siehest ohne mein Erinnern, dafs
sechzehn Jahre das Alter nicht sind, wo
das Landleben für einen in Athen aufge-

wachsenen Abkömmling von Kodrus einen
überwiegenden Reitz haben könnte. Es wird
aber auch zu deiner Absicht genug seyn,
wenn er nur, durch öftre Abwechslung des
städischen Lebens mit dem ländlichen, das
Nützliche sowohl als das Angenehme des
letztern immer besser kennen und schätzen
lernt. Der Werth, den er uns auf die
Arbeiten des Landmanns, auf Feldbau,
Baumzucht und alle Arten von Anpflanzun-
gen, legen sieht, wird ihn immer aufmerk-
samer auf diese Gegenstände machen; er
wird sehen, bemerken, fragen, auch wohl
zuweilen selbst Hand anlegen, und so unvermerkt zu Kenntnissen kommen, die er,
sobald der Anfang einmahl gemacht ist, bey
jeder Gelegenheit zu vermehren suchen wird.
Ich sehe mit Vergnügen, daß sich zwischen
ihm und Kratippus, dem ältesten Sohn meines Bruders, eine gegenseitige Zuneigung
entspinnt, die zu einer dauerhaften Freundschaft zu erwachsen verspricht. Mein Neffe
hat fünf oder sechs Jahre mehr als dein
Sohn, und weiß sich des kleinen Ansehens,
so ihm dieser Vorsprung giebt, mit so guter
Art zu bedienen, daß er wirklich mehr über
ihn vermag als wir andern alle. Lysanias
zeigt eine Anhänglichkeit an seinen ältern
Freund, von welcher sich viel Gutes um
so gewisser erwarten läßt, weil Kratippus

nichts-liebkosendes in seinem Betragen hat,
und für die Lebhaftigkeit eines jungen Athe-
ners eher zu trocken scheinen könnte. Wahrscheinlich wird diese Vorliebe zu meinem
Neffen deinen Absichten förderlicher seyn,
als alles was wir Ältern dazu beytragen
können. Mein Bruder besitzt grofse und
einträgliche Ländereyen in allen Gegenden
der Cyrenaika, und Kratippus hat sich aus
angebornem Hang zum thätigen Landleben
der Verwaltung der väterlichen Güter, gänzlich gewidmet. Diefs veranlafst häufige
kleine Reisen und einen längern oder kür-
zern Aufenthalt bald auf diesem bald auf
jenem Gute. Lysanias, der nicht lange
ohne seinen Freund leben kann, hat ihn
also schon mehrmahls begleitet, und findet
an diesen landwirthschaftlichen Reisen, die
ihm in einem der fruchtbarsten und ange-
bautesten Striche des Erdbodens immer neue
und anziehende Gegenstände, Ansichten und
Genüsse verschaffen, so viel Belieben, dafs
wir eher auf Mittel denken müssen, ihn in
der Stadt zurück zu halten als ihm Neigung
zum Landleben einzuflöfsen. Indessen, da
es bey diesen Landpartien weniger um Er-
getzlichkeiten als um Geschäfte zu thun ist,
und unser junger Gastfreund jedesmahl ge-
lehrter, verständiger und gesetzter zurück
kommt, ohne einen andern Nachtheil davon

zu haben, als daſs die etwas mädchenhafte
Gesichtsfarbe, die er nach Cyrene brachte,
unvermerkt eine bräunliche Schattierung ge-
winnt; so halten wir es für besser ihn hierin
seiner eigenen Willkühr zu überlassen, und
werden dennoch alles so einzurichten wissen, daſs die übrigen Zwecke seines Hier-
seyns nicht vernachlässiget werden sollen.

Seit kurzem, lieber Eurybates, habe ich
auch von Learch einen Brief erhalten, der
mir über das Schicksal unsrer armen Lais
nicht mehr Licht noch Trost giebt als der
deinige. Wenn sie nirgends gefunden werden kann, und niemand etwas zuverlässige-
res von ihr zu sagen hat, als daſs sie aus
Pandasia, ihrem letzten Aufenthalt, plötzlich verschwunden sey; wenn der Tauge-
nichts, dem sie sich aufgeopfert, sie in einer
Lage verlassen hat, wo ihr keine andere
Wahl blieb, als entweder die Hülfe ihrer
Freunde anzunehmen — oder zur Schmach
einer gewöhnlichen Hetäre herab zu sin-
ken — oder zu sterben, — so weiſs ich
was sie gewählt hat. O mein Freund, der
Stolz dieses so hochbegabten auſserordentli-
chen Weibes hatte keine Grenzen; er muſste
ihr in einer solchen Lage das Herz brechen,
und — es brach! Das meinige sagt es mir —
Sie hat gelebt! — Und wohl hat Sie, in

der schönsten Hora des Lebens, gelebt,
wie nur wenigen von Göttern Gezeugten
oder ohne Maſs Begünstigten zu leben ver-
gönnt wird; und was auch das Loos ihrer
letzten Tage war, über die Natur und das
Glück hatte sie sich nicht zu beklagen; denn
schwerlich haben Beide jemahls zugleich so
viel für eine Sterbliche gethan als für sie.
Ob sie nicht mit den Geschenken von Beiden besser hätte haushalten können? — ist
eine Frage, welcher die Freundschaft itzt,
da ihr Schicksal entschieden ist, auszuwei-
chen strebt. — Vielleicht hätten wir weniger schonend mit ihr umgehen sollen, da
sie noch glücklich war? — Diesen Vorwurf
habe ich mir selbst schon mehr als Einmahl
gemacht, und kann jedesmahl nicht umhin,
mir selbst zu antworten: es würde vergebens gewesen seyn; denn schwerlich hat
man je ein Weib gesehen, die mit einer so
zauberischen Sanftheit und Geschmeidigkeit
eine so eisenfeste Beharrlichkeit auf ihrer
Meinung, und mit einem so hellen Blick
und scharfen Urtheil eine so unerschöpfliche
Gabe sich selbst zu täuschen und ihre eigene
Vernunft (wenn ich so sagen kann) zu
überlisten, vereinigt hätte.

Ob wir gleich wohl thun, uns unaufhörlich zu sagen, es hange immer von unserm

Willen ab, recht zu handeln oder nicht:
so scheint doch — wenn wir den Menschen
betrachten, so wie er, in unzähligen, ihm
selbst gröſsten Theils unsichtbaren Ketten
und Fäden an Platons groſser Spindel
der Anangke hangend, von eben so
unsichtbaren Händen in das unermeſsliche
und unauflösliche Gewebe der Natur ein-
gewoben wird — so scheint, sage ich, nichts
gewisser zu seyn; als „daſs ein Jedes ist
was es seyn kann, und daſs es unter allen
den Bedingungen, unter welchen es ist,
nicht anders hätte seyn können." Lais
selbst hielt sich nur zu gut hiervon überzeugt. „Da ich nun einmahl Lais bin (schrieb
sie in ihrem letzten Brief an Müsarion) so
ergebe ich mich mit guter Art darein, und
kann nicht wünschen, daſs ich eine Andere
seyn möchte." — Auch mir, lieber Eurybas-
tes, wird es, je mehr ich alles erwäge was
hier zu erwägen ist, immer einleuchtender,
daſs der Ausgang, den das genialisch fröhliche, schimmernde und vielgestaltige Drama
ihres Lebens nahm, dazu gehörte, wenn
sie bis ans Ende Lais seyn sollte. Ich
möchte sagen, das Schicksal war es gewisser Maſsen der Menschheit schuldig; sie
muſste fallen; aber ich bin gewiſs sie
fiel, wie die Polyxena des Euripides,
selbst im Fallen noch besorgt keine Blöſse

zu zeigen." Nichts wäre ihr unerträglicher
gewesen als vor irgend einem Auge, das
einst Zeuge ihrer Glorie war, als ein Gegenstand des Mitleidens zu erscheinen. Die
Art, wie sie verschwand, war die letzte
Befriedigung ihres Stolzes: wir werden nichts
mehr von ihr hören.

Du siehest, guter Eurybates, wie ich
bey diesem traurigen Ereignifs mein Gefühl
zu beschwichtigen suche. Aber die Natur
behauptet ihr Recht darum nicht weniger;
es kommen Augenblicke, da ich, wenig
stärker als Musarion (deren Thränen um
ihre geliebte Freundin und Wohlthäterin so
bald nicht versiegen werden) eine Art von
Trost darin finde, meinem Schmerz nachzu-
hängen; Augenblicke, da die schöne Unglück-
liche in aller ihrer Liebenswürdigkeit vor
mir steht, und einen Glanz um sich her
wirft, worin jede Schuld verschwindet und
Flecken selbst zu Reitzen werden. In solchen Augenblicken möcht' ich mit dem Schicksal hadern, dafs es einen so düstern Schatten auf das herrliche Götterbild fallen liefs;
und die vom Herzen bestochne Einbildungskraft spiegelt mir eine trügerische Möglichkeit vor, wie alles anders hätte geben können; bis endlich die Vernunft das gefällige
Duftgebilde wieder zerstreut, und mich,

wiewohl ungern, zu gestehen nöthigt: es
habe dennoch so gehen müssen, und, wie
unbegreiflich uns auch die Verkettung unsrer
Freyheit mit dem allgemeinen Zusammen-
hange der Ursachen und Erfolge seyn möge,
immer bleibe das Gewisseste, daß das ewige,
mit der schärfsten Genauigkeit in die Natur
der Dinge eingreifende Räderwerk des Schick-
sals nie unrichtig gehen kann.

4.

An Ebendenselben.

Über Platons Dialog von der Republik.

In Lagen, wo das Gefühl mit der Vernunft
ins Gedränge kommt, ist uns alles willkom-
men, was uns in einen andern Zusammenhang von Vorstellungen versetzt, die entweder durch Neuheit, Schönheit und Wichtigkeit anziehen, oder durch einen Anstrich
von sinnreichem Unsinn und Räthselhaftig-
keit zum Nachdenken reitzen, und sich
unvermerkt unserer ganzen Aufmerksamkeit
bemächtigen. In dieser Rücksicht, lieber

Eurybates, hätte mir der neue Platonische
Dialog, womit du mich beschenkt hast, zu
keiner gelegenern Zeit kommen können.
Ich habe ihn, unter häufig abwechselnden
Übergängen von Beyfall, Interesse, Bewun-
derung und Vergnügen — zu Mifsbilli-
gung, Kopfschütteln, Langeweile und Ungeduld, bereits zum zweyten Mahle durchge-
lesen; was wenigstens so viel beweiset, dafs,
meinem Gefühle nach, das Lobenswürdige
in diesem seltsamen Werke mit dem Tadel-
haften um das Übergewicht kämpfe, und
es daher keine leichte Sache sey, über den
innern Werth oder Unwerth desselben ein
unbefangenes Urtheil auszusprechen. Wirklich scheint mir Plato alle Kräfte seines
Geistes und den ganzen Reichthum seiner
Fantasie, seines Witzes und seiner Beredsamkeit aufgeboten zu haben, um das Vollkommenste, was er vermag, hervor zu bringen; und ich müfste mich sehr irren, oder
es ist ihm gelungen, nicht nur alle seine
Vorgänger und Mitbewerber, so viele ich
deren kenne, sondern, in gewissem Sinne,
auch sich selber zu übertreffen. Denn unstreitig mufs sogar sein Fädon, Fädrus,
und das allgemein bewunderte Sympossion
selbst, vor diesem neuen Prachtwerke zurück
weichen. Da man über diesen Punkt (wie
mir Lysanias sagt) zu Athen nur Eine

Stimme hört, und die Meinige zu unbedeutend ist, um das allgemeine Koax Koax
der Aristofanischen Frösche merklich zu verstärken; so wäre wohl das Be-
scheidenste, und auf alle Fälle das Klügste,
was ich thun könnte, wenn ich es bey dem
bisher gesagten bewenden liefse. Aber du
verlangst meine Meinung von dieser neuen
Dichtung unsers erklärten Dichterfein-
des, ausführlich zu lesen, und hast mich
gewisser Mafsen in die Nothwendigkeit gesetzt dir zu Willen zu seyn, da ich nicht
umhin kann, ihn gegen einen Vorwurf zu
vertheidigen, den du ihm machst, und den,
neben so vielen andern, die er nur zu sehr
verdient, mit deiner Erlaubnifs, gerade der
Einzige ist, von welchem ich ihn frey gesprochen wissen möchte. Bey so bewandten
Dingen will ich denn (nach andächtiger
Anrufung aller Musen und Grazien — die
Freyheiten, die ich mir mit ihrem Günst-
linge nehmen werde, nicht in Ungnaden zu
vermerken) mich dem Wagestück unter-
ziehen, und dir meine Gedanken sowohl
von Platons Republik als von diesem
Dialog überhaupt ungescheut eröffnen; ohne
mich jedoch zu einer vollständigen Beurtheilung anheischig zu machen, welche
leicht zu einem zweymahl so dicken Buch

als das beurtheilte Werk selbst, erwachsen
könnte.

Vor allem lafs uns bey der Form dieses Dialogs, als dem ersten was daran in
die Augen fällt, eine Weile stehen bleiben.

Ich setze als etwas Ausgemachtes voraus,
was wenigstens Plato selbst willig zugeben
wird: dafs ein Dialog in Rücksicht auf
Erfindung, Anordnung, Nachahmung der
Natur u. s. f. in seiner Art eben so gut ein
dichterisches Kunstwerk ist und seyn
soll, als eine Tragödie oder Komödie; und
ist er diefs, so mufs er allen Gesetzen, die
ihren Grund in der Natur eines aus vielen
Theilen zusammen gesetzten Ganzen haben,
und überhaupt den Regeln des Wahrschein-
lichen und Schicklichen in Ansehung
der Personen sowohl als der Zeit, des Ortes
und anderer Umstände, eben so wohl unterworfen seyn als diese. Lafs uns sehen,
wie der Werkmeister dieses Dialogs gegen
die verschiedenen Klagepunkte bestehen wird,
die ich ihm zum Theil von etlichen strengen Kunstrichtern aus meiner Bekanntschaft
machen höre, zum Theil (ohne selbst ein
sehr strenger Kunstrichter zu seyn) meinem
eigenen Gefühle nach, zu machen habe.

Ich übergeha den allgemeinen Vorwurf,
der beynahe alle seine Dialogen, aber den
gegenwärtigen, noch viel stärker als die meisten andern, trifft: dafs er dem guten Sokrates unaufhörlich seine eigenen Eyer auszu-
brüten giebt, und ihm ein System von
Filosofie oder Mystosofie unterschiebt,
womit der schlichte Verstand des Sohns des
Sofroniskus wenig oder nichts gemein hatte;
kurz, dafs er ihn nicht nur zu einem ganz
andern Mann, sondern in gewissen Stük-
ken sogar zum Gegentheil dessen macht
was er war. Wir wissen was er hierüber
zu seiner Rechtfertigung zu sagen pflegt,
und lassen es dabey bewenden. Aber auf
die sehr natürliche Frage: „Woher uns
dieser Dialog komme?" sollte er doch die
Antwort nicht schuldig bleiben. Das Ganze
ist die Erzählung eines im Peiräon am Feste
der Thrazischen Göttin Bendis im Hause
des reichen alten Cefalus vorgefallenen
filosofischen Gespräche zwischen Sokrates, Glaukon und Adimanthus; denn
die übrigen im Eingang vorkommenden Personen nehmen an dem Hauptgespräche blofs
mit den Ohren Antheil. Diese Erzählung
legt Plato dem Sokrates selbst in den
Mund; aber an wen die Erzählung
gerichtet sey, und aus welcher Veranlassung? Wo und wann sie vorgefallen?

davon sagt er uns kein Wort. Was müssen wir also anders glauben, als Sokrates habe dieses Gespräch allen, die es zu lesen Lust haben, schriftlich erzählt, d. i. er habe ein Buch daraus gemacht? Wir wissen aber dafs Sokrates in seinem ganzen Leben nichts geschrieben hat, das einem Buche gleich sieht. Plato verstöfst also gegen alle Wahrscheinlichkeit, da er ihn auf einmahl zum Urheber eines Buches macht, das kaum um den sechsten Theil kleiner ist als die ganze Ilias.

Doch wir wollen ihm die Freyheit zugestehen, die man einem Dichter von Profession nicht versagen würde, den Sokrates zum Schriftsteller zu machen, was dieser wenigstens hätte seyn können, wenn er gewollt hätte: aber wie kann er verlangen, wir sollen es für möglich halten, dafs ein Gespräch, welches von einem nicht langsamen Leser in sechzehn vollen Stunden schwerlich mit einigem Bedacht gelesen werden kann, an Einem Tage gehalten worden sey, wenn gleich (was doch keineswegs der Fall war) sein redseliger Sokrates von Sonnenaufgang bis in die sinkende Nacht in Einem fort gesprochen hätte? Adimanth und Glaukon, welche bey weitem in dem gröfsten Theile des Gesprächs blofse Wieder-

haller sind, brauchten sich zwar auf ihre
ewigen, ,,ja freylich, allerdings, nicht anders,
warum nicht? so scheinst, ich sollte meinen,'' und wie die kopfnickenden Formeln
alle lauten, eben nicht lange zu bedenken;
aber man muſs doch wenigstens Athem hohlen, und da in diesen vollen, sechzehn Stunden, die das Gespräch dauert, weder geges-
sen noch getrunken wurde, so kann man
ohne Übertreibung annehmen, der gute Sokrates müſste sich, trotz seiner kräftigen Lei-
besbeschaffenheit, dennoch zuletzt so aus-
getrocknet und verlechzt gefühlt haben, daſs
es ihm unmöglich gewesen wäre, das wundervolle Ammenmährchen von dem A r m e -
n i e r E r, womit Plato seinem Werke die
Krone aufsetzt, in hörbaren Lauten hervor
zu bringen.

Laſs uns indessen aus Gefälligkeit gegen
den filosofischen Dichter über alle diese
Unwahrscheinlichkeiten hinausgehen: aber
wer kann uns zumuthen, (höre ich einige
meiner kunstliebenden Freunde sagen) daſs
wir die Urbanität so weit treiben, die Augen
mit Gewalt vor einem andern Fehler zuzu-
schlieſsen, der ganz allein hinreichend ist,
jedes Kunstwerk, wie schön auch dieser
oder jener einzelne Theil desselben seyn
möchte, in so fern es ein G a n z e s seyn

soll, verwerflich zu machen? Was würden
wir von einem Baumeister sagen, der sich
um die Richtigkeit und Schönheit der Verhältnisse der Seiten, Hallen, Sähle, Kam-
mern, Thüren und anderer einzelner Theile
seines Gebäudes so wenig bekümmerte, daß
er ohne Bedenken die rechte Seite kürzer
als die linke, oder das Vorhaus größer
machte als das Wohnhaus; zu einem hohen,
geräumigen Speisezimmer kleine Fenster und
ungleiche Thüren gäbe, und den Gesell-
schaftssahl neben die Küche setzte? Oder
wie würden wir den Mahler loben, der,
wenn er z. B. den Kampf des Herkules
mit dem Achelous zum Hauptgegenstand
eines Gemähldes genommen hätte, uns auf
derselben Tafel die schöne Deianira unter
einem Gewimmel von Mägden mit Trocknen
ihrer Wäsche beschäftigt zeigte, und, zu
mehrerer Unterhaltung der Liebhaber, auf
beiden Seiten noch eine Äsopische Fabel,
eine Gluckhenne mit ihren Küchlein neben
einem sich stolz in der Sonne spiegelnden
Pfauhahn anbringen, und das alles so genau
und zierlich auspinseln wollte, daß der
Zuschauer, zweifelhaft ob der Fuchs und
der Rabe, oder Deianira mit ihren Mägden, oder Herkules und Achelous, oder
die Gluckhenne und der Pfau die Hauptfigu-
ren des Stücks vorstellen sollten, über dem

Betrachten der Nebendinge den eigentlichen
Gegenstand immer aus den Augen verlöre?
Wiewohl dieser Tadel sich auf eine, meiner Meinung nach, etwas schiefe Ansicht
des Dialogs, als Kunstwerk betrachtet, gründet, und daher um vieles übertrieben ist,
wie ich in der Folge zu zeigen Gelegenheit
finden werde: so muſs ich doch gestehen,
daſs das vor uns liegende Werk von einem
auffallenden Miſsverhältniſs der Theile zum
Ganzen, und von Überladung mit Neben-
sachen, welche die Aufmerksamkeit von der
Hauptsache abziehen und nöthigern Untersuchungen den Weg versperren, nicht ganz
frey gesprochen werden könne. Das Problem,
warum es dem angeblichen Sokrates eigentlich zu thun ist, nehmlich den wahren
Begriff eines gerechten Mannes durch
das Ideal eines vollkommenen Staats
zu finden, macht kaum den vierten Theil
des Ganzen aus; und ob ich schon nicht in
Abrede bin, daſs der Verfasser die Häufigen
Abschweifungen und Episoden mit der Hauptsache in Verbindung zu setzen gesucht hat,
so ist doch unläugbar, daſs einige derselben
wahre Auswüchse und üppige Wasserschöſs-
linge sind, andere hingegen ohne alle Noth
so ausführlich behandelt werden, daſs der
Verfasser selbst das Hauptwerk darüber gänzlich zu vergessen scheint.

Indessen werden alle diese Fehler in meinen Augen zu Kleinigkeiten, so bald gefragt wird: 'wie dieses Platonische Machwerk in Ansehung dessen, worin die wesentlichste Schönheit eines Dialogs besteht, beschaffen sey? — Vorausgesetzt, dass die Rede nicht von Unterweisung eines Knäbleins durch Frage und Antwort, sondern von einem Gespräch unter Männern, über irgend einen wichtigen, noch nicht hinlänglich aufgeklärten, oder verschiedene Ansichten und Auflösungen zulassenden Gegenstand ist, so läfst sich doch wohl als etwas Ausgemachtes annehmen: ein erdichteter Dialog sey desto vollkommener, je mehr er einem unter geistreichen und gebildeten Personen wirklich vorgefallenen Gespräch ähnlich sieht. In einer solchen gesellschaftlichen Unterhaltung stellt jeder seinen Mann; jeder hat seinen eigenen Kopf mitgebracht, hat seine Meinung, und weiſs sie, wenn sie angefochten wird, mit starken oder schwachen, aber doch wenigstens mit scheinbaren, Gründen zu unterstützen. Wird gestritten, so wehrt sich jeder seiner Haut so gut er kann; oder sucht man einen Punkt, welcher Allen noch dunkel ist, ruhig und gemeinschaftlich aufzuhellen, so trägt jeder nach Vermögen dazu bey. Glaubt Einer die Wahrheit, welche gesucht wird, gefunden zu

haben, so hört er die Zweifel, die ihm
dagegen gemacht werden, gelassen an, und
die daraus entstehende Erörterung dient entweder die gefundene Wahrheit zu bestätigen
und anerkennen zu machen, oder den vermeinten Finder zu überführen, daſs er sich
geirret habe; und wäre auch Einer in der
Gesellschaft allen übrigen an Scharfsinn
und Sachkenntniſs merklich überlegen, so
ist dieser so weit entfernt sich dessen zu
überheben, daſs Wort allein führen zu wollen, und den andern nichts übrig zu lassen
als immer Ja zu sagen, daſs er ihnen sogar, falls sie ihre Zweifel und Einwürfe
nicht in ihrer ganzen Stärke vorzutragen
wissen, mit guter Art zu Hülfe kommt, ihre
Partey gegen sich selbst nimmt, und nicht
eher Recht behalten will, bis alle Waffen,
womit seine Meinung bestritten werden
kann, stumpf oder zerbrochen sind. Unterhaltungen dieser Art sind es, die der
Dialogendichter zu Mustern nehmen
muſs; aber auch dadurch hat er den Förde-
rungen der Kunst noch kein Genüge gethan.
Denn da er, als Künstler, sich nicht auf
das Gemeine und Alltägliche beschränken,
sondern das Schönste und Vollkommenste
in jeder Art, oder, genauer zu reden, ein
in seinem Geiste sich erzeugendes Bild
desselben, zum Vorbilde seines Werkes

nehmen und dieses eben dadurch zum wahren Kunstwerk erheben soll: so kann mit dem gröfsten Rechte von ihm erwartet werden, dafs die gelungene Bestrebung, dem Ideal eines vollkommenen Dialogs so nahe als möglich zu kommen, in seinem ganzen Werke sichtbar sey. Ich darf nicht besorgen einer Ungerechtigkeit gegen unsern Dialogendichter beschuldiget zu werden, wenn ich sage, dafs er bey der Ausarbeitung des Gespräches, wovon wir reden, eher an alles andere als an diese Pflicht gedacht habe; denn statt eines Gemähldes, worin Sokrates als die Hauptfigur in einer Gesellschaft, in welcher es ehrenvoll ist der erste zu seyn, erschiene, glauben wir den Homerischen Tiresias unter den Todten zu sehen.

„Er allein hat Verstand, die andern sind flatternde Schatten;"

In der That sind von der letzten Hälfte des zweyten Buchs an alle übrigen eine Art von stummen Personen; selbst Glaukon und Adimanth, an welche Sokrates seine Frage richtet, haben gröfsten Theils wenig mehr zu sagen, als was sie, ohne den Mund zu öffnen, durch blofses Kopfnicken, oder ohne sichtbar zu seyn, wie die körperlose Nymfe Echo, durch blofses Wiederhallen hätten verrichten können; und

so ist nicht zu läugnen, daſs dieser so ge-
pannte Dialog eben so gut und mit noch
besserm Recht ein sokratischer Mono-
log heiſsen könnte.

Daſs das erste und zweyte Buch hiervon eine Ausnahme macht brachte die Natur der Sache mit sich. In einer Gesellschaft von mehr als zwölf Personen, will
sichs nicht wohl schicken, daſs Einer sich
der Rede sogleich ausschlieſslich bemäch-
tige; und Plato benutzt diesen Umstand,
seine Leser gleich Anfangs durch das Gespräch zwischen Sokrates und dem alten
Cefalus (dem Herrn des Hauses) über
die Vortheile und Nachtheile des hohen
Alters (die kleinste und schönste Episode
dieses Werks) in Erwartung einer angenehmen und interessanten Unterhaltung zu
setzen. Aber lange kann der Platonische
Sokrates ein Gespräch dieser Art nicht aus-
dauern. Er muſs etwas zu disputieren haben;
und da ihm Cefalus keine Gelegenheit dazu
giebt, macht er sie selbst, indem er ihn,
man sieht nicht recht warum, durch eine
verfängliche Frage in einen Streit über den
richtigen Begriff der Gerechtigkeit zu
ziehen sucht, und dadurch den eigentlichen
Gegenstand dieses Dialogs wiewohl ein
wenig bey den Haaren, herbeyzieht. Der

schlaue Alte, der die Falle sogleich gewahr
wird; macht sich, mit der Entschuldigung,
dafs seine Gegenwart beym Opfer nöthig
sey; in Zeiten aus dem Staube; seinem
Sohne Polemarchus auftragend, die Sache
mit dem kampflustigen Herren auszufechten.
Der junge Mann zeigt sich dazu bereitwil-
lig, und der Streit beginnt über den Spruch des
Simonides, „jedem das Seine geben
ist gerecht,“ welchen Polemarch behauptet, Sokrates hingegen mit verstellter Bescheidenheit und Ehrfurcht „vor einem so weisen und göttlichen Manne wie Simonides,“
unter dem ironischen Vorwand er verstehe
die Meinung dieser Worte nicht recht, nach
seiner gewohnten Art bestreitet, indem er
jenen durch unerwartete Fragen und Indukzionen in die Enge zu treiben und zum Widerspruch mit sich selbst zu bringen sucht.
Polemarch wehrt sich zwar eine Weile,
sieht sich aber, da er zu rasch und hitzig
dabey zu Werke geht und seinem Gegner
an Spitzfindigkeit nicht gewachsen ist, ziemlich bald genöthigt, seine Meinung zurück
zu nehmen. Ich gestehe, dafs ich es, an
Platons Stelle, nicht über mich hätte gewinnen können, weder den Sokrates mit so
ströhernen Waffen fechten, noch den Sohn
des Cefalus sich so unrühmlich überwunden
geben zu lassen. Man könnte zwar zu sei-

ner Entschuldigung, sagen: Bekanter Maſsen
habe Sokrates sich gegen die Sofisten und
ihre Schüler aus Verachtung keiner
schwerern Waffen bedient; da es ihm nicht
darum zu thun gewesen sey, sie zu belehren, sondern ihrer zu spotten, sie in
Widersprüche mit sich selbst zu verwickeln,
und eben dadurch, daſs sie sich so leicht
verwirren und in Verlegenheit setzen lieſsen,
sie selbst und die Zuhörer ihrer Unwissenheit und Geistesschwäche zu überweisen.
Ich antworte aber: so bald Plato, der Schriftsteller, sich die Freyheit herausnahm, den
nicht mehr lebenden Sokrates zum Helden seiner filosofischen Dramen und dialektischen Kampfspiele zu wählen, und ihm
zu diesem Ende eine subtile, schwärmerische,
die Grenzen des Menschenverstandes überfliegende Filosofie, die nichts weniger als
die seinige war, in den Busen zu schieben;
mit Einem Wort, so bald er sich erlaubte
aus dem wirklichen Sokrates einen idealischen zu machen, würde es ihm sehr wohl
angestanden haben, auch die einzigen Züge,
die er ihm lassen muſste, wenn er sich
selbst noch ähnlich sehen sollte, die Art
wie er die Ironie und die Induktion
zu handhaben pflegte, zu idealisieren;
ich will sagen, sie mit aller der Feinheit
und Kunst zu behandeln, deren sie bedarf,

wenn sie für eine Methode gelten soll, dem
gemeinen Menschenverstand den Sieg über
sofistische Spitzfindigkeit und täuschende Gau-
keley mit Ähnlichkeiten, Wortspielen und
Trugschlüssen zu verschaffen. Dieſs, denke
ich, müſste ihm Pflicht seyn, wenn er das
Andenken seines ehrwürdigen Lehrers wirklich in Ehren hielte, und ich sehe nicht,
womit er zu entschuldigen wäre, daſs er
in diesem Wortgefechte mit Polemarch gerade
das Gegentheil thut. Oder muſs es nicht
dem blödesten Leser in die Augen springen,
daſs sein vorgeblicher Sokrates den Spruch
des Simonides auf eine Art bestreitet, die
den Leser ungewiſs läſst, ob der Sofist
Sokrates den ehrlichen Polemarch,
oder der Sofist Plato den ehrlichen
Sokrates zum Besten haben wolle? Denn
(was wohl zu bemerken ist) Polemarch
erscheint in diesem Streit zwar als ein ziemlich kurzsinniger und im Denken wenig
geübter Mann, aber nichts an ihm läſst uns
argwohnen, daſs es ihm nicht um Wahrheit zu thun sey; und der Satz des Simonides, wenn er gleich den höchsten und
reinsten Begriff dessen was gerecht ist nicht
erreicht, drückt doch eine so allgemein für
Wahrheit anerkannte Maxime aus, daſs man
nicht begreift, wie Platons Sokrates sich
erlauben kann, einen so platten langweiligen

Scherz damit zu treiben. Oder sollte Plato
im Ernst glauben, die Erklärung des Simonides werde dadurch der Unrichtigkeit
überwiesen, „daſs einer z. B. Unrecht hätte,
wenn er ein bey ihm hinterlegtes Schwert
dem Eigenthümer auf Verlangen wieder gäbe,
falls dieser wahnsinnig wäre, oder der Depo-
sitor gewiſs wüſste, daſs er seinen Vater
damit ermorden wolle?" — Denn wer sieht
nicht, daſs hier bloſs mit den verschiedenen
Bedeutungen, die das Wort gerecht im
gemeinen Leben hat, gespielt wird; daſs
die Fälle, worin es nicht recht, d. i. weder
gesetzmäſsig noch klug, schicklich
und rathsam ist, das Anvertraute dem
Eigenthümer wieder zu geben, Ausnahmen sind, die aus dem Zusammenstoſs verschiedener gleich heiliger Pflichten entstehen;
und daſs daher unter verschiedenen Umständen und in verschiedener Ansicht eben dasselbe recht und unrecht seyn kann? Daſs
Sokrates dieſs nicht zu wissen scheint —
und daſs der gute Polemarch, so bald ihm
die Ausnahme als ein Einwurf vorge-
halten wird, gleich so erschrocken, als würde
ihm der Kopf der Gorgone vor die Augen
gehalten, zurück springt, und den Worten
des Simonides flugs eine andere Deutung
giebt, die er gleichwohl eben so wenig
gegen die Sofistereyen und Ironien des

großen dialektischen Kampfhahns zu behaupten weiß, — alle diese Antinomien
gegen die Gesetze der gesunden Vernunft
sind, ich muß es gestehen, etwas hart zu
verdauen, wiewohl sie aufhören in Erstaunen zu setzen, wenn man gesehen hat, daß
das ganze Buch von ihres gleichen wimmelt.
Und gleichwohl dürft' es jedem Leser, der
gerade keinen besonderen Sinn für die
Reitze dieser Art von Spaßmacherey hat,
schwer fallen, an dem göttlichen Plato nicht
irre zu werden, wenn er auf die platten,
und in eine Menge kleiner, zum Theil ganz
müßiger Quästiunkeln aufgelösten Indukzionen stößt, wodurch der treuher-
zige Polemarch sich vom Sokrates weiß machen läßt: aus seiner Hypothese, „jedem
das seine geben sey so viel als seinen
Freunden Gutes und seinen Feinden
Böses thun," folge ganz natürlich, der
gerechteste Mann sey der größte Dieb, und
die Gerechtigkeit sey nur in so fern etwas
Gutes als man keinen Gebrauch von
ihr mache. Wer kann sich einbilden, ein
so scharfsinniger geometrischer Kopf wie
Plato habe sich selbst über die Armseligkeit
solcher Beweise, die zum Theil auf bloßen
Wortspielen beruhen, täuschen können,
und sehe nicht so gut als wir, daß Polemarch der blödsinnigste Knabe von der Welt

gewesen seyn müßte, wenn er sich in so
groben Schlingen hätte fangen lassen? Er
muß also eine besondere Absicht dabey gehabt haben; und was konnte diese anders
seyn, als seinem Pseudo-Sokrates, um
ihm desto mehr Ähnlichkeit mit dem wahren zu geben, eine Eirons-Larve umzu-
binden; und die bekannte Manier im Dialo-
gisieren, welche dem ächten Sokrates eigen
war und vom Xenofon in seinem Symposion
so schön dargestellt wird, auf eine Art nach-
zuahmen, die zu jener Larve paßt, und gerade deßwegen, weil sie übertrieben ist,
dem großen Haufen und den Fernestehenden
die Ähnlichkeit seines Zerrbildes mit dem
Original (dessen feinste Züge im Gedächtniß
der Meisten schon ziemlich abgebleicht sind)
desto auffallender macht?

Unter die ziemlich häufig in diesem Dialog vorkommenden Beyspiele, daß Plato, so
bald er will, die dramatische Wahrheit und
das, was jeder Person zukommt, sehr gut
zu beobachten weiß, rechne ich die Art,
wie er den Sofisten Thrasymachus
auf den Kampfplatz springen läßt, und
überhaupt, die wahrhaft attische Eleganz
und Feinheit, womit er die eitle Selbstge-
fälligkeit und den neckenden, naserümpfenden, nicht selten in beleidigende Grobheit

übergehenden Stolz des plumpen Sofisten mit
der kaltblütigen Urbanität und ironischen
Demuth des seiner spottenden Sokrates kon-
trastieren läfst. Nur Schade, dafs der letztere auch hier seine Würde nicht durchaus
so behauptet, wie der Anfang uns erwarten
macht. Man könnte zwar sagen, es zeige
sich in dem ganzen ersten Buche, dafs es
dem Sokrates noch kein rechter Ernst sey;
dafs er blofs, wie ein Citherspieler der sich
hören lassen will, sein Instrument zu stimmen und zu probieren scheine, wiewohl er,
auch indem er nur nachlässig auf den Saiten herumklimpert, schon zu erkennen giebt
was man von ihm zu erwarten habe. Es
mag seyn, dafs Plato diesen Gedanken hatte;
indessen möchte ich doch behaupten, dafs
die Disputazion mit dem Sofisten Thrasymachus unter die ausgearbeitetsten Theile
des ganzen Werks gehöre, und für ein Mei-
sterstück in der ächtsokratischen Manier,
einen streitigen Punkt aufs Reine zu bringen, gelten könnte, wenn Sokrates seinem
eigenen Karakter immer getreu bliebe und
— nachdem er den Sofisten so weit getrieben, dafs er geradezu behaupten mufs, die
Ungerechtigkeit sey Weisheit, und die Gerechtigkeit also das Gegentheil, — sich nicht,
aus wirklicher oder verstellter Verlegenheit
wie er ihn widerlegen wolle, in eine weit-

ausgeholte, spitzfündige Manier mit unbestimmten, schillernden und doppelsinnigen
Begriffen und Sätzen, wie mit falschen Wür-
feln, zu spielen, verirrte, d. i. wenn der
verkappte Sokrates, der seine Rolle
bisher bis zum Täuschen gespielt hatte, nicht
auf einmahl in den leibhaften Plato
zurückfiele; und am Ende noch zehnmahl
mehr Sofist würde als sein Gegner selbst.
Es ist schwer zu begreifen, wie Plato sich
in solchen Spielereyen so sehr gefallen, oder
wie er glauben kann, er habe seinen Gegner
zu Boden gelegt, wenn er durch eine lange
Reihe nichts beweisender Gleichungen
zuletzt das Gegentheil von dem, was jener
behauptet hatte, herausbringt. Das allerselt-
samste aber ist dann doch, dafs in diesem ganzen Schattengefechte beide streitende Parteyen,
indem sie einen bestimmten filosofischen
Begriff von der Gerechtigkeit suchen, den
popularen, auf das allgemeine Menschen-
gefühl gegründeten Begriff immer stillschweigend voraussetzen, ohne es gewahr zu
werden. Es ist als ob die närrischen Menschen den Wald vor lauter Bäumen nicht sehen könnten; sie suchen was ihnen vor der
Nase liegt, und was sie blofs defswegen
nicht finden, weil sie sich in einer Art von
Schneckenlinie immer weiter davon entfernen.
Sie würden gar bald einig geworden seyn,

wenn Sokrates, statt der kleinen spitzfündigen und hinterstelligen Fragen, die ihm schon
Aristofanes vorwarf, geradezu gegangen, und
das, was alle Menschen, vermöge eines von
ihrer Natur unzertrennlichen Gefühls, von
jeher Recht und Unrecht nannten, in seiner
ersten Quelle aufgesucht hätte. Leicht wär'
es dann gewesen, das, was Recht i s t, von
dem, was W a h n oder G e w a l t zu Recht
s e t z e n, zu unterscheiden; die Streitenden
hätten einander nicht lange mißverstehen können, und wären in der Hälfte der Zeit einig geworden, welche Platons sofistisierender Sokrates verschwendet, um — am Ende selbst gestehen zu müssen, daß — nach allem, was über
die albernen Fragen: ob die Gerechtigkeit
Tugend oder Untugend, Weisheit oder Thor-
heit, nützlich oder schädlich sey? seit mehr
als einer langen Stunde gewitzelt, ironisiert
und in die Luft gefochten worden, — die
große Frage, w a s i s t G e r e c h t i g k e i t?
aus s e i n e r S c h u l d noch immer unausge-
macht geblieben sey.

Wie Sokrates, nach einem solchen Ge-
ständnifs, zu Anfang des zweyten Buchs sagen
kann: „er habe geglaubt das Gespräch sey
nun zu Ende," weifs ich nicht; denn dafs
Thrasymachus schon seit einer ziemlichen
Weile, mit dem hoffärtigen Anstand eines Käm-

pfers, der seinen Gegner nicht für gut genug
hält ihn seine Überlegenheit fühlen zu lassen,
sich zurückzieht, machte zwar dem Spiegelge-
fecht mit ihm ein Ende; aber die Untersuchung selbst war so wenig beendigt, dafs sie
nicht einmahl recht angefangen hatte. In
der That hatte Thrasymachus seine Sache so
schlecht geführt, dafs man zur Entschuldigung des Sokrates sagen könnte: er habe es
nicht der Mühe werth gehalten Ernst gegen
einen Antagonisten zu gebrauchen, den man
schon mit Strohhalmen in die Flucht jagen
konnte. Ob Plato diesem Sofisten, indem
er ihn zu einem eben so hohlen als aufge-
blasenen Strohkopf macht, Recht oder Unrecht gethan habe, mag dahin gestellt seyn;
genug dafs durch die Art, wie der Streit
bisher geführt wurde, für die gute Sache
der Gerechtigkeit, welche doch nach Platons
Absicht in diesem Dialog einen entschiede-
nen Sieg über ihre Gegner erhalten sollte,
wenig oder nichts gewonnen war. Das
Werk mufste also ernsthafter angegriffen
werden. Um dieses zu bewerkstelligen, stellt
Plato in seinen Brüdern Glaukon und Adimanthus zwey neue Personen auf, welche
bisher noch keinen thätigen Antheil an dem
Gespräche genommen hatten; und man mufs
gestehen, dafs er sein möglichstes gethan
hat, die Rolle, die er ihnen im zweyten

Buche zu spielen giebt, glänzend und ehrenvoll zu machen. Der erste von ihnen, Glaukon, tritt zwar als Verfechter der Ungerechtigkeit auf, deren Sache Thrasymachus
(wie er meint) allzu lässig vertheidigt und
ohne Noth viel zu früh aufgegeben habe;
verwahrt sich aber mit vieler Wärme gegen
den Verdacht, als ob er, indem er alle seine
Kräfte zu Gunsten der Ungerechtigkeit auf-
biete, aus eigener Überzeugung und gleichsam aus der Fülle des Herzens rede. Also
blofs um den Gegnern der Gerechtigkeit alle
Möglichkeit der Einwendung, als ob ihre
Gründe nicht in ihrer ganzen Stärke geltend
gemacht worden wären, abzuschneiden, und
um den Sokrates in die Nothwendigkeit zu
setzen, sich der guten Sache in vollem Ernst
anzunehmen, nimmt Glaukon das Wort, und
macht sich anheischig, vor allen Dingen zu
erklären, was nach der Meinung derjenigen,
für welche Thrasymachus gesprochen habe,
die Gerechtigkeit sey und woher sie ihren
Ursprung nehme; sedann zu zeigen, dafs
diejenigen, die sich der Gerechtigkeit be-
fleifsigen, es nicht defswegen thun, weil
sie in ihren Augen ein Gut, sondern weil
sie ein nothwendiges Übel ist; und
endlich drittens zu beweisen, dafs diese
Leute Recht haben; sintemahl die Erfahrung bezeuge, dafs das Leben des Unge-

rechten in der That glücklicher sey als des
Gerechten. „Nicht als ob ich selbst diese
Meinung hegte, sagt Glaukon; aber doch
stofsen mir zuweilen Zweifel auf, da ich
täglich von Thrasymachus und zehen Tausend andern so viel dergleichen hören mufs,
dafs mir die Ohren davon gellen, hingegen
mir noch Niemand, so wie ich es wünschte,
bewiesen hat, dafs der Gerechte sich im
Leben besser befinde als der Ungerechte."

Ich zweifle ob unser alter Freund Hippias selbst diese Lieblingslehre der Sofisten
(die übrigens in der Geschichte der Menschen und der Erfahrung nur allzugegründet
ist) deutlicher und scheinbarer hätte vortragen und zierlicher zusammen fassen können, als in der kleinen Rede geschehen ist,
welche Plato seinem Bruder Glaukon hier
in den Mund legt. Ob aber gleichwohl
durch die unserm Filosofen eigene Art, alles
aufs höchste zu treiben, den Behauptern
der Lehre, „dafs der Unterschied zwischen
„dem, was die Menschen Recht und Un-
„recht nennen, sich blofs auf einen durch
„die Noth aufgedrungenen Vertrag gründe,"
nicht einiges Unrecht geschehe, dürfte wohl
die Frage seyn. „Unrecht thun (sagt
„Glaukon) ist, nach der gemeinen Meinung,
„an sich selbst, oder seiner Natur nach

„gut, Unrecht leiden an sich selbst,
„übel. Aber aus dem Unrecht leiden
„entsteht mehr und gröſseres Unheil, als
„Gutes aus dem Unrecht thun. Nach
„dem nun die Menschen einander lange Un
„recht gethan und Unrecht von einander
„erlitten, glaubten die Schwächern, —
„eben darum, weil die Schwäche, um de
„rentwillen sie alles Unrecht von den Stär
„kern leiden müssen, sie unvermögend mach
„te, das Vergeltungsrecht an jenen auszu
„üben, — sich nicht besser helfen zu kön
„nen, als indem sie in Güte mit einander
„übereinkämen weder Unrecht zu thun noch
„zu leiden.“ — Auf diese Weise, meint
er, seyen die Gesetze und Verträge entstanden, und so habe das durchs Gesetz befohlene oder verbotene die Benennung des Rechts
oder Unrechts erhalten. Dieſs sey also der
Ursprung der Gerechtigkeit, und so
stehe sie, ihrem Wesen nach, zwischen
dem Besten und dem Schlimmsten in der
Mitte; denn das Beste wäre, ungestraft
Unrecht zu thun, das Schlimmste, Unrecht zu leiden ohne sich rächen zu können.
Die Gerechtigkeit werde also nicht geschätzt
weil sie etwas Gutes an sich sey, sondern bloſs in so fern sie den Schwächern
zur Brustwehr gegen die Beeinträchtigungen der Stärkern diene. Wer sich folglich

stark genug fühle, / dieser Brustwehr nicht
zu bedürfen, werde sich wohl hüten sich
in Verträge, andern kein Unrecht zu thun
um keines von ihnen zu leiden, einzulassen; denn da er das letztere nicht zu befürchten habe, so müsse er wahnsinnig seyn,
wenn er sich des Vortheils, den Schwächern
ungestraft Unrecht zu thun, freywillig bege-
ben wollte."

-, Ich kann mich irren; aber so weit ich
die Sofisten, deren System Plato in diesem
zweyten Buche in seiner ganzen Stärke vorzutragen unternommen hat, kenne, scheint
er mir, es sey nun vorsetzlich oder unvermerkt, etwas von seiner eigenen Vorstel-
lungsweise in die Darstellung der ihrigen
eingemischt zu haben. Ich wenigstens zweifle sehr, ob es jemahls einem Menschen eingefallen - ist, zu behaupten: Unrecht thun
sey gut an sich. Und was versteht Glaukon, aus dessen Munde Plato hier spricht,
unter Unrecht thun? Wenn der Unterschied zwischen Recht und Unrecht erst
durch Verträge und verabredete Gesetze bestimmt werden muß, so giebt es in dem
Zustande der natürlichen Freyheit, der den
gesellschaftlichen Vereinigungen vorhergeht,
kein Unrecht. Oder spielt Plato, wie er so
gern thut, auch hier mit dem Doppelsinn

des Worts *adikein*, welches so wohl b e l e i d i -
g e n , als U n r e c h t t h u n bedeutet? Im Stande der natürlichen Freyheit (den ich lieber den
Stand der menschlichen T h i e r h e i t nennen
möchte) b e l e i d i g e ich den Schwächern,
dem ich die Speise, womit er seinen Hunger stillen will, mit Gewalt wegnehme; im
Stande der politischen Gesellschaft thue ich
ihm dadurch U n r e c h t , weil das Gesetz
alle Beleidigungen verbietet. So verstehen
es, meines Wissens, die Sofisten; und wiewohl sie behaupten, dafs es dem Menschen,
welcher Macht genug hat alles zu thun was
ihm beliebt und gelüstet, nicht unrecht sey
die Schwächern zu berauben oder zu unter-
jochen, sobald er Vortheil oder Vergnügen
davon zu ziehen vermeint: so hat doch
schwerlich einer von ihnen jemahls im Ern-
ste behauptet, U n r e c h t t h u n , oder a n -
d e r e b e l e i d i g e n sey schon a n s i c h
s e l b s t , ohne Einschränkung, Bedingung
oder Rücksicht auf einen dadurch zu ge-
winnenden Vortheil, g u t , folglich r e c h t
t h u n an sich selbst ü b e l . Sie kennen
überhaupt kein Gut noch Übel an s i c h ,
sondern betrachten alle Dinge blofs wie sie
in der Wirklichkeit sind, d. i. wie sie allen
Menschen, in Beziehung auf sich selbst oder
auf den Menschen überhaupt, unter gegebenen Umständen scheinen. Im Stande der

freyen Natur erlaubt sich (sagen sie) der Stärkere Alles, wozu er durch irgend ein Natur-
bedürfnils oder irgend eine Leidenschaft,
Lust oder Unlust, getrieben wird; aber in
diesem Stande giebt es, genau zu reden, keinen Stärkern als für den Augenblick; denn
der Stärkste wird sogleich der Schwächste, sobald mehrere über ihn kommen, wiewohl
er jedem einzelnen überlegen wäre. Jener
angebliche Naturstand ist also ein allgemeiner Kriegsstand, bey welchem sich am
Ende, wo nicht Alle, doch gewiß die Meisten so übel befinden, daß sie sich entweder
in Güte zu einem gesellschaftlichen Leben
auf gleiche Bedingungen verbinden, oder irgend einem Mächtigen gezwungen unterwerfen müssen, falls sie sich ihm nicht aus
Achtung und Zutrauen, mit oder ohne Bedingung, freywillig untergeben. In allen
dreyen Fällen sind Gesetze, welche bestimmen was sowohl den Regierenden oder
Machtbaren als den Regierten oder Un-
terworfenen recht und unrecht ist, nothwendig; denn sogar ein Tyrann, der Alles kann
was ihn gelüstet, wird sich, wenn er Verstand genug hat sein eigenes Bestes zu beher-
zigen, nicht alles erlauben was er kann. Indessen ist nicht zu läugnen, daß der Grundsatz der Sofisten, „die Gerechtigkeit (in so
„fern die Erfüllung der bürgerlichen Gesetze

„darunter verstanden wird) sey ein Zaum,
„den blofs die Nothwendigkeit den Menschen
„über den Hals geworfen habe, und von wel-
„chem jedermann, so bald er es ungestraft
„thun könne, sich los zu machen suche,"
sich als Thatsache auf die allgemeine Erfahrung gründet, und dafs die Sokratesse (wofern es jemahls mehr als Einen gegeben hat)
noch seltner als die weifsen Raben sind. Diese Thatsache ist im Lehrbegriff der Sofisten
eine natürliche Folge des Beweggrundes, der
die Menschen aus dem freyen Naturstände
(wo die Kraft allein entschied, und, weil es
noch kein Gesetz gab, Jeder sich alles erlauben durfte was er auszuführen vermögend
war) heraustrieb, und in den Stand des politischen Vereins zu treten nöthigte. Jene
unbeschränkte Freyheit würde von den Menschen als ihr höchstes Gut angesehen werden,
wenn sie nicht, eben darum weil sie nur von
dem Stärkern ausgeübt werden kann, die un-
sicherste Sache von der Welt wäre. Denn
welcher Mensch kann sich in einem Stande,
wo Einer immer gegen Alle und Alle gegen
Einen sind, nur einen Tag darauf verlassen,
der Stärkere zu bleiben? Die eiserne Nothwendigkeit zwingt sie also, wider ihren
Willen, zum gesellschaftlichen Verein, als
dem einzigen Mittel, ihr Daseyn und jeden
daher entspringenden Genufs unter Gewähr-

leistung der Gesetze in Sicherheit zu bringen.
Natürlicher Weise aber behält sich jeder stillschweigend vor, die Gesetze (die ihm nur,
in so fern sie ihn gegen andere schützen, hei-
lig, aber, in so fern sie seiner eigenen Freyheit Schranken setzen, verhafst sind) so oft
zu übertreten, als er es mit Sicherheit
thun kann. Diesem nach wäre denn bey allen, welchen es an Macht gebricht sich öffentlich und ungescheut über Recht und Unrecht weg zu setzen, kein anderer Unterschied zwischen dem gerechten und ungerechten Manne, als dafs jener sich nie
ohne eine Larve der Gerechtigkeit sehen läfst,
die er sich so geschickt anzupassen weifs,
dafs sie sein eigenes Gesicht zu seyn scheint;
dieser hingegen so plump und unvorsichtig
ist, sich immer über der That ertappen zu
lassen. Darin, dafs keiner sich etwas, das
ihn gelüstet, versagen möchte, und jeder wo
möglich Alles zu haben wünscht, sind sie
einander beide gleich.

Da diefs in der That hart klingt, so hält
sich Glaukon, im Namen derjenigen, deren
Sachwalter er vorstellt, zum Beweise verbunden, und führt ihn sehr sinnreich, vermittelst der Voraussetzung, dafs beide, der Gerechte und der Ungerechte, wie jener aus
dem Herodot bekannte Lydier, (dessen

fabelhafte Geschichte Glaukon hier etwas anders als Herodot erzählt) im Besitz eines
unsichtbar machenden Ringes wären. Ein
solcher Ring würde, dünkt mich, als Probier-
stein gebraucht allerdings das untrüg-
lichste Mittel seyn, den wahrhaft rechtschaffenen Mann von dem Heuchler zu unterscheiden; aber zu dem Gebrauch, den Glaukon
von ihm macht, scheint er nicht zu taugen.
Denn indem dieser ganz herzhaft annimmt,
dafs der Gerechte, so bald er sich im Besitz
eines solchen Ringes sähe, nicht um ein Haar
besser als der Ungerechte seyn, und alle mögliche Bubenstücke, wozu Lust, Habsucht
oder andere Leidenschaften ihn reitzen könnten, eben so unbedenklich verüben würde
als jener, setzt er als etwas Ausgemachtes
voraus, was erst bewiesen werden sollte.
Wenn auch wir andern gewöhnlichen Leute
so überschwänglich bescheiden seyn wollten,
einen Zweifel in uns selbst zu setzen, ob wir
wohl den Versuchungen eines solchen Zau-
berringes widerstehen könnten; wer darf nur
einen Augenblick zweifeln, dafs ein Sokrates durch den Besitz desselben weder an
Macht, noch Geld, noch sinnlichen Genüssen
reicher geworden wäre?

Indessen, wofern es auch an einzelnen
Ausnahmen nicht fehlen sollte, so ist doch

nur gar zu wahrscheinlich, daſs unter Tausend, die für gute ehrliche Leute gelten,
weil sie weder Muth noch Macht haben
sich in ihrer wahren Gestalt zu zeigen, nicht
Einer wäre, der mit dem Ring des Gyges
nicht die vollständigste Befreyung von allem
Zwang der Gesetze zu erhalten glauben
würde. Glaukon, (der noch immer im Nahmen derjenigen spricht, denen Recht und
Unrecht für bloſse Satzung des gesellschaftlichen Vereins und der Machthaber in demselben gilt) ist seiner Sache so gewiſs, daſs
er geradezu versichert: jedermann sey so
völlig davon überzeugt, daſs die Ungerechtigkeit dem Ungerechten vortheilhafter
sey als die Gerechtigkeit, daſs, sobald jemand
glaube er könne mit Sicherheit unrecht thun,
er es nicht nur ohne alles Bedenken thun
werde, sondern sich für den gröſsten aller
Thoren und Dummköpfe halten würde, wenn
er es nicht thäte. Um sich, sagt er, zu
überzeugen, daſs einem verständigen Menschen nicht zuzumuthen sey, anders zu denken und zu handeln, brauche es nichts als
das Loos zu erwägen, das der Gerechte und
der Ungerechte im Leben unter den Menschen zu gewarten habe.

So weit hatte Plato seinen Glaukon die
Lehre der Sofisten, die er nicht ohne Grund

die gemeine Meinung nennt, ziemlich
treu und unverfälscht vortragen lassen; aber
nun schiebt er ihm wieder unvermerkt seine
eigene Vorstellungsart unter, indem er ihn
aus der wirklichen Welt, aus welcher
sich jene nie versteigen, auf einmahl in
seine eigene Ideenwelt versetzt, unter
dem Vorwand: das Problem, wovon die
Rede ist, könne auf keine andere Weise
ganz rein aufgelöset werden. Wir wollen
sehen!

Denken wir uns (sagt der platonisierende Glaukon) um uns den Unterschied zwischen dem gerechten und ungerechten Mann
völlig anschaulich zu machen, beide in ihrer höchsten Vollkommenheit, so, daſs dem
Ungerechten nichts was zur Ungerechtigkeit,
dem Gerechten nichts was zur Gerechtigkeit
gehört, abgehe. Es ist also, um mit dem
Ungerechten den Anfang zu machen,
nicht genug, daſs er immer und bey jeder
Gelegenheit so viel Unrecht thut als er kann
und weiſs; wir müssen ihm auch noch erlauben, daſs er, indem er nichts als Böses
thut, sich immer den Schein des Gegen-
theils zu geben und die Meinung von sich
fest zu setzen wisse, daſs er der rechtschaffenste Mann von der Welt sey; und da es,
mit allem dem, doch begegnen könnte, daſs

auf eine oder die andere Weise etwas von
seinen Bubenstücken an den Tag käme, so
muſs er auch noch Beredsamkeit genug, um
sich in den Augen der Menschen völlig rein
zu waschen, und im Nothfall, so viel Muth,
Vermögen und Anhänger besitzen, als nöthig
ist um Gewalt zu brauchen, wenn List
und Heucheley nicht hinreichen will. Diesem Bösewicht nun stellen wir den Gerechten gegen über, einen guten, ehrlichen, einfachen Biedermann, der was er ist nicht
scheinen will, sondern sich begnügt es zu
seyn. Damit wir aber recht gewiſs werden, daſs ihm nichts zur vollkommnen Rechtschaffenheit abgeht, ist schlechterdings nöthig, daſs wir ihn in der öffentlichen Meinung zum Gegentheil dessen machen, was
er ist; denn wenn er auch rechtschaffen zu
seyn schiene, würden ihm Ehrenbezeugun-
gen und Belohnungen nicht fehlen, und da
würde es ungewiſs seyn, ob er das, was er
schiene, wirklich und aus reiner Liebe zur
Gerechtigkeit, oder nur der damit verbundenen Vortheile wegen sey. Wir müssen ihm
also Alles nehmen, bis ihm nichts als
die nackte Rechtschaffenheit übrig
bleibt, und ihn, mit Einem Worte, so setzen, daſs er in Allem als das Gegentheil des
Ungerechten dastehe. Dieser ist ein ausge-
machter Bösewicht und scheint der unbeschol-

tenste Biedermann. zu seyn; jener ist sein
ganzes Leben durch der rechtschaffenste aller
Menschen, und wird für den gröfsten Bösewicht gehalten; geht aber, ohne sich seinen
schlimmen Ruf und die Folgen desselben im
geringsten anfechten zu lassen, seinen Weg
fort, und beharret, wiewohl mit jeder Schan-
de des verworfensten Buben belastet, unbeweglich bey seiner Rechtschaffenheit bis in
den Tod. Man kann sich leicht vorstellen,
wie es diesen beiden idealischen Wesen, wenn
sie verkörpert und ins menschliche Leben
versetzt würden, ergehen müfste. ,,Der Gerechte, sagen die Lobredner der Ungerechtigkeit, wird gegeifselt, auf die Folter gespannt und in Ketten gelegt werden; man
wird ihm die Augen ausbrennen, und nachdem er alle nur ersinnliche Mifshandlungen
erduldet hat, wird er ans Kreuz geschlagen
werden, und nun zu spät einsehen, dafs man
zwar rechtschaffen scheinen, aber kein
Thor seyn mufs es wirklich zu seyn.
Wie herrlich ist hingegen das Loos des Ungerechten, der die Klugheit hat, die öffentliche Meinung auf seine Seite zu bringen,
und während er sich unter der Larve der
Tugend ungestraft alles erlauben kann, für
einen rechtschaffnen und verdienstvollen Mann
gehalten zu werden? Die höchsten Ehrenstellen im Staat erwarten seiner; er kann

heirathen wo er will, und die Seinigen ausgeben an wen er will; jedermann rechnet
sichs zur Ehre in Verhältniſs und Verbindung
mit ihm zu kommen; ihm, dem kein Mittel
zu seinem Zweck zu schlecht ist, schlägt alles
zum Vortheil an; bey allen Gelegenheiten
weiſs er andern den Rank abzulaufen, kurz
er wird ein reicher und gewaltiger Mann,
und ist also im Stande, seinen Freunden
nützlich zu seyn, seinen Feinden zu schaden,
und die Götter selbst durch häufige Opfer
und reiche Weihgeschenke zu gewinnen, so
daſs er ihnen lieber seyn wird, als der Gerechte, der nichts zu geben hat."

Ich weiſs nicht wie vielen Dank euere
Sofisten dem göttlichen Plato für diese Darstellung ihrer Lehre von den Vortheilen der
Ungerechtigkeit über die Gerechtigkeit wissen werden; gewiſs ist wenigstens, daſs es
keinem von ihnen je eingefallen ist, die Frage
auf diese Spitze zu stellen, und einen
gerechten Mann, wie nie einer war, noch
seyn wird noch seyn kann, zu erdichten,
um durch Vergleichung des glücklichen Looses
des Ungerechten mit dem jammervollen Leben und schrecklichen Ende dieses Rechtschaffnen die Vorzüge der Ungerechtigkeit in
ein desto gröſseres Licht zu setzen. Ich,
meines Orts, habe gegen das Ideal des Pla-

tonischen Gerechten zwey Einwendungen.
Erstens liegt es keineswegs in der Idee eines vollkommen rechtschaffenen Mannes, dafs
er nothwendig ein Bösewicht scheinen
müsse; im Gegentheil, es ist ihm nicht nur
erlaubt zu scheinen was er ist, sondern
die Rechtschaffenheit selbst legt es ihm so
gar als Pflicht auf, bösen Schein, so viel
möglich, zu vermeiden. Auch sehe ich
nicht, wie er es ohne Nachtheil sowohl seiner Rechtschaffenheit als seines Menschenverstandes anfangen wollte, um von allen
den Menschen, welche tägliche Augenzeu-
gen seines Lebens sind, immer verkannt, ge-
hafst und verabscheuet zu werden. Alle Umstände, alle Menschen, die ganze Natur
müfsten sich auf die unbegreiflichste Art gegen ihn verschworen, und er selbst müfste
sich, unbegreiflicher Weise, unendliche
Mühe gegeben haben, seinen Tugenden und
guten Handlungen die Gestalt des Lasters und
Verbrechens zu geben. Ich zweifle sehr, ob
ein einziges Beyspiel aufzustellen sey, dafs
ein so guter, redlicher und gerechter Mann,
wie ihn Plato setzt, ohne alle Freunde geblieben, und von Niemand gekannt, geliebt
und geschätzt worden wäre. Überdiefs liefse
sich noch fragen, ob irgend ein menschen-
ähnliches Wesen, ohne ein Gott zu seyn, die
Probe, auf welche unser Ideendichter seinen

Gerechten stellt, zu bestehen, und alle
Schmach und Marter, die er zu Bewährung
seiner Tugend über ihn zusammenhäuft,
auszuhalten vermöchte. Dieses Ideal ist
also, von welcher Seite man es ansieht,
ein Hirngespenst und zu der Absicht, wozu
Plato es erdichtet hat, ganz unbrauchbar.
Denn solcher ungerechter Menschen, wie
er bey dieser Vergleichung annimmt, hat es
zwar in der wirklichen Welt von jeher nur
allzuviele gegeben, einen solchen Gerechten
hingegen nie. Wenn sich also auch aus der
Vergleichung des einen mit dem andern die
Folge ziehen ließe, welche Glaukon daraus
zieht, so würde doch dadurch nicht bewiesen seyn, daß die Vortheile, welche der
wirkliche Ungerechte von seiner Heucheley erntet, wenn alles, was bey einer
scharfen Berechnung in Anschlag kommen
muß, ehrlich und redlich angesetzt wird,
denen, die der wirkliche Gerechte
durch seine Rechtschaffenheit genießt, vorzuziehen wären.

———————

5.

An Ebendenselben.

Fortsetzung des vorigen.

Da ich mich, beynahe wider Willen, aber
durch die Natur der Sache selbst, mit welcher ich mich zu befassen angefangen, unvermerkt in eine nähere Beleuchtung der einzelnen Theile, woraus die vor uns liegende
reiche Komposizion zusammengefügt ist, hin-
eingezogen finde; wird es, bevor wir weiter
gehen, edler Eurybates, nöthig seyn, uns
auf den Punkt zu stellen, aus welchem das
Ganze angeschaut seyn will, um richtig beurtheilt zu werden. Aufser mehrern nicht
unbedeutenden Nebenzwecken, welche Plato
in seinen vorzüglichsten Werken mit dem
Hauptzwecke zu verbinden gewohnt ist,
scheint mir seine vornehmste Absicht in dem
gegenwärtigen dahin zu gehen, der in mancherley Rücksicht äufserst nachtheiligen Dunkelheit, Verworrenheit und Unhaltbarkeit der
vulgaren Begriffe und herrschenden Vorurtheile über den Grund und die Natur

dessen, was recht und unrecht ist, durch
eine scharfe Untersuchung auf immer abzuhelfen. Diesem grofsen Zwecke zu Folge
zerfällt dieser Dialog in zwey Haupttheile.
In dem einen, der das erste Buch und die
gröfsere Hälfte des zweyten einnimmt, ist es
darum zu thun, die folgenden drey Lehr-
sätze, als die gemeine, von Dichtern,
Sofisten und Priestern aus allen Kräften unterstützte, Meinung vorzutragen und
auf alle Weise einleuchtend zu machen;
nehmlich:

1) dafs der Unterschied zwischen Recht
und Unrecht lediglich entweder auf will-
kührlicher Verabredung unter freyen Menschen, oder auf den Verordnungen regie-
render Machthaber beruhe, welche letztere natürlicher Weise die Gesetze, so
sie den Regierten geben, zu ihrem eigenen möglichsten Vortheil einrichten, sich
selbst aber nicht dadurch gebunden halten;

2) dafs die Ungerechtigkeit dem, der sie
ausübt, immer vortheilhafter als die Gerechtigkeit, diese hingegen durch nichts
als ihren blofsen Schein nützlich sey;
dafs also

3) nur ein einfältiger und schwachherziger
Mensch das mindeste Bedenken tragen

werde, gegen die Gesetze zu handeln,
sobald er es ungestraft thun könne. Woraus sich dann von selbst ergiebt: daſs —
da diese Art zu denken nicht nur den
Kindern durch die Dichter (aus deren
Gesängen sie den ersten Unterricht empfangen) beygebracht, und in den Er-
wachsenen durch alles was sie hören und
sehen genährt, sondern sogar durch den
religiösen Volksglauben und allerley prie-
sterliche Veranstaltungen und Künste so
kräftig verstärkt werde, — kein Wunder
sey, wenn diese, jeden wirklich edeln
und guten Menschen empörende Vorstellungsart übes Recht und Unrecht so tiefe
Wurzeln geschlagen habe und so ver-
derbliche Früchte bringe, als die tägliche Erfahrung lehre.

Jene drey Irrlehren zu bestreiten, den wesentlichen Unterschied zwischen der Gerechtigkeit, im höchsten Sinn des Wortes, und
ihrem Gegentheil überzeugend darzuthun,
und zu beweisen,

daſs sie das Ziel und die Vollkommenheit
des edelsten Theils der menschlichen Natur sey;

daſs der Mensch nur durch sie in Harmonie
mit sich selbst und dem allgemeinen Ganzen gesetzt werde, und

dafs, so wie die Ungerechtigkeit die Haupt-
quelle aller das menschliche Geschlecht
drückenden Übel sey, die Gerechtigkeit
hingegen das höchste Glück aller einzelnen Menschen sowohl als aller bürgerlichen Gesellschaften bewirken würde;

Alles diefs macht (die häufigen, zum Theil
weitschichtigen Abschweifungen und Zwi-
schenspiele abgerechnet) den Inhalt der übrigen acht Bücher aus, und das ganze Werk
kann also als eine ernsthafte Entscheidung
des alten Rechtshandels zwischen dem
Dikäos und Adikos-Logos betrachtet
werden, welche der genialische Lieblingsdich-
ter Platons vor mehr als vierzig Jahren in seiner eignen unübertrefflich possierlichen Manier, in ein paar Kampfhähne verkleidet,
auf der Athenischen Schaubühne um den Vorzug hatte rechten lassen.

Was für eine Rolle der filosofische Dichter dem Sofisten Thrasymachus und dem wak-
kern Glaukon zu spielen giebt, haben wir
gesehen: nun läfst er auch Glaukons jüngern
Bruder Adimanthus das Wort nehmen,
und in einer Rede, die an Geist und Zierlichkeit mit dem Diskurs seines Bruders wett-
eifert, an Lebhaftigkeit und Wärme ihn noch
übertrifft, den grofsen Schaden vorstellig

machen, welchen Jünglinge edlerer Art nehmen müssen, indem sie sich an dem auffallenden Widerspruch stofsen, zwischen dem,
was sie zu Hause aus dem Munde ihrer Väter
hören, und dem was ihnen, sobald sie in
die Welt treten, von allen Seiten entgegen
schallt; wenn sie hören: wie eben dieselben
aus Eingebung der Musen singenden Dichter
bald die grofse Liebe und Sorge der Götter
für die Gerechten, und das Glück, das sie ihnen in diesem und dem künftigen Leben bereiten, anrühmen; bald wieder den Pfad der
Tugend als höchst mühselig, steil und mit
Dornen verwachsen, den Weg des Lasters
hingegen als breit, bequem und anmuthig
schildern; itzt in den stärksten Ausdrücken
und Bildern von dem Zorn der Götter über
die Ungerechten und von den furchtbaren
Strafen, die im Tartarus auf sie warten, reden; ein andermal zum Trost aller Übel-
thäter versichern, dafs auch die Götter selbst
sich wieder herumbringen lassen, und durch
Spenden, Gelübde und Opferrauch bewogen
werden können, den Sündern zu verzeihen.

Alles was Plato seinen Bruder über diesen
Gegenstand und die natürlichen Folgen der
Eindrücke, die durch diese sich selbst wider-
sprechenden, aber der Sinnlichkeit und den
Leidenschaften schmeichelnden Vorspiegelun-

gen auf lebhafte und nachdenkliche junge Gemüther gemacht werden, sagen läſst, kann
schwerlich wahrer, stärker und schöner gesagt werden. Aber durch nichts wird mir
Plato achtungswürdiger als durch die Freymüthigkeit, womit er den unendlichen Schaden rügt, den der Miſsbrauch der herrschenden Volksreligion in den sittlichen Gefühlen und Urtheilen der Menschen anrich-
tet; und gewiſs ist noch nie etwas treffende-
res über diesen Punkt gesagt worden als die
folgende Stelle aus dem Selbstgespräch, welches er einem solchen von Erziehern, Dichtern und vorgeblichen Filosofen ihre gemachten Jüngling in den Mund legt. Nachdem
nehmlich dieser aus allem, was er beym Eintritt in die Welt sieht und hört, das Resultat
gezogen, „daſs es zum glücklichen Leben
nicht nur hinreiche, sondern sogar nöthig sey, sich mit der bloſsen Larve der
Rechtschaffenheit zu behelfen, um unter ihrem Schutz des Vortheils, ungestraft sündigen zu können, in vollem Maſse zu genie-
ſsen;“ macht er sich selbst den Einwurf:
„wenn es einem nun aber auch gelänge, die
Menschen theils durch List und Überredung
theils mit Gewalt dahin zu bringen, daſs sie
ihm erlauben müſsten sich alles herauszunehmen was ihm beliebte, so wären dann doch
noch die Götter da, gegen welche weder

durch Betrug noch Gewalt etwas auszurich-
ten sey. Wie aber (antwortet er sich selbst)
wenn es, wie Einige behaupten, gar keine
Götter giebt, oder wenn sie sich wenigstens,
wie Andre versichern, um die menschlichen
Dinge nichts bekümmern? — so brauchen
auch w i r uns nicht zu kümmern ob sie uns
sehen oder nicht. Giebt es Götter, und nehmen sie sich der menschlichen Dinge an, so
haben wir doch alles, was wir von ihnen
wissen, aus keiner andern Quelle als vom
Hörensagen, und am Ende bloſs von den
Dichtern, die ihre Genealogien verfaſst haben. Nun sagen mir aber eben diese Dichter,
daſs man den Zorn der Götter durch demü-
thige Abbitten, Opfer und Weihgeschenke
von sich ableiten könne. Ich muſs ihnen also
entweder beides glauben, oder weder dieſs
noch jenes. Glaube ich, nun wohlan! so
begeh' ich ungescheut so viel Unrecht als ich
kann, opfre den Göttern einen Theil dessen
was ich dadurch gewinne, und alles ist gut.
Wollt' ich mich der Rechtschaffenheit be-
fleiſsigen, so hätt' ich zwar von den Göttern
nichts zu fürchten, dafür aber entgingen
mir auch die Vortheile, die ich aus der Ungerechtigkeit ziehen könnte; da ich hingegen
bey d i e s e r immer gewinne, und alle Verbrechen, die ich um reich zu werden begehen muſs, bey den Göttern durch Gebete und

Opfer wieder gut machen kann. — „Aber
(sagt man) am Ende werden wir doch im
Hades für alles was wir im Leben Böses begangen haben, entweder in unsrer eigenen
Person oder in unsrer Nachkommenschaft be-
straft." — Auch davor ist Rath! Da kommen uns ja die Mysterien und feierli-
chen Reinigungen zu Statten, durch
welche selbst die furchtbaren Götter der Unterwelt sich besänftigen lassen, wie mir ganze Städte, und die Dichter und Profeten unter den Göttersöhnen bezeugen. Was für
einen Beweggrund könnt' ich also haben, die
Gerechtigkeit der gröfsten Ungerechtigkeit
vorzuziehen, da ich diese nur mit einem guten Äufserlichen zu bedecken brauche, damit
mir bey Göttern und Menschen im Leben
und Sterben, alles nach Wunsch von Statten
gehe, wie ich so viele und grofse Männer
behaupten höre?"

Der junge Adimanth, der diese schöne
Gelegenheit, ein Probestück seiner Wohlre-
denheit abzulegen, möglichst benutzen zu
wollen scheint, fährt fort die Sache auf alle
Seiten zu wenden, und findet ganz natürlich,
der erste Grund des Übels liege darin: dafs
von den uralten heroischen Zeiten an bis auf
diesen Tag niemand die Gerechtigkeit anders
angepriesen oder die Ungerechtigkeit anders
gescholten habe, als in Rücksicht auf die

Ehre und die Belohnungen, welche jener, oder die Strafen, welche dieser nachfolgten. Was aber die eine und die andere an sich selbst sey, was sie folglich ihrem Wesen nach in der Seele des Gerechten oder Ungerechten wirke, wenn sie auch Göttern und Menschen verborgen blieben, nehmlich, dafs die Ungerechtigkeit das gröfste aller Übel womit eine Seele behaftet seyn kann, die Gerechtigkeit hingegen ihr gröfstes Gut sey, — diefs habe noch niemand weder in Versen noch in gemeiner Rede hinlänglich dargethan und ausgeführt. Er vereinigt sich also mit seinem Bruder Glaukon, aufs ernstlichste und mit Beweggründen, denen kein aufrichtiger Anhänger der Gerechtigkeit, und Sokrates am allerwenigsten, widerstehen konnte, in den letztern einzudringen, dafs er sich nicht weigern möchte, einem so wichtigen Mangel abzuhelfen; und Sokrates, nachdem er sich eine Weile gesträubt, und mit seinem Unvermögen, den von Glaukon so scheinbar behaupteten Vorzug der Ungerechtigkeit siegreich zu widerlegen, entschuldigt hat, wird endlich, von den vereinigten Bitten aller Anwesenden überwältigt, dafs er wenigstens sein Möglichstes zu thun verspricht, der guten Sache zu Hülfe zu kommen und ihrem Verlangen Genüge zu leisten.

Daſs Plato die Gelegenheit, die er selbst durch die in den Mund seiner Brüder gelegten schönen Reden herbeygeführt hatte, dazu benutzt, seiner Familie, und namentlich seinem Vater Ariston und seinen ältern Brüdern Glaukon und Adimanthus aus dem Munde eines Sokrates, zwar mit wenigen aber desto gehaltreichern Worten, ein Denkmahl zu errichten, welches wahrscheinlich, durch das Werk, worin es wie eine glänzende Spitze hervorragt, von ewiger Dauer seyn wird, wollen wir ihm auf keine Weise verdenken. Wenn das, was ihn dazu bewog, eine Schwachheit ist, so ist es wenigstens eine sehr menschliche, die ihm um so mehr zu gut zu halten ist, da er (wie ich kaum zweifle) durch einen Abschnitt in Xenofons Denkwürdigkeiten, worin Glaukon eine sehr armselige Figur macht, bewogen worden seyn mag, diesen seinen Bruder der Nachwelt in einem vortheilhaftern Lichte zu zeigen, und den Verdacht eines einbildischen, leeren, unwissenden Windbeutels und Schwätzers durch die That selbst von ihm abzuwälzen.

Bevor ich weiter gehe, Eurybates, wirst du mir wohl erlauben, dir, statt eines kleinen Zwischenspiels, meine eigenen Gedanken über die Frage, zu deren Beantwortung

Platons Sokrates so weit aushohlt, in möglichster Kürze vorzulegen.

Glaukon behauptete im Nahmen der Lobredner der Ungerechtigkeit: unrecht thun sey an sich etwas Gutes, unrecht leiden hingegen an sich ein Übel. Ich habe schon bemerkt, daſs ihm das doppelsinnige Wort *adikein* hier so viel als beleidigen heiſsen muſs. Die Rede ist von Menschen, und zwar nicht von diesen oder jenen einzelnen, sondern von der ganzen Gattung. Was versteht er aber unter beleidigen? Ich weiſs keine Formel, welche mir bequemer schiene alle Beleidigungen, die der Stärkere dem Schwächern zufügen kann, zusammen zu fassen als diese: andere zu bloſs leidenden Werkzeugen unsrer Bedürfnisse und Lüste machen, und zu Befriedigung unsrer Leidenschaften und Launen uns alles über sie erlauben, wozu uns unsre Überlegenheit das Vermögen giebt. Wenn dieſs seiner Natur nach gut ist, so muſs es allen Menschen, überall und zu allen Zeiten gut seyn. Einander gegenseitig, eigenen Vortheils oder anderer Befriedigungen wegen, alle mögliche Beleidigungen zuzufügen gehört folglich wesentlich zur Natur des Menschen, oder mit andern Worten: es ist das, wodurch der

Mensch den Forderungen der Natur und
dem Zweck seines Daseyns ein Genüge thut.
Sein natürlicher Zustand ist, ein geborner
Feind aller andern Menschen zu seyn und
unaufhörlich an der Beschädigung, Unter-
drückung und Zerstörung seiner eigenen Gattung zu arbeiten. Indem nun jeder Mensch
von seiner Natur getrieben wird, allen andern
zu schaden, beleidigt er sie zwar dadurch,
aber er thut ihnen kein Unrecht; im Gegentheil, da alles der Natur Gemäße in so
fern recht ist, so ist es recht und völlig
in der Ordnung, daß jeder allen andern so
viel Übels zufüge als er kann, und dafür
von allen andern so viel leide, als er zu
leiden fähig ist. Wölfe, Tieger, Hyänen
und Drachen wären also in Vergleichung
mit dem Menschen sehr holde und gutartige
Wesen; der letztere hingegen wäre das unnatürlichste aller Ungeheuer, die der Tartarus
ausgespien hätte. — Welcher Unsinn? und
doch ist es nichts, als was heraus kommt,
wenn wir annehmen, unrecht thun, oder
beleidigen sey an sich, oder seiner Natur
nach Etwas Gutes. Bedarf es einer andern
Widerlegung einer so wahnsinnigen Behauptung — als sie auszusprechen?

Dem ungeachtet ist und bleibt es Thatsache, daß der rohe Stand der natürlichen
Gleichheit für die Menschen, die sich darin

befinden, eine Art von Kriegsstand Aller
gegen Alle ist; nicht, als ob die Menschen,
ohne einen Grad von Ausartung, der sie
tief unter die wildesten Thiere erniedrigen
würde, jemahls das Gefühl, dafs es unnatür-
lich, folglich unrecht sey einander zu
beleidigen, verlieren könnten; sondern weil
die sinnlichen Triebe und Leidenschaften,
wodurch sie zu Beleidigungen hingerissen
werden, im Augenblick der aufbrausenden
Leidenschaft oder eines unwidersteblich dringenden Bedürfnisses stärker sind als jenes
Gefühl, welches im Grunde nichts als die
Stimme der Vernunft selbst zu seyn scheint.
Aus dieser Thatsache folget nun freylich,
dafs die Menschen sich durch eine gebiete-
rische Nothwendigkeit gedrungen finden, in
gesellschaftliche Verbindungen zu treten,
und sich Gesetzen zu unterwerfen, die ihrer
Aller Erhaltung und Sicherheit beabsichtigen,
und in so fern ihrer Aller gemeinsamer
Wille sind; aber diese Verbindungen, diese
Gesetze sind nicht die Quellen, sondern
Resultate des allen Menschen natürlichen
Gefühls von Recht und Unrecht, welches
einem jeden sagt, dafs alles was nur Einem
und allenfalls seinen Mitgenossen und Spiefs-
gesellen nützt und allen übrigen schadet,
Unrecht sey. Es ist also Unsinn, zu
sagen: die Menschen machten sich durch

den gesellschaftlichen Verein nur in so fern
zu Beobachtung der Gesetze anheischig, als
sie solche nicht ungestraft übertreten könnten; auch bedürfen wir keiner solchen, die allgemeine Vernunft in Widerspruch mit sich selbst setzenden Hypothese,
um zu begreifen, wie es zugeht, daſs in
jedem Staat nicht wenige, und in einem
sehr verdorbenen die Meisten, in der That
so handeln, als ob sie sich die Freyheit zu
sündigen, so bald sie keine Strafe befürchten, ausdrücklich oder stillschweigend vorbehalten hätten.

Wenn ich nicht sehr irre, so hätte sich
also der Platonische Sokrates die Mühe,
mehr als zwölf Stunden lang in Einem Zug
fort zu reden, ersparen können, wenn er,
anstatt die Auflösung der Frage aus dem
Lande der Ideen herab zu hohlen, es
nicht unter seiner Würde gehalten hätte,
sich an derjenigen genügen zu lassen, die
vor seinen Füſsen lag. Weder unsre fünf
Sinne noch unser Verstand reichen bis zu
dem, was an sich selbst ein Gut oder
ein Übel ist; was mir und meiner Gattung zuträglich ist, nenne ich gut; das
Gegentheil böse. Die Natur selbst nöthigt
mich, in jedem Menschen ein Wesen meiner Gattung zu erkennen. Wenn Unrech

leiden, d. i. im freyen Gebrauch meiner
Kräfte zu meiner Erhaltung und zu Beför-
derung meines Wohlstandes gewaltsam ge-
hindert zu werden, für mich ein Übel
ist, so ist eben dasselbe auch ein Übel
für jeden andern Menschen. Also Eines
von Beiden: entweder der Mensch ist
das einzige Ungeheuer in der Welt, dessen natürliches Bestreben unaufhörlich
dahin geht, seine eigene Gattung zu
zerstören: oder jede Beleidigung eines Menschen ist ein Übel für das ganze Menschengeschlecht, und also auch (ungeachtet des
augenblicklichen Vortheils, den der Beleidi-
ger daraus ziehen mag) ein wahres Übel
für diesen selbst, indem er dadurch alle
andere Menschen reitzt und berechtigt, sich
auch gegen ihn herauszunehmen, was er
sich gegen einen von ihnen erlaubte und
gegen jeden andern, so bald er Gelegenheit
und Vermögen dazu hat, sich zu erlauben
bereit ist: Alle Menschen haben, als Menschen, gleiche Ansprüche an den Gebrauch
ihrer Kräfte, und an die Mittel, welche die
Natur, der Zufall und ihr eigener Kunst-
fleiß ihnen zu ihrer Erhaltung und zu Be-
förderung ihres Wohlbefindens darreichen.
Wer dieß anerkennt und diesem gemäß
handelt, ist gerecht; ungerecht also, wer
alles für sich allein haben will, und das

Recht der übrigen nicht anerkennt, oder
thätlich verletzt. Mich dünkt, zwey Sätze
folgen nothwendig und unmittelbar aus dieser durch sich selbst klaren Wahrheit:
erstens, daß jeder Mensch, der einen
andern vorsetzlich beleidigt, sich eben dadurch für einen Feind aller übrigen erklärt;
zweytens, daß so bald mehrere Menschen
neben einander leben, zu eines Jeden Sicherheit entweder ein stillschweigend zugestan-
dener oder ausdrücklich unter ihnen geschlos-
sener Vertrag vorwaltet, „Jedem auf das,
was er sich ohne Beraubung eines andern
erworben hat, ein unverletzliches Eigen-
thumsrecht zuzugestehen.“ In dieser Rücksicht kann also mit vollkommenen Grunde
gesagt werden: Jedem das Seinige — nicht
zu geben (denn er hat es schon) sondern
zu lassen, und im Fall, daß es ihm mit
Gewalt genommen worden, ihm entweder
zur Wiedererlangung des Geraubten
oder zu einer angemessnen Entschädi-
gung zu verhelfen, werde von allen
Menschen auf dem ganzen Erdboden Gerechtigkeit genennt, oder, falls sie noch
keine Worte zu Bezeichnung allgemeiner
Vernunftbegriffe hätten, als Gerechtigkeit
gefühlt und anerkannt.

Mit dieser kurzen Beantwortung der von
Sokrates aufgeworfenen Frage könnten wir,

dünkt mich, allen Sofisten und Rechtsver-
drehern in der Welt die Stirne bieten; auch
würde Plato selbst Mühe gehabt haben, die
Untersuchung und Festsetzung dessen, was
Gerechtigkeit und Ungerechtigkeit ist, über
den gewöhnlichen Umfang seiner Dialogen
auszudehnen, wenn er sich innerhalb der
Grenzen des gemeinen, dem Sprachgebrauch
gemäßen Sinnes der Worte hätte halten
wollen. Da er aber diesem unvermerkt
einen andern höhern und mehr umfassenden
unterschob, indem er den gewöhnlichen
Begriff der Gerechtigkeit (ohne uns jedoch
davon zu benachrichtigen) mit seiner Idee
von der höchsten geistigen und sittlichen
Vollkommenheit, welche, seiner Meinung nach, der menschlichen Natur erreich-
bar ist, bald vermengt, bald verwech-
selte, öffnete sich seiner dichterischen Fantasie ein unabsehbares Feld, wo sie sich
nach Gefallen erlustigen konnte, und Stoff
genug fand, einen Kreis von gefälligen
Zuhörern eben so gut ziehen Tage lang zu
unterhalten als einem . . . .
. . . .
Indessen sehe ich nicht, warum wir ihm
auch diese Freyheit nicht eingestehen sollten. Jeder Schriftsteller hat unstreitig das
Recht, sich seinen Stoff nach Belieben zu
wählen, und ihn zu bearbeiten, wie es ihm

gut dünkt; und weniger er nur, wie Plato,
dafür gesorgt hat, uns, so bald wir zu gähnen anfangen, durch wohlangebrachte Reiz-
mittel wieder zur Aufmerksamkeit zu nöthigen, so wär es unbillig und undankbar,
wenn wir uns beklagen wollten, daß er
uns weit mehr versetzt als nöthig, oder
selbst Für eine reichliche Befriedigung unsres
Bedürfnisses genug gewesen wäre. Hätte
Er sich auf das reichlich Genügsame ein-
schränken wollen, so stand es nur bey ihm,
die Aufgabe, so wie er sie gestellt hatte,
geradezu zu fassen, und da es ihm kraft
seiner filosofischen Machtgewalt beliebt hatte,
den gemeinen und zum Gebrauch im Leben
völlig zureichenden Begriff der Gerechtigkeit
zu verlassen, und die Idee der höchsten
Richtigkeit und Vollkommenheit der
menschlichen Natur an seine Stelle zu setzen,
so bedürfte es, meines Bedünkens, keiner
so weitläufigen und künstlichen Vorrich-
tung, um ausfündig zu machen, worin
diese Vollkommenheit bestehe. Es gehörte
wirklich eine ganz eigene Liebhaberey, Knoten in Binsen zu suchen" dazu, die Sache
so außerordentlich schwer zu finden, und
selbst eine alte Noth einen Knoten nach
dem andern in die Binsen zu knüpfen, blofs
um das Vergnügen zu haben sie wieder
aufzulösen. Ich zweifle sehr, daß ihm hier

die Ausrede zu Statten kommen könne, er
lasse seinen Sokrates sich nur darum so
stellen, als ob er selbst noch nicht wisse,
wie er die vorgelegte Aufgabe werde auflösen können, — um die Täuschung der
Leser, als ob sie hier den berüchtigten
Eiron wirklich reden hörten, desto voll-
kommner zu machen. Man könnte dieß
allenfalls für eine Rechtfertigung gelten lassen, wenn die Rede, anstatt von einem
Gegenstande, womit sich Sokrates so viele
Jahre lang tagtäglich beschäftigte, von irgend
einer räthselhaften spitzfündigen Frage gewesen wäre; oder auch, wenn er es, anstatt
mit so verständigen, gebildeten und lehrbe-
gierigen jungen Männern, wie Glaukon und
Adimanthus sich gezeigt haben, mit unwissenden Knaben oder neuweisen Geckea zu
thun gehabt hätte. Man könnte zwar einwenden, daß diese Gebrüder in dem größten
Theil unsers Dialogs fast immer die Rolle
unwissender Schulknaben spielen, und daß
Sokrates häufig Fragen an sie thut, durch
welche ein Knabe von zwölf Jahren sich
beleidigt fühlen könnte: aber wenn Plato
dieß wirklich in der Absicht that, die langweilige Art, wie Sokrates ihren Ideen zur
Geburtshülfe, zu rechtfertigen, so hätte er
nicht vergessen sollen, daß er sie kurz vorher wie verständige und scharfsinnige Män-

ner reden liefs. — Doch sein Sokrates ist
nun einmal in der Laune seinen Spafs mit
uns zu haben, und wir müssen uns schon
gefallen lassen, in einer weitkreisenden
Schneckenlinie endlich auf den nehmlichen
Punkt mit ihm zu kommen, zu welchem er
uns auf einer ziemlich geraden mit wenig
Schritten hätte führen können.

Sehen wir also (wofern du nichts bessers zu thun hast) wie er es anfängt, seinen erwartungsvollen, mit gespitzten Ohren
und offnen Schnäbeln seine Worte aufhaschen-
den Zuhörern zum ächten Begriff der Gerechtigkeit zu verhelfen. Da die Sache so grofse
Schwierigkeiten hat, und wir uns nicht
anders zu helfen wissen (sagt er, die Rede
an Adimanthen richtend) so wollen wir's
machen, wie Leute von kurzem Gesicht, die
eine sehr klein geschriebene Schrift von ferne
lesen sollten, es machen würden, wenn einer
von ihnen sich besänne, dafs eben diese
Schrift irgendwo an einem erhabnern Orte
in gröfsern Buchstaben zu lesen sey. Diese
Leute würden, denke ich, nicht ermangeln
die letztere zuerst zu lesen, und durch Vergleichung der gröfsern Buchstaben mit den
kleinern zu sehen, ob nicht etwa beide eben
dasselbe sagten. Ohne Zweifel, versetzt
Adimanth; aber wie pafst diefs auf unsre

vorhabende Untersuchung? Das will ich dir
sagen, erwiedert Sokrates. Ist die Gerechtigkeit bloß Sache eines einzigen Menschen,
oder nicht auch eines ganzen Staats? Adimanth hält das letztere für etwas ausgemachtes, wiewohl ich nicht sehe warum,
da das, was die Gerechtigkeit sey, als etwas
noch unbekanntes erst gesucht werden soll.
Aber, daß Glaukon und Adimanth zweifelhafte und ohne Beweis nicht zuzugebende,
ja wohl gar ganz unverständliche Sätze, der
Bequemlichkeit des Gesprächs wegen bejahen,
oder wenigstens gelten lassen, begegnet im
Verfolg der ganzen Unterhaltung noch so
oft, daß wir uns bey dieser Kleinigkeit
nicht aufhalten wollen. — Aber ist ein Staat
nicht größer als ein einzelner Mann? fragt
Sokrates. Größer, antwortet der Knabe,
voller Freude, vermuthlich, daß er hoffen
kann, es getroffen zu haben. Wahrscheinlich wird also (fährt der Schulmeister fort)
auch die Gerechtigkeit im Größern besser
in die Augen fallen und leichter zu erkennen seyn. Gefällt es euch, so forschen wir
also zuerst, was sie in ganzen Staaten ist,
und suchen dann, indem wir in der Idee
des Kleinern die Ähnlichkeit mit dem Größern
bemerken, herauszubringen, was sie in dem
einzelnen Menschen ist. — Wohlgesprochen,
sollt' ich meinen, sagt Adimanth. — „Nun

däucht mich,' wenn wir in Gedanken ein
Gemeinwesen vor unsern Augen entstehen
liessen, würden wir auch sehen, wie Gerechtigkeit und Ungerechtigkeit in ihm entstehen." — Könnte wohl seyn, versetzt Jener.
„Und wenn das wäre, sollte nicht Hoffnung
seyn, desto leichter zu finden was wir
suchen?" — Viel leichter. — „Mich däucht
also wir thäten wohl, wenn wir ohne wei-
ters Hand anlegten; denn es ist, meines
Erachtens, kein kleines Werk. Bedenkt
euch also!" — Da ist nichts weiter zu bedenken, sagt Adimanth, des langen Zauderns,
wie es scheint, überdrüssig, thu nur das
Deinige dabey!

Und so stellen wir denn vor dem Thor
dieser Republik, die uns Plato, ihr Stifter und Gesetzgeber, durch den Mund seines immerwährenden Stellvertreters für das
Ideal eines vollkommenen Staats ausgiebt,
an dessen Realisierung er selbst verzweifelt,
deren Erbauung und Einrichtung ihn in einem
grossen Theil dieses Werks ernstlich beschäftigt, und die er gleichwohl weder um ihrer
selbst willen, noch in der Absicht dass sie
irgend einem von Menschenhänden errichteten Staate zum Muster dienen sollte, sondern (wie er sagt) blos desswegen mit so
vieler Mühe in einem grossen Theile dieses

Werkes aufgestellt hat, um seinen Zuhörern
an ihr zu dem einzig wahren Begriff von
dem, was Gerechtigkeit in der menschlichen
Seele ist, zu verhelfen.

Eine Einwendung, die sich beym ersten
Anblick aufdringt und daher, in Cyrene
wenigstens, am häufigsten gehört wird, ist:
es sey unbegreiflich, wie Plato nicht gesehen habe, dafs, wofern zuvor aufs Reine
gebracht wäre, was die Gerechtigkeit bey
einem einzelnen Menschen sey, die Frage,
was sie in einem ganzen Staat sey? sich
dann von selbst beantwortet hätte: da hingegen diese letzte Frage nicht ausgemacht
werden könne, ohne den Begriff der Gerechtigkeit schon vorauszusetzen; denn der Staat
bestehe aus einzelnen Menschen, und nur
in so fern als diese gerecht seyen, finde
Gerechtigkeit in jenem Statt. — Es wäre in
der That unbegreiflich, wenn ein so scharf-
sichtiger Mann wie Plato diesen Einwurf
nicht voraus gesehen hätte. Er kann ihm
aber nur von Solchen gemacht werden, die
mit den Mysterien seiner Filosofie gänzlich
unbekannt sind. Plato setzt bey allen seinen Erklärungen, wovon auch immer die
Rede seyn mag, eine Art dunkler aber wahrer Vorstellungen voraus, abgebleichte, durch
den Schmutz der Sinnlichkeit und den Rost

der Gewohnheit, womit sie bedeckt sind,
unkenntlich gewordene Schattenbilder der
ewigen Ideen alles dessen was ist, dumpfe
Erinnerungen, welche unsre Seele aus einem
vorher gehenden Zustand in dieses Leben
mitgebracht, die sich zu deutlichen Begriffen des Wahren eben so verhalten wie
Ahnungen zu dem was uns künftig als
etwas Wirkliches erscheinen wird, und in
deren Anfrischung und Reinigung aller Unterricht besteht, womit die Filosofie unsrer
Unwissenheit und Afterwissenschaft zu Hülfe
kommen kann. Dieses aus der Welt der
Ideen mitgebrachte dunkle Bild der wesentlichen Gerechtigkeit in seinen Zuhörern auf-
zuklären, ist itzt das Geschäft des plato-
nisierenden Sokrates. Sie besteht, nach ihm,
in dem reinsten Zusammenklang aller Kräfte
zur möglichsten Vollkommenheit des Ganzen
unter der Oberherrschaft der Vernunft. Um
diefs seinen Hörern anschaulich zu machen,
war es allerdings der leichtere Weg, zuerst
zu untersuchen wie ein vollkommen wohl
geordneter Staat beschaffen seyn müsse; und
erst dann, durch die entdeckte Ähnlichkeit
zwischen der innern Ökonomie unsrer
Seele mit der wesentlichen Verfassung und
Verwaltung eines wohlgeordneten Gemein-
wesens, die wahre Auflösung des Problems,—
welche Glaukon und Adimanth im Nahmen

der übrigen Anwesenden von Sokrates erwar-
teten, ausfündig zu machen. Auf diese Weise
wurden sie in der That von Bekanntern und
gleichsam in gröfsern Karakteren in die Augen
Fallenden auf das Unbekantere geführt; denn
was der Mensch gewöhnlich am wenigsten
kennt, ist das Innere dessen was er seine
Seele nennt.

Nachdem wir diesen Einwurf auf die
Seite gebracht haben, lafs uns sehen wie
Plato mit Einrichtung seiner Republik zu
Werke geht. Es ist wirklich eine Lust zuzu-
schauen, wie sie aus dem gesellschaftlichen
Verein von vier Handarbeitern, einem Feld-
bauer, Zimmermann, Weber und Schuster,
gleich einer himmeln steigenden Ceder aus
einem kleinen Samenkorn, zu einer mächtigen, glücklichen und in ihrer Art einzigen
Republik empor wächst. Dafs es sehr schnell
damit zugeht, ist Natur der Sache; und
mancher Leser mag sich wohl kaum enthalten können zu wünschen, dafs die Sokratische Manier einen noch schnellern Gang
erlaubt hätte, und dafs wir nicht alle Augenblicke durch die Frage: oder ist's n i c h t so?
aufgehalten würden, wobey die beiden Gebrüder mit ihrem ewigen: Ja w o h l! eine
ziemlich betrübte Figur zu machen genöthigt
sind. Das einzige was wir dem wackern

Glaukon zu danken haben, ist, dafs wir in
der neuen Republik etwas besser gehalten
und beköstiget werden als Sokrates es Anfangs
gesonnen war. Denn, wie er selbst ziemlich leicht bekleidet zu seyn und schlecht
zu essen gewohnt war, so sollten auch seine
neuen Ansiedler im Sommer meistens nackt
gehen, Kleider und Schuhe nur im Winter
tragen, von Gerstengraupen, Mehlbrey und
Kuchen leben, und auf Binsenmatten, mit
Windekraut und Myrtenzweigen bestreut,
in geselliger Fröhlichkeit Mahlzeit halten. Aber auf Glaukons Vorstellung, dafs
sie doch auch einige Gemüse und Zula-
gen zu dieser gar zu magern Kost haben
sollten, läfst er sich gefallen, ihnen noch
Salz, Oliven, Käse, Zwiebeln und Garten-
kräuter, auch statt des Nachtisches Feigen,
Erbsen, Saubohnen, Myrtenbeeren und ge-
röstete Bucheckern zu bewilligen. Bey den
Bucheckern scheint dem ehrlichen Glaukon
die Geduld auszugehen; er wird für einen
wohlerzogenen Athenischen Patrizier ein
wenig grob, und fragt den Sokrates: wenn
er eine Republik von Schweinen zu stiften
hätte, womit er sie anders füttern wollte? —
Was wäre denn zu thun, Glaukon, erwiedert
dieser mit seiner gewohnten Kaltblütigkeit. —
Ey was bey allen rechtlichen Leuten der
Gebrauch ist, antwortet jener: lafs sie,

anstatt so armselig zu leben, fein ordentlich
auf Polstern um Tische herumliegen, und
gieb ihnen zu essen wie man heut zu Tage
zu speisen pflegt. Ah, nun versteh ich dich,
sagt Sokrates; meine Stadt, worin alles nur
für die wirklichen Bedürfnisse ihrer Bürger
berechnet ist, scheint dir zu dürftig; du
willst eine, wo es recht üppig zugeht. Sey
es darum! Wiewohl jene die wahre und
gesunde ist, so hindert uns doch nichts,
wenn ihr wollt, auch eine kranke, von überflüssigen und verdorbenen Säften aufgedunse-
ne Stadt etwas näher zu besehen. Er läßt
sich nun in eine umständliche Aufzählung
aller der unnöthigen und blofs der Eitelkeit
und Wollust dienstbaren Personen und Sachen, Künste und Lebensarten ein, welche
die Üppigkeit, wofern ihr der Zugang in die
neue Stadt einmahl geöffnet wäre, den Ein-
wohnern in kurzem unentbehrlich machen
würden; und wir andern Liebhaber der nachahmenden und bildenden Künste können uns
nicht enthalten, ein wenig schel dazu zu
sehen, dafs er bey dieser Gelegenheit auch
von den Mahlern und Bildnern, Ton-
künstlern und Dichtern, mit ihren Die-
nern, den Rhapsoden, Schauspie-
lern und Tänzern, als von Leuten spricht,
die in seiner gesunden Stadt nichts zu
schaffen hätten, und die er ohne Bedenken

mit · den Putzmacherinnen und Haarkräusle-
rinnen, Bartscherern, Garköchen und —
Schweinhirten in eben dieselbe Linie, stellt.
Die gesunde Stadt, wovon Anfangs die Rede
war, und ihr Gebiet, wird also (fährt er fort)
für alle diese Menschen sowohl als für die
grofse Menge von allen Arten, Thieren, die
der Üppigkeit zur Nahrung dienen, viel zu
klein seyn; wir werden sie sehr ansehnlich
vergröfsefn und erweitern müssen, und da
diefs nicht anders als auf Unkosten unsrer
Nachbarn geschehen kann, welche diefs, wie
natürlich, nicht leiden, und, wenn sie eben
so habsüchtig und lüstern sind wie wir, sich
das nehmliche gegen uns herausnehmen werden, was wird die Folge seyn? Wir werden
uns mit ihnen schlagen müssen, Glaukon?
oder wie ist zu helfen? Wir schlagen uns,
antwortet Glaukon ohne sich zu besinnen.
Wir werden also, fährt Sokrates fort, ohne
jetzt aller andern Übel, die den Krieg beglei-
ten, zu gedenken, unsre Stadt abermahls erweitern müssen, um für ein ansehnliches
Kriegsheer Raum zu bekommen? — Glaukon hält diefs für unnöthig; die Bürger, meint
er, womit die Stadt bereits so ansehnlich be-
völkert sey, wären zu ihrer Vertheidigung
hinreichend. Aber Sokrates beweist ihm mit
der unbarmherzigsten Ausführlichkeit, dafs
ein eigener Stand, der nichts anders zu thun

habe als sich mit den Waffen zu beschäftigen, in einem wohlbestellten Staat ganz unentbehrlich sey. Er stützt sich hierbey auf
einen Grundsatz, den er gleich Anfangs fest-
gesetzt hatte, da von den verschiedenen Pro-
fessionen die Rede war, deren wechselseitige Hülfleistung zu Befriedigung der gemeinschaftlichen Bedürfnisse die Veranlassung und der Zweck der ersten Stifter seiner Republik war; nehmlich: daſs jeder,
um es in seinem Geschäfte desto gewisser
zur gehörigen Vollkommenheit zu bringen,
sich der Kunst oder Hanthierung, wozu er
am meisten Neigung und Geschick habe,
mit Ausschluſs aller andern widmen müsse.
Da nun Krieg führen, und alle Arten von
Waffen recht zu gebrauchen wissen, unstreitig eine Kunst sey, welche viel Vorbereitung, Geschicklichkeit und Kenntniſs er-
fordere, so würde es ungereimt seyn, wenn
man dem Schuster verböte, den Weber oder
Baumeister oder Ackermann zu machen, die
Kunst des Kriegsmanns hingegen für so leicht
und unbedeutend hielte, daſs jedermann sie
zugleich mit seiner eigentlichen Profession
als eine Nebensache treiben könne.

Es sollte dem guten Glaukon, wofern er
nur die Hälfte seines vorhin so stark erprob-
ten Witzes hätte anwenden wollen, nicht

schwer gefallen seyn, dieser Behauptung des
Sokrates, und den Gründen womit er sie un-
terstützt, triftige Einwürfe entgegenzustel-
len: aber Plato hat noch so vielen und
mannigfaltigen Stoff in diesem Dialog zu ver-
arbeiten, dafs er sich an das dramatische Gesetz, jeder Person ihr Recht anzuthun, so
genau nicht binden kann; und da die Rede
nun einmal (wiewohl blofs zufälliger Weise)
von den Beschützern des Staats ist,
aus welchen sein Sokrates die zweyte
Klasse der Bürger seiner Republik bestellt:
so fährt er sogleich in seiner erotemati-
schen Methode (wobey er uns mit den Antworten des Gefragten und dem unzählige
Mahl wiederholten, tödtlich ermüdenden,
sagte ich, und sagte er, fast immmer
hätte verschonen können) fort, sich über die
Naturgaben und wesentlichen Eigenschaften,
die einem guten Soldaten unentbehrlich sind,
vernehmen zu lassen. Ich gestehe, dafs der
Einfall, sich hierzu der Vergleichung des
Staatsbeschützers mit einem tüchtigen Hof-
hunde zu bedienen, und zum Theil auch
die Art wie er sich dabey benimmt, so völlig
im Karakter und in der Manier des wahren
Sokrates ist, dafs Plato ihn vielleicht eher
seinem Gedächtnifs als seiner Nachahmungs-
kunst zu danken haben könnte. Es kommen
solcher Stellen hier und da in diesem Werke

mehrere vor, die, in meinen Augen, gerade
das gefälligste und anziehendste darin sind.
Nur Schade dafs Plato es auch hier nicht lassen kann, dem reinen Sokratischen Gold etwas von seinem eignen Bley beyzumischen.
Oder dünkt es dich nicht auch, Eurybates,
dafs der witzige Einfall, dem Hunde (aufser der Stärke, Behendigkeit, Wachsamkeit,
Zornmüthigkeit und der sonderbaren Eigenheit, die ihn von den eigentlich sogenannten
wilden Thieren unterscheidet, dafs er seinen auschnaubenden beifsigen Naturtrieb nur
gegen Fremde und Unbekannte ausläfst, gegen Heimische, Hausfreunde und Bekannte
hingegen sanft und freundlich ist) — sogar
noch ein filosofisches Naturell zuzu-
schreiben, dünkt es dich nicht, dafs dieser
Einfall eher dem Aristofanischen Sokrates,
als dem, den wir gekannt haben, ähnlich
sieht, und blofs dazu da ist, um die Äbnlich-
keit zwischen einem guten Hund und einem
braven Kriegsmann, der, nach Platon, schlechterdings auch Filosof seyn mufs, vollständig zu machen? Wenigstens ist der doppelte
Beweis, warum sowohl der Soldat als der
Hund Filosof ist, so ächt Platonisch, dafs
ich mirs nicht verwehren kann, dir diese
Stelle, zu Ersparung des Nachschlagens, von
Wort zu Wort vor Augen zu legen; wär' es
auch nur, damit du mir nicht etwa einwen-

dest, Sokrates habe diesen Einfall nur scherz-
weise vorgebracht.

Sokrates. Dünkt es dich nicht, daſs
ein künftiger Wächter und Beschirmer des
Staats zu dem jähzornigen Wesen, das ihm
nöthig ist, auch noch von Natur Filosof
seyn müsse? Glaukon. Wie so? ich verstehe nicht, was du damit sagen willst.
Sokr. Auch das kannst du an den Hunden
ausfindig machen; es ist wirklich etwas be-
wundernswürdiges an diesem Thiere. Glauk.
Und was wäre das? Sokr. Sobald der
Hund einen Unbekannten erblickt, fängt
er an zu knurren und böse zu werden, wiewohl ihm jener nichts zu Leide gethan hat;
den Bekannten hingegen bewillkommt er,
nach seiner Art, aufs freundlichste, wenn er
gleich nie etwas Gutes von ihm empfing.
Ist dir das noch nie als etwas wundernswürdiges aufgefallen? Glauk. Ich habe bisher
nie besonders darauf Acht gegeben; die Sache
verhält sich indessen wie du sagst. Sokr.
Gleichwohl scheint dieser Naturtrieb etwas
sehr feines und ächt filosofisches an ihm zu
seyn. Glauk. Warum das? Sokr. Weil
er einen freundlichen und feindlichen Gegenstand durch nichts anders unterscheidet, als
daſs er jenen kennt, diesen nicht kennt.
Wie sollte er nun nicht lernbegierig

seyn, da er das Heimische von dem Fremden
blofs durch Erkenntnifs und Unwissenheit
unterscheidet? Glauk. Es kann wohl nicht
anders seyn. Sokr. Ist aber ein lernbegie-
riges und ein filosofisches Naturell nicht eben
dasselbe? Glauk. Doch wohl! Sokr.
Warum sollten wir also nicht kecklich auch
in dem Menschen setzen, dafs er, um gegen
Hausgenossen und Bekannte sanft und gut-
artig zu werden, Filosof und lernbegierig
seyn müsse? Glauk. So setzen wirs denn!
— Und ich, meines Orts, setze, dafs diese
Manier zu filosofieren eine eben so unfilosofi-
sche als langweilige Manier sey, wiewohl
nicht zu läugnen ist, dafs wir ihr wenigstens ein gutes Drittel dieses dickleibigen
Dialogs zu danken haben.

Nachdem also Sokrates auf diese sinnrei-
che Weise herausgebracht und zum Überflufs
nochmahls wiederholt hat, „dafs ein Beschützer seines idealischen Staats, um seiner Bestimmung aufs vollkommenste zu entsprechen, die verschiedenen Tugenden eines
edeln Haushundes in sich vereinigen, und
auf alle Fälle so filosofisch und zornmüthig,
behend und stark seyn müsse als der statt-
lichste Molosser, — wirft er die Frage
auf: was man ihnen, um sie zu möglichst
vollkommnen — Staatshunden zu bilden, für

eine Erziehung geben müſste? Eine Untersuchung, welche, wie er meint, nicht wenig
zur Auflösung des Problems, „wie Gerechtigkeit und Ungerechtigkeit in einem Staat
entstehe" beytragen würde. Adimanth be-
kräftigt dieses letztere sogleich mit groſsem
Nachdruck, ohne daſs man sieht warum;
denn daſs er, so gut wie der Verfaſser des
Dialogs selbst, vorausgesehen haben könnte,
wie dieser dem Diskurs forthelfen werde um
zu dem besagten Resultat zu gelangen, ist
nicht wohl zu vermuthen. Sokrates giebt zu
verstehen, diese Untersuchung dürfte sich
ziemlich in die Länge ziehen, meint aber
doch, daſs dieſs kein Grund sey die Sache auf-
zugeben, zumahl da sie gerade nichts besseres zu thun hätten. Adimanth ist, wie sichs
versteht, dazu willig und bereit. Wohlan
denn! was für eine Erziehung wollen wir
also unsern Staatsbeschützern geben? Es
dürfte schwer seyn eine andere zu finden, als
die schon längst erfundene, nehmlich die
Gymnastik für den Körper, die Musik
(in der weitesten Bedeutung dieses Wortes)
für die Seele. — Auf Musik und Gymnastik also schränkt sich auch in der Platonischen Stadt, deren Einrichtung uns beschäftigt, das ganze Erziehungswesen ein;
aber beide sind freylich in dieser ganz
etwas anders als in unsern üppigen und von

bösen Säften aufgeschwollnen ungesunden Republiken. Die Ausführung dieses
Satzes nimmt den ganzen beträchtlichen Rest
des zweyten Buchs und ein grofses Stück
des dritten ein; und wiewohl der heftige
Ausfall gegen unsre epischen und dramatischen Dichter nur eine Episode ist, und
nicht in gehörigem Ebenmafse mit dem Ganzen stehen möchte, so ist sie doch (aufser
ihrer Zweckmäfsigkeit für die Absicht unsers Filosofen) als ein für sich selbst beste-
hendes Stück betrachtet, bis auf eine oder
zwey, die Musik im engern Verstande und
die nachahmenden Künste betreffende Stellen, so vortrefflich ausgearbeitet, und in jedem Betracht so unterhaltend, lehrreich und
zum Denken reitzend, dafs ich versucht
wäre, sie, mit der Rede Adimanths (wovon
sie gewisser Mafsen die Fortsetzung und
vollständigere Ausführung ist) für das beste
des ganzen Werks zu halten, wenn ihr der
Diskurs über die Gymnastik nicht den Vorzug streitig machte.

Wie ich höre ist ihm die Strenge, womit er vornehmlich den Homer und Hesiodus für wahre Verführer und Verderber
der Jugend erklärt, und die tiefe Verachtung, womit er von der mimischen Kunst
der dramatischen Dichter und Schau-

spieler spricht, zu Athen sehr übel genommen worden.   Ich kann es euch nicht
sehr verargen, daſs ihr euch für eine euerer
vorzüglichsten Lieblings-Ergetzungen und für
dramatische Meisterstücke, auf die ihr stolz
zu seyn alle Ursache habt, mit Faust und
Fersen wehrt.   Aber zwey Dinge, lieber
Eurybates, wirst du doch bey ruhiger Überlegung nicht in Abrede seyn können: erstens, daſs Plato in dem ziemlich alten Gebrauch der meisten griechischen Völkerschaften, ihre Kinder die Gesänge Homers und
Hesiods als heilige, von den Musen einge-
gebene Bücher ansehen zu lehren, und ihnen aus diesen, mit rohen pöbelhaften Begriffen und Gesinnungen, abgeschmackten
Mährchen, und zum Theil sehr unsittlichen
Reden und Thaten der Götter und Göttersöhne angefüllten alten Volksgesängen, in
einem Alter wo das Gemüth für solche Eindrücke weiches Wachs ist, die erste Bildung zu geben, daſs, sage ich, Plato in
diesem Gebrauch eine der allgemeinsten und
wirksamsten, wiewohl bisher unbemerkt ge-
bliebenen, Ursachen der eben so ungeheuren als unheilbaren Sittenverderbniſs unsrer
Republiken aufgedeckt hat; zweytens, daſs
es dem ungeachtet, bey der Verbannung
unsrer sämmtlichen Musenkünstler aus
seiner idealischen Republik, seine Meinung

nicht war noch seyn konnte, dafs die Athener und die übrigen Griechen eben dasselbe
thun sollten. Bey uns und an uns ist
nichts mehr zu verderben; wir sind wie
Menschen die in einer schlechten Luft zu
leben gewohnt sind; unsre Dichter, Schauspieler, Musiker, Tänzer und Tänzerinnen,
Mahler und Bildner mögen es treiben wie
sie wollen, in Republiken wie Athen, Korinth, Milet, Syrakus und so viele andere,
(meine ziemlich üppige Cyrene nicht ausgenommen) können sie nichts Böses thun, dem
nicht auf diese oder jene Weise das Gift
entweder benommen oder durch einwickelnde
und mildernde Arzneymittel Einhalt gethan
würde. In Athen oder Milet ist wenig daran gelegen, ob die Leyer drey oder vier Saiten mehr oder weniger hat. Aber in einem
Staat, dessen Verfassung und Gesetzgebung
auf rein sittliche Grundsätze gebaut
wäre, und wo also die ganze Lebensweise
der Bürger, alle ihre Beschäftigungen und
Vergnügungen, ihre gottesdienstlichen Ge-
bräuche, Feste und gemeinschaftliche Er-
getzlichkeiten, vor allem aber die Erziehung
ihrer Jugend mit jenen Grundsätzen in der
richtigsten Harmonie stehen müsten: da
würde, allerdings die kleinste Abweichung
vom Gesetz und vom guten alten Brauch,
auch in Sprache, Deklamazion, Rhythmus,

Gesangweisen, Tonfällen, Zahl der Saiten
auf der Leier und Cither, und dergleichen,
wo nicht ganz so viel als Plato meint, doch
sehr viel zu bedeuten haben; und wenn
die Spartaner, die vor dreyfsig Jahren ein so
strenges Dekret gegen die eilfsaitige Lyra des
berühmten Sängers Timotheus ergehen
liefsen ¹), dem Geist der Gesetzgebung ihres
Lykurgs in allen andern Stücken so getreu
geblieben wären, so würden sie, anstatt sich
den Athenern dadurch lächerlich zu machen,
den Beyfall aller Verständigen davon getragen
haben.

Dafs Plato durch seine auf die strengste
Moral gebaute Theorie der Musischen und
Mimischen Künste, wenn man — anstatt
ihre unmittelbare Beziehung auf seinen idealischen Staat zum Gesichtspunkt zu nehmen —
sie als einen allgemeinen Kanon für Dichter, Mahler, Musiker u. s. f. betrachten wollte, im Grund alle Poesie und die sämmtlichen
mit ihr verwandten Künste rein aufhebt; dafs
seine Einwendungen gegen die künstliche
Nachahmung aller Arten von Karaktern, Ge-
müthsbewegungen, Leidenschaften und Handlungen (sie mögen nun löblich oder tadelhaft,
der Nachfolge oder des Abscheues würdig
seyn) keine scharfe Untersuchung ausbalten;
und dafs eine Ilias von lauter vollkommen

weisen und idealisch tugendhaften Menschen,
wie er sie haben will, ein kaltes, langweili-
ges und wenigstens durch seine Eintönigkeit
unausstehliches Werk seyn würde, wer sieht
das nicht? Und wie könnt' es anders seyn,
da er den Künsten einen falschen Grundsatz
unterschiebt und das Sittlichschöne zu ihrem
einzigen Gesetz, Zweck und Gegenstand
macht? Aber alles, was er behauptet, steht
an seinem Platz, so bald wir es in seine Republik versetzen. Seine Jünglinge sollen an
Seel und Leib ungeschwächte, unverdorbene
Menschen bleiben; sie sollen ,,nichts lernen
was sie künftig wieder vergessen müssen;"
sie sollen nichts sehen noch hören, nichts
denken noch treiben, als was unmittelbar
dazu dient, sie zu ihrer Bestimmung vorzubereiten. Sie sollen von Kindesbeinen an auf
alle mögliche Weise zu jeder Tugend gewöhnt
werden, und ungeziemende, ungerechte,
schändliche Dinge nicht einmahl dem Nahmen nach kennen. Sie sollen von der Gottheit das würdigste und erhabenste denken;
sollen angehalten werden immer die Wahrheit zu sagen, und Lügen als die häßlichste
Selbstbeschimpfung zu verabscheuen; sollen
immer nüchtern, mäßig und enthaltsam seyn,
der Wollust und dem Schmerz keine Gewalt
über sich lassen, ihren Mitbürgern hold und
gewärtig und nur den Feinden des Staats

fürchterlich, in Gefahren zugleich vorsichtig
und muthvoll, kaltblütig und entschlossen
seyn, immer bereit, Leben und Alles ihrer
Pflicht aufzuopfern, ohne weder den Tod
für sich selbst zu fürchten, noch sich beym
Ableben der Ihrigen unmännlich zu betragen.
Zu allem diesem wird man freylich (wie Plato seinen Sokrates sehr ausführlich mit Stellen aus der Ilias und Odyssee ,belegen läfst)
durch das Lesen unsrer Dichter und durch
die Beyspiele, Maximen und pathetischen
Deklamazionen unsrer Tragödien nicht gebildet; wohl aber kann es nicht fehlen, dafs sie
in jungen Gemüthern Eindrücke und Vorstellungen hinterlassen, die das Gegentheil zu
wirken geschickt sind. Nehmen wir also dem
Schöpfer einer Republik, die blofs dazu er-
schaffen ist uns zum Urbild der Gerechtigkeit
und sittlichen Vollkommenheit zu dienen,
nicht übel, dafs er unsre Dichter mit eben
so weniger Schonung von ihren Grenzen abhält, als alle andere Künstler und Werkleute
des Vergnügens und der Üppigkeit; in einem
Staat, der in Ansehung aller körperlichen
Bedürfnisse und sinnlichen Genüsse auf das
schlechterdings Unentbehrliche eingeschränkt
ist, findet sich kein Platz für sie.

Sokrates geht nun in der Erziehung seiner
Staatsbeschützer von der Musik als der Bil-

dung der Seele zur Gymnastik oder Ausbildung, Übung und Angewöhnung des Körpers über. Alles was er über diesen Gegenstand sagt; die scharfe Censur, die er bey
dieser Gelegenheit über die Lebensweise der
Vornehmen und Reichen zu Syrakus, Korinth und Athen ergehen läfst, alles was er
über die Diätetik überhaupt, über die Vorzüge der ächten Äskulapischen Heilkunst von der heut zu Tag im Schwange gehenden, und über die Analogie der Profession des Richters (den er als eine Art von
Seelenarzt betrachtet) mit der Kunst des eigentlich sogenannten Arztes, vorbringt, —
mit Einem Wort die ganze reichhaltige und
vielseitige Behandlung dieser Materie ist in
jedem Betracht unübertrefflich schön und
wahr. Alles darin ist neu, selbst gedacht,
scharfsinnig, und doch zugleich so klar ein-
fach und auf den ersten Blick einleuchtend,
dafs der Leser fast immer seinen eigenen Gedanken zu begegnen glaubt. Ich habe nichts
darüber hinzuzusetzen, als dafs der göttliche
Plato, wenn er immer auf diese Art filosofier-
te, in der That ein Gott in meinen Augen
wäre; und dafs, wofern die Athener und
wir andern Alle durch Lesung und Medi-
tierung dieses Diskurses nicht weiser und
besser werden, die Schuld blofs an uns liegen wird.

Ich zweifle nicht, dafs Plato durch den
Ausfall über die dermahlige Heilkunst
in ein gewaltiges Wespennest gestochen hat.
Eure Hippokratischen Ärzte, welche sich
den Reichen so unentbehrlich zu machen
und von ihrer Üppigkeit und Schwelgerey
so viele Vortheile zu ziehen wissen, werden ihm nicht vergeben, dafs er ihnen die
Geschicklichkeit, einen baufälligen Körper
recht lange hinzuhalten und ihre Kranken
des langsamsten Todes, der ihrer Kunst
möglich ist, sterben zu lassen, d. i. gerade
das, worauf sie sich am meisten einbilden,
zum Vorwurf, und beynahe zum Verbrechen
macht. Natürlicher Weise ist ihre Partey,
da alle Schwächlinge, Gichtbrüchige, Eng-
brüstige, Wassersüchtige und Podagristen
von Athen auf ihrer Seite sind, wo nicht
die stärkste, doch die zahlreichste: und wie
sollten sie ihm je verzeihen können, dafs er
unmenschlich genug ist, zu behaupten, sie
und alle ihres gleichen könnten für die allgemeine Wohlfahrt nichts bessers thun, als
sich je bälder je lieber aus der Welt zu
trollen, und die Heilkunst mache sich einer
schweren Sünde gegen den Staat schuldig,
wenn sie sich so viele Mühe gebe, ungesunden Menschen ein sieches, ihnen selbst
und andern unnützes Leben auch dann zu
verlängern, wenn keine völlige Genesung zu

hoffen ist. In der That hat diese Behauptung etwas empörendes; und es mag wohl
seyn, dafs nur ein sehr gesunder, der Güte
seines Temperaments und seiner strengen
Lebensordnung vertrauender, auch überdiefs
aufser allen zärtlichern Familienverhältnissen
isoliert lebender Filosof, so vielen armen
Sterblichen, die mit allen ihren Übeln, doch
das erfreuliche Licht der Sonne gern so lang'
als möglich athmen möchten, ein so unbarm-
herziges Todesurtheil zu sprechen fähig ist.
Ich hoffe Plato selbst werde sich erbitten
lassen einige Ausnahmen zu machen; indessen müssen wir auch nicht vergessen, dafs
alles, was er seinen kerngesunden alten
Sokrates über diesen Punkt sagen läfst, mit
unverwandter Rücksicht auf seine Republik
gesagt wird, wo sich freylich alles anders
verhält als in den unsrigen. In den letztern lebt jeder Mensch sich selbst und seiner Familie, dann erst dem Staat; in der
s e i n i g e n lebt er blofs dem Staat, und so
bald er diesem nichts mehr nütze ist, rechnet er sich nicht mehr unter die Leben-
digen. Er verhält sich also zum Staat,
wie der Leib zur Seele. Die Seele ist der
eigentliche Mensch; der Leib hat nur dadurch
einigen Werth, und darf nur in so fern in
Betrachtung kommen, als er der Seele zum
Sklaven und Werkzeug gegeben ist. Es ist

daher (wie Sokrates etwas, so er vorhin
selbst gesagt hatte, berichtiget) nicht recht
gesprochen, wenn man die Musik allein auf
die Seele, die Gymnastik allein auf den Leib
bezieht. Beide dienen blofs der Seele, und
die Gymnastik findet in seiner Republik nur
in so fern Platz, als sie den Körper zu
einem rein gestimmten, diese Stimmung fest-
haltenden, und mit einer von den Musen
gebildeten Seele immer rein zusammen klin-
genden Instrument derselben macht. Eben
darum wäre sehr übel gethan, die Gymnastik
von der Musik oder diese von jener trennen zu wollen; die Musik allein würde nur
weibische Schwächlinge, die Gymnastik allein
sogar aus Knaben von der edelsten Art nur
rohe gewaltthätige Halbmenschen ziehen: aber
so, wie Plato es vorschreibt, verbunden
und eine durch die andere getempert,
bilden sie „den ächten Musiker und Har-
monisten, der beide Benennungen in einem
unendlich höhern Grad verdient als der gröfste
Saitenspieler."

Was meinst du nun, Glaukon (fährt
Sokrates fort) sollten wir, wenn uns die
Erhaltung unsrer Republik am Herzen liegt,
nicht immer gerade einen solchen Mann
zum Vorsteher derselben nöthig haben? —
Mit dieser leichten Wendung führt er uns

zu der dritten Klasse seiner Staatsbürger, nehmlich zu den Archonten oder
obrigkeitlichen Personen, deren die beiden
ersten benöthigt sind, wenn diese unwandel-
bare Ordnung, Harmonie und Einheit in der
Republik erhalten werden soll, in welcher
ihr Wesen besteht, und wodurch sie sich
von allen unsern ungesunden, baufälligen
und ihrer Zerstörung, langsamer oder schneller, entgegen eilenden Republiken unterscheidet. Was er hier von dieser obersten
Klasse seiner Staatsbürger überhaupt, und
von dem Obervorsteher oder Epista-
ten des ganzen Staats sagt, ist zwar nur
ein bloſser, mit wenigen Pinselstrichen ent-
worfener Umriſs, wovon er sich die Ausführung stillschweigend vorbehält; aber auch
in diesem entwickelt sich alles so leicht und
schön, ist alles so richtig gedacht, in so
zierliche Formen eingekleidet, und erhält
durch überraschende Wendungen einen so
eigenen Zauber von Genialität und Neuheit,
daſs man ihm Tage lang zubören möchte,
wenn er sich in dieser Sokratischen Manier
zu filosofieren so lange erhalten könnte.

Um so auffallender ist es, wenn wir seinen Sokrates, den wir eine geraume Zeitlang
so verständig, wie ein Mann mit Männern
reden soll, reden gehört haben, sich plötz-

lich wieder in den Platonischen verwandeln, und in eine andre Tonart fallen hören, welche wir (mit aller ihm schuldigen Ehrerbietung gesagt) uns nicht erwehren können, unzeitig, seltsam, und, mit dem rechten Wort gerade heraus zu platzen, ein wenig läppisch zu finden. „Wie wollen wir es nun anstellen (fragt er den Glaukon) um vornehmlich die Archonten unsrer Republik, oder doch wenigstens die übrigen Bürger, eine von den gutartigen Lügen glauben zu machen, von denen wir oben (als die Rede von den Fabeln und Lügen der Dichter war) ausgemacht haben, dafs sie zuweilen zulässig und schicklich seyen?" — Glaukon, den diese unerwartete Frage vermuthlich eben so stark vor die Stirne stiefs als uns, kann sich nicht vorstellen, was für eine Lüge Sokrates im Sinne habe. — „Sie ist nichts Neues, versetzt Sokrates; denn sie stammt schon von den Föniziern her, und hat sich, wie die Poeten mit grofser Zuversichtlichkeit versichern, *) vorzeiten an vielen Orten zugetragen. In unsern Tagen ereignet sich freylich so etwas nicht mehr, und ich weifs nicht, ob es sich künftig jemahls wieder zutragen dürfte." — Es mufs etwas seltsames seyn, dafs du so hinterm Berge damit hälts, sagt Glaukon. — „Wenn du es gehört haben wirst, antwortet Sokra-

tes, wirst du finden dafs ich Ursache hatte,
nicht gern damit heraus zu rücken." — Sag
es immerhin und befürchte nichts. — „Nun
so will ichs denn sagen, wiewohl ich selbst
nicht weifs, wo ich die Kühnheit und die
Worte dazu hernehme."

Nachdem er durch diesen dramatischen
Kunstgriff die Erwartung seiner Zuhörer aufs
höchste gespannt hatte, mufste ihnen doch
wohl zu Muthe seyn als ob sie aus den
Wolken fielen, da er fortfuhr: „Vor allem
also will ich mich bemühen, die Archonten
meiner Stadt und die Krieger, und dann auch
die übrigen Bürger dahin zu bringen, dafs
sie sich einbilden, alles was bisher mit ihnen
vorgegangen und die ganze Erziehung, die
wir ihnen gegeben haben, sey ein blofser
Traum gewesen. Dagegen sollen sie glauben, sie selbst sammt ihren Waffen und
allem ihrem übrigen Geräthe seyen wirklich
und wahrhaftig im Schoofs der Erde
gebildet, genährt und ausgearbeitet worden;
und erst, nachdem sie in allen Stücken fertig und vollendet da gestanden, habe die
Erde, ihre Mutter, sie zu Tage gefördert.
Demnach sey es ihre erste Pflicht, das Stück
Erde, welches sie bewohnen, als ihre Mutter und Erzieherin zu betrachten, jeden
feindlichen Anfall von ihr abzuhalten, und

alle ihre Mitbürger, ebenfalls Kinder derselben Erde, als ihre Brüder anzusehen." —
Nun begreif' ich freylich, sagt Glaukon,
warum du mit einer so platten Lüge so ver-
schämt zurück hieltest. — „Da hast du wohl
Recht, versetzt Sokrates; aber höre nun auch
den Rest des Mährchens. Ihr alle, (werden wir nun, die Fabel fortsetzend, zu
ihnen sagen) so viele euer in dieser Stadt
leben, seyd Brüder; aber der Gott, der euch
bildete, vermischte den Thon, den er dazu
nahm, mit ungleichartigem Metall. Bey denjenigen von euch, die zum Regieren tauglich sind, mischte er G o l d unter den Thon,
daher sind sie die geehrtesten von allen; zu
denen, die er für den Soldatenstand bestimmte,
S i l b e r; K u p f e r zu den Ackerleuten und
E i s e n zu den übrigen Handarbeitern. Da
ihr nun alle zu einer und eben derselben
Familie gehört, so zeugt zwar meistens
jeder seines Gleichen; doch geschieht es
auch wohl zuweilen, daß sich aus Gold
Silber, und dagegen aus Silber Gold, und
eben so auch Kupfer aus Silber, oder Gold
aus Kupfer erzeugt, und so weiter. Diesem zu Folge macht der Gott, euer Schöpfer,
den Regierern zur ersten und wichtigsten
Pflicht, die Kinder, die unter euch geboren
werden, genau zu untersuchen, mit welchem
von den besagten vier Metallen ihre See-

Ien legiert sind, und wofern ihnen selbst
kupfer- oder eisenhaltige geboren würden,
sie ohne Schonung, wie es ihrer Natur
gemäſs ist, in die Klasse der Handwerker
oder Ackerleute zu versetzen; hingegen, wofern diese letztern einen gold oder silber-
haltigen Sohn erzeugten, solchen in die Klasse
der Regierer, oder der Vertheidiger der Republik zu erheben; und dieſs einem Orakel
zu Folge, welches dem Staat den Untergang
ankündigt, wofern er je von Kupfer oder
Eisen regiert würde.

Was sagst du zu diesem Ammenmährchen, Eurybates? Sollte der göttliche Plato
wohl eine so verächtliche Meinung von seinen Lesern hegen, daſs er für nöthig hält,
uns von Zeit zu Zeit wie kleine Knaben
mit einem Fabelchen in diesem kindischen
Geschmack zufrieden zu stellen, weil er
uns nicht Menschenverstand genug zutraut,
eine männlichere Unterhaltung, wie z. B.
die unmittelbar vorhergehende, in die Länge
auszuhalten? Wenn er es ja für dienlich
hielt, zu mehrerem Vergnügen der Leser
den Ton zuweilen abzuändern, wie konnt'
er sich selbst verbergen, daſs nur Kinder,
die noch unter den Händen der Wärterin
sind, an einem so platten Mährchen Gefallen haben könnten? Oder sollte er vielleicht

die geheime Absicht, die ihm Schuld gegeben wird, wirklich hegen, die Ilias aus den Kinderschulen der Griechen zu verdrängen, und diesen Dialog blofs darum mit so vielen Fabeln und allegorischen Wundermährchen gespickt haben, um desto eher hoffen zu können, sich selbst dereinst an die Stelle des verbannten Homers gesetzt zu sehen? Beynahe mufs man auf einen solchen Argwohn verfallen; zumahl wenn man die sonderbare Hitze bedenkt, womit er sich an mehrern Stellen dieses Werkes mit einer sonst kaum begreiflichen Ausführlichkeit beeifert, den sittlichen Einflufs der Werke unsrer Dichter auf die Jugend in das verhafsteste Licht zu stellen. Wie dem auch seyn mag, immer ist es lustig genug, zu sehen, wie er seinen Sokrates vorbauen läfst, dafs die Leser sein fönizisches Mährchen nicht für so ganz einfältig und anspruchlos halten möchten als es aussieht. — Weifst du wohl ein Mittel, läfst er ihn den Glaukon fragen, wie man unsre Leute dieses Mährchen glauben machen könnte? Sie selbst nicht, antwortet Glaukon, aber wohl allenfalls ihre Söhne und Nachkommen und die andern Menschen der Folgezeit, sollt' ich denken. Ich merke wo du hinaus willst, versetzt Sokrates; es könnte doch immer dazu gut seyn, sie desto ernstlicher besorgt

zu machen, daß die Absicht des Orakels
erreicht werde; — nehmlich, daß die Republik nicht durch die üble Staatsverwaltung kupferner und eiserner Regenten, zu
Grunde gehe. — Wenn diese Reden nicht
ganz ohne Salz seyn sollen, muß man, dünkt
mich, annehmen, Glaukon und Sokrates werfen hier beide einen Seitenblick auf Athen
und andere Griechische Städte, in welchen
die schlechten Metalle dermahlen ein sehr
nachtheiliges Übergewicht zu haben scheinen. Aber wozu hatte Plato — er, der an
mehrern Stellen dieses Dialogs seinen Mitbürgern und Zeitgenossen die derbesten und
ungefälligsten Wahrheiten ganz unverblümt
ins Gesicht sagt — wozu hatte er gerade
hier einer so zwecklosen Behutsamkeit
nöthig?

Übrigens täusche ich mich vielleicht, indem es mir vorkommt, als ob Sokrates, von
diesem Mährchen an, durch alle folgende
Bücher sich selbst verloren habe, und sich
mit aller Mühe nicht wieder finden, oder,
wenn er auch zuweilen in seinen eigenen
Ton zurück fällt, sich doch nicht lange
darin erhalten könne. Ich drücke mich hierüber so schüchtern aus, weil es sehr möglich ist, daß die Ursache, warum mir dieß
so vorkommt, vielmehr in meiner Gewohn-

heit, mir einen ganz andern Sokrates zu
denken, als in einem Mangel an Haltung
liegt, der dem Verfasser des Dialogs Schuld
gegeben werden könnte. Die Wahrheit zu
sagen, der Sokrates, den er darin die doppelte Rolle des Erzählers und der Haupt-
person des Drama's spielen läfst, ist und
bleibt sich selbst durchgehends immer ähnlich; denn es ist immer Plato selbst, der
unter einer ziemlich gut gearbeiteten und
seinem eigenen Kopfe so genau als möglich
angepafsten Sokrateslarve, nicht den
Sohn des Sofroniskus, sondern sich selbst
spielt. Hinter dieser Larve sieht er zuweilen, je nachdem er uns eine Seite zeigt,
dem wahren Sokrates so ähnlich, dafs man
einige Augenblicke getäuscht wird: aber
seine Stimme kann oder will er vielmehr
nicht so sehr verstellen, dafs die Täuschung
lange dauern könnte; und überhaupt braucht
man ihm nur näher auf den Leib zu rücken
und ihn scharf ins Auge zu fassen, um den
leibhaften Plato überall durchschimmern zu
sehen. Dieser scheint sogar von Zeit zu
Zeit die unbequeme Larve ganz wegzuschie-
ben, und uns auf einmahl mit seiner eigenen,
von jener so stark abstechenden Fysionomie
zu überraschen; und da er dieses seltsame
Spiel, eben dieselbe Person bald mit bald
ohne Larve zu machen, einen ganzen

Tag lang treibt, so kann es nicht wohl fehlen, daſs der Zuschauer endlich irre wird,
und nicht recht weiſs was man mit ihm
vorhat, und ob er beym Schluſs des Stücks
zischen oder applaudieren soll.

———

Diese Ungewiſsheit ist indessen keineswegs der Fall im Rest des dritten und im
Anfang des vierten Buchs. Eine unserm
Filosofen eigene dialektische Spitzfündigkeit,
die auch hier von Zeit zu Zeit durch die Lük-
ken der Sokrateslarve durchguckt, abgerechnet, scheint er darin die angenommene Person
wieder ziemlich gut zu spielen; so gut wenigstens, daſs man sich geneigt fühlt, der
Täuschung mit halb geschloſsnen Augen nach-
zuhelfen; und wiewohl man sich hier und
da nicht wohl erwehren kann ein wenig
ungehalten auf den Schauspieler zu seyn,
wenn er unversehens aus seiner Rolle her-
austritt und anstatt den Sokrates rein fort-
zuspielen, in seine eigene Person zurück
sinkt: so macht uns doch die Gewandtheit,
womit er sich unvermerkt wieder in die
angenommene hineinwirft, so viel Vergnügen, daſs es wenig Mühe kostet ihm zu
verzeihen und im Ganzen recht wohl mit
ihm zufrieden zu seyn.

Die Rede ist nun im Rest des dritten
Buchs davon, wie die aus dem Schoofs der
Erde in voller Rüstung hervorgesprungnen
Beschirmer oder Soldaten unsers idealischen
Staats in Ansehung der Wohnung, Nahrung
und aller übrigen zum Leben gehörigen
Stücke gehalten werden sollen. Da in der
vollkommensten Republik alles rein konse-
quent und zweckmäfsig seyn mufs; da es in
derselben nicht darum zu thun ist, die einzelnen Gliedmafsen des Staats sondern das Ganze so glücklich als möglich
zu machen, und das letztere auf keine
andere Weise zu erhalten steht, als wenn
jede Klasse, und jeder einzelne Bürger in
der seinigen, gerade das und nichts anders
ist, als was sie vermöge ihres Verhältnisses
zum Ganzen nothwendig seyn müssen; so
dürfen wir uns nicht wundern, dafs Plato
den bewaffneten Theil der Bürger, welcher
blofs zum Schutz der Gesetze und des Staats,
zu Vollziehung der Befehle der Regenten
und zu Vertheidigung aller übrigen Bürger
da ist, in allen Stücken auf das blofse
Unentbehrliche setzt. Sie wohnen in schlechten Baraken, haben aufser ihren Waffen
und was die höchste Nothdurft zum Leben
fordert, nicht das geringste Eigenthum;
halten ihre äufserst frugalen Mahlzeiten
gemeinschaftlich in öffentlichen Sälen, und

leben in allen Stücken in der nehmlichen
Ordnung beysammen, wie sie im Lager
leben müfsten. In diesem und allen andern
Stücken sind sie der strengsten Disciplin
unterworfen; mit Einem Wort, nichts ist
vergessen, was es ihnen unmöglich macht,
jemahls aus den Schranken ihrer Bestimmung
herauszutreten, und „aus treuen und wach-
samen Hunden der Herde sich in Wölfe
zu verwandeln.‟ — Alles diefs und was dahin einschlägt, führt Sokrates gegen die
Zweifel und Einwürfe Adimanths so gründ-
lich und sinnreich aus, dafs weder diesem
noch dem Leser das geringste gegen die
Zweckmäfsigkeit dieses Theils der Verfassung der Republik einzuwenden übrig bleibt.

Was bey dem Allem nicht wenig zum
Vergnügen der Leser beyzutragen scheint,
ist die anscheinende Unordnung, oder, richtiger zu reden, die unter diesem Schein sich
verbergende Kunst, wie der Dialog, gleich
einem dem blofsen Zufall überlassenen Spaziergang, indem er sich mit vieler Freyheit
hin und her bewegt, unter lauter Digressionen dennoch immer vorwärts schreitet, und
dem eigentlichen Ziel des Verfassers (wie
oft es uns auch aus den Augen gerückt
wird) immer näher kommt. Wenigen dieser kleinern oder gröfsern Abschweifungen

fehlt es an Interesse für sich selbst: sie
schlingen sich aber auch überdiefs meistens
so natürlich aus und in einander, und
lenken wieder so unvermerkt in den Haupt-
weg ein, dafs man den Umweg entweder
nicht gewahr geworden ist, oder sichs doch
nicht reuen lassen kann, ihn gemacht zu
haben. Diefs ist zwar nicht immer, aber
doch wenigstens öfters, der Fall; und ich
finde um so nöthiger diese Bemerkung hier
nachzuhohlen, da sie, wo nicht zu völliger
Widerlegung, doch zu gebührender Einschränkung dessen dient, was ich oben, aus
dem Mund etlicher vielleicht gar zu schul-
gerecht urtheilender Kunstfreunde, gegen
die Komposizion dieses Dialogs, als dichterisches Kunstwerk betrachtet, erinnert habe.
Ein Gespräch dieser Art kann und soll weder
an die Gesetze der architektonischen
Symmetrie, noch an die Regeln des
historischen Gemähldes gebunden
werden; es ist in dieser Rücksicht noch
freyer als die Kratinische und Aristofanische
Komödie selbst; die gröfste Kunst des Dia-
logendichters ist, seinen Plan unter einer
anscheinenden Planlosigkeit zu verstecken,
und nur dann verdient er Tadel, wenn er
sich von seinem Hauptzweck so weit verirrt, dafs er sich selbst nicht wieder ohne

Sprünge und mühselige Krümmungen in seinen Weg zurück finden kann.

Nachdem Platons Sokrates mit den Be-
schirmern seiner Republik, unter den gehörigen Voraussetzungen so ziemlich auf dem
reinen ist, wirft er (bloſs um Adimanthen
auf eine Probe zu stellen, wie es scheint)
die Frage auf: ob es wohl auch nöthig seyn
dürfte, ihre neue Republik mit Gesetzen
über die Eigenthumsrechte, und die will-
kührlichen Handlungen der Bürger unter einander, und die Rechtshändel die aus dem
Zusammenstoſs ihrer Ansprüche oder aus
persönlichen Beleidigungen entstehen, kurz
mit Gesetzen über eine Menge von Gegenständen, die in unsern Republiken vom
gewöhnlichen Schlag unentbehrlich sind, zu
versehen? — Aber Adimanth ist der Meinung, ihre Republik bedürfe aller dieser
armseligen Stützen und Behelfe nicht; und
es würde ganz überflüssig seyn, so verständigen und guten Menschen, wie die Bürger
derselben sammt und sonders, vermöge ihrer
Verfassung, Erziehung und Lebensordnung
nothwendig seyn müſsten, über diese Dinge
etwas vorzuschreiben, da sie in jedem vorkommenden Falle die Regel, nach welcher
sie sich zu benehmen hätten, ohne Mühe
von selbst finden würden. Ganz gewiſs,

sagt Sokrates, werde diefs der Fall seyn,
wofern ihnen Gott die Gnade gebe, den
Gesetzen, die er ihnen vorhin bereits vor-
geschrieben, getreu zu bleiben. Wo nicht,
erwiedert Adimanth, so möchten sie immerhin (wie es in den gewöhnlichen Republiken
zu geben pflegt) ihr ganzes Leben damit
zubringen, täglich neue Gesetze zu geben,
in Hoffnung zuletzt noch wohl die rechten
zu treffen, — wie gewisse Kranken, die sich
vergebens schmeicheln durch beständiges Ab-
wechseln mit neuen Arzneyen zu genesen;
weil sie aus Unenthaltsamkeit die Lebensart
nicht ändern wollen, welche der Grund ihrer
Krankheit ist.

Sokrates setzt diese Vergleichung noch
eine Weile fort, und findet sich dadurch in
der Behauptung bestätiget, dafs kein weiser
Gesetzgeber weder in einem wohl, noch in
einem schlecht geordneten Staat sich mit
Gesetzen und Verordnungen dieser Art befassen werde; nicht in diesem, weil sie
unnöthig und von keinem Nutzen wären, in
jenem nicht, weil das, was in jedem vorkommenden Falle zu thun ist, jedem Bürger
vermöge der Bildung und Richtung, die er
durch die bereits bestehende Verfassung erhalten hat, von selbst einleuchten mufs.
Was bliebe uns also noch zu thun, um mit

unsrer Gesetzgebung fertig zu seyn? fragt
Adimanth. Uns nichts, antwortet Sokrates,
denn den gröfsten, schönsten und wichtigsten Theil derselben werden wir dem Delfischen Apollo überlassen. Und was
beträfe diefs? fragte jener etwas gedanken-
los; denn er hätte doch wohl mit einem
Augenblick von Besinnung dem Sokrates die
Mühe ersparen können, sich erklären zu
müssen, dafs die Anordnung der Tempel
und Opfer und alles übrigen, was die Verehrung der Götter, Dämonen und Heroen, wie auch die den Verstorbenen
zu Beruhigung ihrer Manen gebührende
letzte Ehre betreffe, damit gemeint sey. Da
wir selbst von allem diesem keine Wissenschaft haben, sagt Sokrates, und wenn wir
weise sind, einen so wichtigen Theil der
Einrichtung unsrer Stadt auch keinem andern Sterblichen anvertrauen werden, so
können wir nichts bessers thun, als uns
darüber von dem Gotte belehren zu lassen,
der in solchen Dingen der angestammte Rath-
geber aller Menschen ist, und blofs zu diesem Ende Delfi, als die Mitte oder den Na-
bel der Erde, zu seinem Sitz erwählt hat.

Sollte dir, Freund Eurybates, diese Stelle
sowohl, als die kurz vorhergehende, wo Sokrates zu verstehen giebt, dafs er selbst nicht

begreife, „wie seine Republik, ohne unmit-
„telbaren Beystand Gottes, sich bey ihrer ur-
„sprünglichen Verfassung lange werde erhal-
„ten können" — nicht eben so stark, wie
mir, aufgefallen seyn? Zwar erkennen wir
an dergleichen Äußerungen unsern alten
Freund und Lehrer, der für den religiosen
Volks - und Staats - Glauben nicht nur (wie
billig) alle schuldige Ehrfurcht hegte, sondern im Glauben selbst nahezu bis zur Ein-
falt unsrer Großmütter ging, und durch den
Kontrast, den dieser Zug seines Karakters
mit seinem sonst so hellen Verstande machte,
uns nicht selten in Erstaunen und Verlegenheit setzte. Aber Plato, dessen Art über
unsre Volksreligion zu denken kein Geheimniß ist, mußte doch wohl mit diesen beiden
Stellen etwas mehrers wollen, als seine eigenen Gedanken hinter diesem Zug seiner Sokrateslarve zu verbergen? Hätte er in diesem
Werke wirklich die Absicht gehabt, der Welt
das idealische Modell einer vollkommnen Republik zu hinterlassen, würde es da wohl
s e i n e r oder irgend eines andern ächten Filosofen würdig gewesen seyn, eine so wichtige Sache als die Religion ist, dem Delfischen Apollo, d. i. den Priestern des Tem-
pels zu Delfi zu überlassen? Und wäre er
selbst von der innern Güte und Realität
seiner Republik, d. i. von ihrer r e i n e n

Übereinstimmung mit der menschlichen Natur, überzeugt gewesen, würde
er wohl alle seine Hoffnungen, dafs sie sich
bey seinen Gesetzen werde erhalten können,
auf einen Gott aus einer Maschine
gegründet haben? Keines von Beiden, däucht
mich. — Was ist es also, was er eigentlich
damit wollte? — Durch den Kompromifs
auf den Delfischen Apollo wollt' er sich, denke ich, den häkeligsten und gefährlichsten
Theil der Gesetzgebung seiner Republik vom
Halse schaffen; und glücklich für ihn, dafs
er diefs um so schicklicher thun konnte, da
der starke Glaube des wirklichen Sokrates an
jenen Gott ein bekannter Umstand ist. Mit
der frommen Hoffnung hingegen, womit er
die Erhaltung seiner Gesetzgebung dem Willen Gottes anheimstellt, könnt' er uns wohl
nichts anders zu verstehen geben wollen, als
dafs er selbst von ihrer innern Lebenskraft
und Dauerhaftigkeit keine grofse Meinung
hege, und so gut als Andre wisse, dafs eine
idealische Republik nur für idealische Menschen passe, und, um so frey in der Luft
schweben zu können, an den Fufsschemel
von Jupiters Thron angehängt werden müsse.
Denn freylich, wenn die Götter das Beste
dabey thun wollten, könnte auch die Aristofanische Nefelokokkygia so gut existieren als die Platonische Republik.

6.

Fortsetzung des Vorigen.

Wir sind nun ganz nahe bis zu dem Punkt
vorgerückt, um dessentwillen vermuthlich
diese ganze Unterredung angefangen und
durch so vielerley mäandrische Umschweife
und Aus - und Einbeugungen bis hierher
geführt worden; aber so wohlfeil giebt es
unser poetisierender Filosof oder filosofie-
render Dichter nicht. Er hat sich nun einmahl vorgesetzt, uns in diesem dramatischen
Dialog zu weisen, dass er sich so gut als
irgend ein Tragödienmacher auf die Kunst
verstehe, den Punkt, auf welchen wir los-
gehen, alle Augenblicke bald zu zeigen, bald
wieder aus dem Gesichte zu rücken, um
uns desto angenehmer zu überraschen, wenn
wir das, was er uns so lange durch einen
unmerklich wieder in sich selbst zurückkehrenden Umweg suchen liefs, endlich unversehens vor unsrer Nase liegen finden.
Unser verkappter Sokrates, der itzt für eine
ziemliche Weile die Larve wieder wegge-
schoben hat und mit seinem eigenen Gesichte

spielt, meint: sie hätten ihre Republik so
gut angeordnet, dafs es nun weiter nichts
bedürfe, als dafs Adimanth seinen Bruder,
und Polemarchen und die übrigen Anwesenden aufrufe, ihm mit einer tüchtigen
Fackel so lange in derselben herum suchen
zu helfen, bis sie die irgendwo in ihr ver-
steckte Gerechtigkeit ausfindig gemacht
haben würden. In der That muthet er diesen wackern jungen Männern damit nicht
mehr zu, als was sie mit einer mäfsigen
Anstrengung ihres Menschenverstandes sehr
leicht leisten konnten und sollten. Aber
dabey hätte der Verfasser des Dialogs seine Rechnung nicht gefunden. Glaukon
besteht darauf, dafs Sokrates seinem Versprechen gemäfs das Beste bey der Sache
thun müsse, und dieser schickt sich denn
auch um so williger dazu an, da er wirklich in einer ganz eigenen Laune zu seyn
scheint, sich mit der Treuherzigkeit der
jungen Leute einen dialektischen Spafs zu
machen, und sie nach dem Ding, das er
in der Hand hat, fein lange überall wo es
nicht ist herumstöbern zu lassen. Wohlan also (sagt er) hier zeigt sich mir ein
Weg, der uns hoffe ich zu dem, was wir
suchen, führen soll. Wenn wir unsre Republik gehörig angeordnet haben, so sollte
sie, dächt' ich, durchaus gut seyn. —

Nothwendig, antwortet Glaukon. — S. Augenscheinlich ist sie also weise, tapfer, wohlgezüchtet, und gerecht? — Gl. Augenscheinlich. — S. Wenn wir nun von diesen Vieren Eins, welches es sey, in ihr finden, so ist das übrige das, was wir nicht gefunden haben; nicht wahr? — Gl. Wie meinst du das? — S. Wenn wir unter vier Dingen, welcher Art sie auch seyn mögen, nur Eines suchen, und (indem wir glücklicher Weise zuerst darauf stofsen) es sogleich für das Gesuchte erkennen, so lassen wirs dabey bewenden; haben wir hingegen die drey ersten vorher ausfindig gemacht, so kennen wir eben dadurch auch das, was wir suchen; denn es ist klar, dafs es kein anderes seyn kann als das vierte, so noch übrig ist. — Richtig, antwortet Glaukon wie ein unbesonnener Knabe; denn es greift sich doch mit Händen, dafs er nur unter der Bedingung, wofern diese vier Dinge uns schon bekannt sind, mit Ja antworten konnte; denn wofern sie es nicht sind, so weifs ich, in dem gegebenen Falle, zwar, dafs das noch nicht gefundene, das Gesuchte ist; aber wozu kann mir das helfen, wenn ich nicht weifs, was es ist? Glaukon mufste einfältiger seyn als Praxillens Adonis [5]), wenn er nicht sah, wo Sokrates mit seinem mathematischen Axiom

hinauswollte; dafs er es nehmlich auf die
nur eben seiner Republik nachgerühmten
vier karakteristischen Eigenschaften anwenden, und wenn er die drey zuerst genannten in ihr gefunden hätte, versichern würde, dafs ihnen nun auch die Gerechtigkeit nicht entgehen könne; wiewohl dieser Umweg im Grunde zu nichts helfen
konnte, als sie, ohne alle Noth, eine gute
halbe Stunde länger aufzuhalten. Da sich
aber seine Zuhörer nun einmahl alles von
ihm gefallen lassen, so macht sich unser After-
Sokrates abermahls den für seine Leser ziemlich langweiligen Zeitvertreib, durch eine
Menge unnöthiger, zum Theil lächerlicher
und kindischer Fragen, und kopfnickender
oder platter Antworten des ehrlichen Glaukons, herauszubringen: worin die Weisheit, Mannskraft und Zucht bestehe,
in welchen (nebst der Gerechtigkeit)
er den unterscheidenden Karakter seiner Republik setzt, und von welchen die erste den
Regenten, die zweyte den Beschützern vorzüglich beywohne; die dritte aber (wie er
sehr sinnreich und spitzfindig darthut) durch
die gebührende Subordinazion der zwey un-
tern Bürgerklassen unter die oberste, eine mit
dem, was man in der Musik *Diapasôn* (die
Oktave) nennt, vergleichbare Harmonie des
ganzen Staats hervorbringe. Wir hätten also

(fährt er nun fort) die drey ersten Formen
der Tugend oder der Vollkommenheit, die
unsrer Republik eigen seyn soll, gefunden:
welches wäre dann die noch übrige? doch
wohl die Gerechtigkeit? Gl. Ja wohl!
Sokr. Was haben wir also nun zu thun,
lieber Glaukon, als dafs wir, nach Jäger-
Weise, einen Kreis um diesen Busch
schliefsen, damit uns die Gerechtigkeit nicht
etwa unvermerkt entwische und aus dem Gesicht komme; denn dafs sie hier irgendwo
stecken mufs, hat seine Richtigkeit. Schaue
also überall scharf herum, ob du sie vielleicht
eher als ich gewahr werden und mir zeigen
kannst. Gl. Ja, wenn ich das könnte! Aber
so fern sonst nichts nöthig ist als dir zu folgen, und zu sehen was du mir zeigst, bin
ich dein Mann. Sokr. Nun so komm denn
mit, und mögen uns die Götter Glück zu unsrer Jagd verleihen! Gl. Das ist auch mein
Gebet. Sokr. Der Ort scheint mir ziemlich steil und so verwachsen und dunkel, dafs
kaum fortzukommen ist. Wollens aber doch
versuchen! Gl. Das wollen wir! Sokr.
Heyda! Heyda, Glaukon! Mich dänelt ich
bin auf die Spur gekommen; nun soll sie uns
hoffentlich nicht entwischen. Gl. Das ist
mir lieb zu hören. Sokr. Ei, ei! was seh'
ich? da haben wir ja alle beide einen erz-
dummen Streich gemacht! Glauk. Wie

so? Sokr. Sind wir nicht auslachenswerth,
dafs wir uns so viele Mühe gaben etwas zu
suchen, das uns gleich von Anfang an so nahe
lag? Wir sahen darüber weg, und suchten
in der Ferne, was uns diese ganze Zeit über
vor den Füfsen herumkollerte. Gl. Wie soll
ich das verstehen? Sokr. Ich will sagen,
wir reden und hören schon wer weifs wie
lange davon, und merkten nicht, dafs wir
nur mit andern Worten von nichts anderm
redeten. Gl. Welche lange Vorrede für einen, dessen Wifsbegierde du so sehr erregt
hast! Sokr. Nun so höre denn!"

Ich gestehe sehr gern, Eurybates, dafs mir
die Natur den besondern Sinn versagt hat,
der dazu gehört, um an dieser niedrig komischen Vorbereitungsscene zu einer so ernst-
haften Untersuchung Geschmack zu finden.
Ich erkenne in dieser unzeitig schäkerhaften
Hasenjagd, wobey der Leser sich noch allerley possierliche Geberdungen und Grimassen
hinzu denken mufs, höchstens eine verun-
glückte Nachahmung irgend einer Aristofanischen Possenscene, und allenfalls den Pseudo-
Sokrates der Wolken, aber nichts weniger
als die fröhliche Laune dieses immer heitern
und wohlgemuthen, aber zugleich immer gesetzten und die Würde seines Karakters nie
vergessenden Sokrates, mit welchem ich lange

genug gelebt habe, um das feine Salz, womit
sein Scherz gewürzt zu seyn pflegte, von
dem widerlichen Meersalz unterscheiden zu
können, worein Plato hier (im Zorn der Grazien, die ihm sonst hold genug zu seyn pflegen) einen so unglücklichen Mißgriff gethan hat.

Und, was ist nun das Resultat der Ent-
deckung, die er itzt auf Einmahl gemacht haben will, nachdem er uns schon so lange in
so weit ausgebohlten Kreisen um den Brey
herumgeführt hat? Oder vielmehr, wie sieht
denn der Vogel aus, den er diese ganze Zeit
über in der Hand hatte, und uns in einem Anstoß von jugendlich muthwilliger
Spaßhaftigkeit selbst so lange in allen Hecken
und Büschen suchen half? — Man erwartet,
wie billig, daß er sich endlich entschließen
werde die Hand aufzuthun, und dem armen,
vor Neugier und Ungeduld beynahe platzen-
den Glaukon den seltnen Wundervogel vorzuzeigen. Aber nein! dieser Sokrates sagt
und thut nichts wie andre Menschenkinder,
und bey ihm wird uns das schale Vergnügen
einer immerwährenden Überraschung bis zur
Übersättigung zu Theil. Er öffnet zwar die
Hand nur eben so weit, daß das Vögelchen
mit der Spitze des Schnabels hervorgucken
kann, macht sie aber sogleich wieder zu,

fängt wieder von neuem zu subtilisieren und
zu schikanieren an, und wozu? — Um durch
eine Menge unnöthiger Fragen (womit er den
ehrlichen Glaukon und uns um so billiger
verschonen konnte, da das Alles im Vorher-
gehenden bereits einige Stunden lang mit der
mühseligsten Genauigkeit aufs Reine gebracht
worden war) und durch eine lange Reihe von
Gleichungen zu unsrer grofsen Verwunderung
endlich heraus zu bringen: die Gerechtigkeit
seiner Republik bestehe darin, dafs ein jeder
einzelner Bürger der drey Klassen, aus welchen sie zusammengesetzt ist, schlechterdings nur das Eine, wozu er am meisten Geschick hat und wodurch er dem Ganzen am
nützlichsten seyn kann, und sonst nichts anders treibe.

Wenn ich die verschiedenen, zum Theil
sehr verschraubten Formeln, in welchen er
diesen Satz aufstellt, recht verstehe, so läuft
alles darauf hinaus: dafs in seiner Republik
jeder Mensch und jedes Ding gerade das ist,
was es seiner Natur und Bestimmung nach
seyn soll; oder um die Sache noch kürzer
zu geben: dafs Jedes das, was es ist, immer ist. Da ein Wort doch weiter nichts
als das Zeichen einer Sache, oder vielmehr
der Vorstellung die wir von ihr haben, ist,
so kann es dem Wort Gerechtigkeit al-

lerdings gleichviel seyn, was Plato damit zu
bezeichnen beliebt; aber der Sprache ist
diefs nicht gleichgültig; und ich sehe nicht
mit welchem Recht ein einzelner Mann, Filosof oder Schuster, sich anmafsen könne,
Worte, denen der Sprachgebrauch eine gewisse Bedeutung gegeben hat, etwas anders
heifsen zu lassen als sie bisher immer geheis-
sen haben. Was Plato unter verschiedenen
Formeln Gerechtigkeit nennt, ist bald
die innere Wahrheit und Güte eines Din-
ges, die ihm eben dadurch, dafs es recht
ist, oder dafs es ist was es seyn soll,
zukommt; bald die Ordnung, die daraus
entsteht, wenn viele verschiedene mit einander zu einem gewissen Zweck in Verbindung
stehende Dinge das, was sie vermöge dieser
Verbindung seyn sollen, immer sind; bald
die Harmonie, die eine natürliche Wirkung dieser Ordnung ist. Aber fürs erste,
wenn sein Geheimnifs weiter nichts als
das war, so hätte er uns, däucht mich, die
Mühe einer so langwierigen und langweiligen Inisiazion ersparen können; und
zweytens wird es, wenigstens aufserhalb seiner eigenen Republik, wohl immer bey der
gewöhnlichen allenthalben angenommenen
Bedeutung des Wortes Gerechtigkeit verblei-
ben; und der alte Simonides wird um so mehr
Recht behalten, da alle Platonische Formeln

ohne grofse Mühe sich mit der seinigen in_
Gleichung setzen lassen. Denn, indem die
Obrigkeit in seinem Staat das ist, was sie
seyn soll und nichts anders, erhält und
giebt sie (wie er beyläufig selbst gesteht)
dem Staat und jedem einzelnen Gliede
desselben, was sie ihm vermöge ihrer Bestimmung schuldig ist; und eben dasselbe
gilt von der Klasse der Beschützer oder Soldaten, und von den sämmtlichen Künstlern,
Handwerkern, Feldbauern, Kaufleuten, Krä-
mern u. s. w. welche Plato mehr seiner Hypothese zu Gefallen, als aus hinlänglichem
Grunde, ohne sich viel um sie zu bekümmern, in die dritte Klasse zusammengeworfen hat.

Unser Platonisierende Sokratiskus
hatte sich anheischig gemacht, am Beyspiel
einer gerechten Republik im Grofsen zu
zeigen, was Gerechtigkeit in der Seele eines
Menschen gleichsam im Kleinen sey.
Das erste also, was ihm oblag, war, das
Bild eines gerechten, d. i. in sich selbst vollendeten oder vollkommenen Staats zu ent-
werfen; und diefs ist es, was er bisher nach
seiner Weise geleistet hat. Er fand dafs ein
ächtes Gemeinwesen — dessen Grundge-

setz ist, daſs jedes Glied desselben ausschlieſslich ein einziges zum Wohl des Ganzen unentbehrliches Geschäft treibe und dazu erzogen werde, — nothwendig aus drey
Klassen von Bürgern, aus Regenten, Rä-
then und Aufsehern, aus bewaffneten Beschützern, und aus einer für die
Wohnung, Nahrung, Kleidung, Bewaffnung
und andere solche Bedürfnisse des Staats und
seiner Bürger um Lohn arbeitenden
Klasse bestehen müsse; und daſs auf der
Einschränkung eines jeden Bürgers in den
Kreis der einzigen Beschäftigung wozu er
am besten taugt, und auf der strengsten Un-
terwürfigkeit unter die Gesetze und die Regierung, die gesunde Beschaffenheit des
Staats (die ihm Gerechtigkeit heiſst) so
wie auf dieser die Erhaltung und der Wohlstand desselben beruhe.

Um nun die Anwendung dieser Erklärung
der Gerechtigkeit auf den einzelnen Menschen zu machen, und sich dadurch auch
des zweyten Theils seines Versprechens zu
entledigen, unternimmt er seinen Zuhörern
zu zeigen: daſs in der menschlichen Seele
eben dieselbe Verfassung Statt finde, wie in
seiner Republik; nehmlich daſs sie, wie diese, aus drey Haupttheilen, oder eigentlich aus drey ihrer Natur nach verschiede-

nen, wiewohl zusammen Ein Ganzes, ausma-
chenden Seelen bestehe; in deren unter-
ster alle Arten von sinnlicher, eigennützi-
ger, an sich selbst unvernünftiger, zügello-
ser und uneisättlicher Begierden, in der
zweyten ein gewisses muthiges, zürnendes,
an sich selbst wildes und unbändiges Wesen
(Thymos vom Plato genannt) das sich gegen alles, was ihm als schlecht, unedel, ungerecht und ordnungswidrig erscheint, em-
pört und ihm aus allen Kräften entgegen-
kämpft, in der dritten und höchsten
endlich die Vernunft, und ein unaufhörli-
ches Streben nach der Wissenschaft des Wahren und Guten, ihren Sitz haben. Die
sämmtlichen Begierden nach Genufs und
Besitz körperlicher Gegenstände und allen
Arten von sinnlichen Befriedigungen sind
ihm in der Seele, was die mechanische um
Lohn und Gewinn arbeitende Klasse in der
Republik; zwar zum Leben eben so unentbehrlich, wie diese, aber sich selbst überlassen, können sie (wie jene, wofern sie
nicht durch die beiden obern Klassen in der
Zucht erhalten würden) als blinde und ihrer
Befriedigung alles aufopfernde Triebe nichts
als Unheil in der innern Republik des Menschen stiften. Um den Wohlstand derselben
befördern zu helfen, müssen sie also der Vernunft unterworfen und von dieser immer

unter strenger Zucht gehalten werden.. Der
bewaffneten Klasse oder den Beschützern
in Platons Republik entspricht in der innern
Ökonomie des Menschen das (vorgebliche)
zornmüthige, streitbare, ruhmbegierige, Wollust und Eigennutz verachtende, nichts fürch-
tende, und allem Widerstand Trotz bietende
Princip Thymos, dessen Bestimmung ist,
die Regierung der Vernunft zu unterstützen,
ihre Rechte zu schirmen, und den Pöbel der
Begierden in gehöriger Ordnung und Unter-
würfigkeit zu erhalten; welches aber, um
diese Bestimmung nie zu verfehlen, zuvor
selbst durch Musik und Gymnastik ge-
bändigt und gezüchtet, die Oberherrschaft
der Vernunft, als des natürlichen Regenten
dieser Republik im Menschen, immer
anerkennen und seinen höchsten Stolz blofs
darin suchen mufs, in Vollziehung ihres Willens keine Gefahr, kein Ungemach, keinen
Schmerz zu scheuen, der Erfüllung dieser
Pflicht hingegen jedes Opfer, das sie verlangt, willig darzubringen. So wie nun die
Gerechtigkeit in unsrer grofsen Republik in
der gehörigen Einschränkung und Subordinazion der untersten und mittlern Klasse unter
der obersten, und in der daraus entspringenden Harmonie und Einheit des Ganzen besteht; so hat es, vermöge der Natur der Sache, eben dieselbe Bewandtnifs mit den drey

verschiedenen Principien, woraus (nach Plato)
die Seele zusammen gesetzt ist; und so wäre
denn die wahre Antwort auf die Frage, „was
die Gerechtigkeit in der Seele, an sich selbst,
ohne Rücksicht auf irgend etwas außer ihr,
sey?" glücklich gefunden, und unser redseliger Sokrates, der es sich in der That
sauer genug werden ließ, die Masche, die
er auflösen wollte, so stark er nur konnte
zusammen zu schnüren, und mit so vielen
neuen, in einander verwickelten Knoten zu
verstärken, könnte nun billig für heute von
aller weitern Bemühung los gesprochen
werden.

Daß unser Mann in der Art, wie er
seine vorgeblichen Untersuchungen anstellt,
sich selbst auch hier gleich bleibt, versteht
sich, und was ich gegen diese Methode
bereits erinnert habe, tritt daher auch hier
wieder ein. Eigentlich kann man nicht
sagen, daß er untersuche; denn er hat
das, was er seinen Zuhörern suchen zu
helfen vorgiebt, immer schon in der Hand,
und, bey allem Schein von Gründlichkeit und
Subtilität, den er seinen taschenspielerischen
Operazionen zu geben weiß, bedarf es doch
nur einer mäßigen Aufmerksamkeit, um zu
merken, daß er uns täuscht, wenn gleich
nicht jeder Zuschauer ihm scharf genug auf

die Finger sehen kann, um gewahr zu werden wie es damit zugeht. Es würde uns zu weit führen, wenn ich die Wahrheit dieser Behauptung durch eine umständliche Analyse dieses Theils des vierten Buchs darlegen, und unsern Tausendkünstler gleichsam nöthigen wollte, seine Handgriffe, einen nach dem andern, so langsam vor unsern Augen zu machen, daſs sie auch dem blödsichtigsten nicht entgehen könnten. Ich will mich also blofs darauf einschräuken, seinen Beweis der drey wesentlich verschiedenen Prinzipien, die er in der menschlichen Seele entdeckt haben will, etwas näher zu beleuchten, um zu sehen, ob es wirklich zur Erklärung der mannigfaltigen Erscheinungen in derselben nöthig iſt, dreyerley Seelen anzunehmen, oder ob wir uns dazu recht gut mit einer einzigen behelfen können.

Gegen das Axiom, worauf er seinen Beweis stützt, daſs eben dasselbe Subjekt in Widerspruch stehende oder einander aufhebende Dinge unmöglich zugleich und in eben derselben Hinsicht weder thun noch leiden könne, habe ich nichts einzuwenden. Wenn er also zeigen kann, daſs diese zugegebene Unmöglichkeit gleichwohl in dem, was wir unsre Seele nennen, täglich als etwas wirkliches erscheint, so hat er den Handel gewonnen und ich stehe beschämt.

Ich übergebe die Einwendungen, die er
sich von einem erdichteten Gegner machen
läfst, und die fast zu mühsame Art, wie er
sie beantwortet; denn ich werde ihm diese
Einwürfe nicht machen. Also ohne Wei-
teres zu dem Beyspiele, woran er seinem
Glaukon klar machen will, dafs es, ohne
seine Hypothese gar nicht zu erklären sey!
Hören wir, wie sich sein Sokrates anschickt,
um uns zu diesem verzweifelten Ausweg zu
nöthigen.

Sokrates. Rechnest du den Durst nicht
unter die Dinge, die das, was sie sind, nicht
seyn könnten, wenn nicht ein anderes wäre,
dessentwegen sie sind? —

Glaukon sieht ihn an und verstummt.

Sokrates. Nach was dürstet der Durst?

Glaukon. Ja so! — Nach einem Trunk.

Sokrates. Bezieht sich der Durst auf
eine gewisse Art von Getränke? Oder verlangt der Durst, in so fern er Durst ist,
weder viel noch wenig, weder gut noch
schlecht, sondern lediglich nur Etwas zu
trinken?

Glaukon. So ist es allerdings.

Sokrates. Die Seele des Dürstenden,
in so fern sie dürstet, will also nichts als

trinken; das ist's, wornach sie trachtet und strebt?

Glaukon. Offenbar.

Sokrates. Wenn sie also dürstet, und etwas zieht sie zurück, muß da nicht noch etwas anders in ihr seyn als das, welches dürstet und sie wie ein Thier zum Trinken treibt? Denn nach unserm obigen Grundsatz ist es ja unmöglich, daß eben dasselbe, in Ansehung eben desselben Gegenstandes dieß oder das und zugleich das Gegentheil thue?

Glaukon. Unmöglich.

Sokrates. So wenig als es recht gesprochen wäre, wenn man sagte, daß ein Bogenschütze den Pfeil mit beiden Händen zugleich abstoße und anziehe, sondern die eine Hand zieht an, und die andere stößt ab; nicht so?

Glaukon. Nicht anders.

Sokrates. Müssen wir nicht gestehen, daß es Leute giebt, welche nicht trinken wollen, wiewohl sie durstig sind?

Glaukon. O gewiß, das begegnet alle Tage nicht wenigen.

Sokrates. Wie kann man sich das nun erklären; als wenn man sagt, das Etwas in ihrer Seele, das ihnen zu trinken befiehlt,

bey ein Anderes als das, so sie vom Trinken
abhält und stärker als jenes ist?

Glaukon. So däucht es mir.

Sokrates· Ist nun das, was uns von
dergleichen (sinnlichen Befriedigungen) zurück hält, nicht ein Werk der Überlegung
und des Urtheils, so wie hingegen das, was
zu ihnen anreitzt und hinreißt, Leidenschaft und Krankheit ist?

Glaukon. So scheint es.

Sokrates. Haben wir also nicht Recht,
zwey einander entgegen gesetzte Principien
in der Seele anzunehmen, von welchen wir
jenes, kraft dessen sie urtheilt und schließt,
das Vernünftige, und dieses, vermöge
dessen sie liebt und hungert und dürstet,
und von allen andern Begierden, die zu
wollüstiger Anfüllung und Ausleerung reitzen,
hingerissen wird, das Unvernünftige
und Begierliche nennen?

Glaukon. Wir könnten mit Recht dieser Meinung seyn, sollt' ich denken.

Unser Filosof fährt nun fort, in dieser
kurzweiligen Manier auch das dritte in der
Seele, welches er Thymos nennt, zu betrachten und so lange hin und her zu schieben, bis er die Ähnlichkeit dieses vorgeblichen Prinzips mit der streitbaren Klasse in

seiner Republik entdeckt, und herausgebracht
hat, dafs Thymos mit den Begierden häufig
in Streit gerathe, und so oft sich diese gegen das regierende vernünftige Princip auf-
lehnen, mit grofsem Eifer die Partey des
leiztern nehme, für welches er eine ganz
eigene Anmuthung habe, u. s. w. wozu denn
der gefällige Glaukon immer seine Beystimmung giebt, und sich am Ende gänzlich für
die Hypothese der dreyfachen Seele
oder der drey Seelen in Einer erklärt.
Es mag eine ganz bequeme Sache seyn, mit
Schülern zu filosofieren, bey welchen man
immer Recht behält. An Glaukons Stelle
hätte ich mich so leicht nicht von dieser
neuen Platonischen Lehre überzeugen lassen, und würde mir die Freyheit genommen
haben, folgende Vorstellungen gegen dieselbe zu machen.

„Wie eng auch die unbegreifliche Verbindung unsrer Seele mit ihrem Körper ist,
ehrenwerther Sokrates, so kann man doch
eben so wenig von der Seele sagen, dafs
sie hungre oder dürste, als dafs sie esse
und trinke; auch ist sie eben so unschuldig
an dem, was du aus geziemender Urbanität
lieben nennst, und was (in dem Sinne,
den du diesem Worte hier beylegst) eigentlich blofs den gewaltsamen Zustand bezeich-

net, worin Aristofanes den Gemahl der schönen Lysistrata von der Armee zu ihr
zurück eilen läfst. Alle Triebe, — welche
die Befriedigung eines natürlichen Bedürfnisses des Körpers zum Gegenstand haben,
gehören auch dem Körper zu; sie sind nothwendige Folgen seiner Organisazion, und
werden nur in so fern Begierden der Seele,
als diese durch das geheime Band, wodurch
sie an jenen gefesselt ist, sich genöthigt
fühlt." — Doch, warum sollte ich dir, lieber Eurybates, bey dieser Gelegenheit nicht
eine kleine Probe geben, dafs ich die Kunst,
das Wahre einer Sache durch Frag und Antwort herauszubringen, unserm gemeinschaftlichen Meister so gut als Plato abgelernt
habe? Wenigstens werde ich keine hinter-
listige und mit einer vorgefafsten Hypothese
in geheimen Einverständnifs stehende Frage
thun, und keine Antwort geben lassen, als
die immer die einzig mögliche ist, die ein
vernünftiger Mensch auf die vorgelegte Frage
geben kann. Also, unter Anrufung der
schönsten aller Göttinnen, der Wahrheit,
und ihrer ungeschminkten Grazien — zur
Sache!

Aristipp. Mich däucht, lieber Sokra-
tes-Platon, der gute Glaukon hat dir zu
schnell gewonnenes Spiel gegeben. Erlaube

dafs ich eine kleine Weile seine Stelle vertrete und in seinem Nahmen einige unschuldige Gegenfragen an dich thue.

Sokrates. Frage immer zu.

Aristipp. Giebt es unter allen Körpern in der Welt einen, den deine Seele den ihrigen nennt?

Sokrates. Allerdings.

Aristipp. Thust du diefs nicht, weil deine Seele in einer viel engern, besonderern und unmittelbarern Verbindung mit ihm steht als mit irgend einem andern?

Sokrates. Getroffen!

Aristipp. Belehrt uns nicht die tägliche Erfahrung, dafs wir ohne unsern Körper weder sehen noch hören, noch von irgend etwas, dafs aufser uns ist oder zu seyn scheint, ja nicht einmahl von Uns selbst, die mindeste Kenntnifs hätten?

Sokrates. In diesem Leben wenigstens können wir nichts von allem diesem ohne unsern Körper.

Aristipp. Lehrt uns die Erfahrung nicht überdiefs, dafs wir ohne Hülfe unsers Leibes nichts von allem, was wir zu verrichten und hervorzubringen wünschen, aus-

führen können? Ingleichem, dafs so bald
der Leib leidet und in seiner natürlichen
Lebensordnung gestört wird, auch die Seele,
sie wolle oder nicht, sich zur Mitleidenheit
gezogen fühlt, und je gröfser die Leiden
ihres Körpers sind, desto mehr auch in ihren
eigenen Verrichtungen, im Denken, und in
der Freyheit ihre Gedanken zu gewissen
Absichten zu ordnen, unterbrochen und aufgehalten wird?

Sokrates. Ich sehe nicht, wie diefs
geläugnet werden könnte.

Aristipp. Ist es also nicht natürlich,
dafs die Seele in solchen Umständen und
Lagen ein Verlangen trägt, ihrem Körper
nach Möglichkeit zu Hülfe zu kommen?

Sokrates. Sehr natürlich.

Aristipp. Sollte nun aber nicht eben
so natürlich seyn, dafs eben dieselbe Seele,
die ihrem Leibe wohl will und seine Erhaltung begehrt, auch alles verabscheuen mufs,
was seinen Wohlstand unterbricht oder ihn
gar zu zerstören droht? Oder wie sollt' es
möglich seyn, dafs die Seele Etwas wollte,
ohne das Gegentheil nicht zu wollen?
Oder dafs sie Etwas ernstlich und eifrig
begehrte, ohne dafs sie das, was der Befriedigung dieses Verlangens entgegen steht,
aus dem Wege zu räumen suchte?

Sokrates. Es ist klar, dafs in dem angenommenen Fall das Nichtwollen im Wollen, das Verabscheuen im Begehren nothwendig enthalten ist.

Aristipp. Lehrt uns die Erfahrung nicht, dafs, da unser Leib zur Erhaltung seines Lebens und seiner Kräfte von Zeit zu Zeit Speise und Trank bedarf, die Natur im Bau desselben eine solche Einrichtung getroffen hat, dafs wir durch eine gewisse Unbehäglichkeit an dieses Bedürfnifs erinnert werden, und dafs diese Unbehäglichkeit, je nachdem das Bedürfnifs gröfser und dringender wird, so lange zunimmt, bis es endlich peinvoll und unausstehlich ist?

Sokrates. Wiewohl ich das letztere nicht aus eigener Erfahrung weifs, so zweifle ich doch so wenig daran, dafs die unmittelbare Erfahrung mich nicht stärker überzeugen könnte.

Aristipp. Wie nennst du diese Aufforderung der Natur, jenen Bedürfnissen unsers Leibes zu Hülfe zu eilen?

Sokrates. Hunger und Durst.

Aristipp. Und das, wodurch beiden abgeholfen wird?

Sokrates. Speise und Trank.

Aristipp. Sollten wir also den Hunger und den Durst, als Gefühle, die uns die Natur selbst aufgedrungen hat, nicht mit gutem Fug Naturtriebe nennen können?

Sokrates. Ich sehe nicht was uns daran hindern sollte.

Aristipp. Wenn mich dürstet, regt sich der Trieb zum Trinken zunächst im Leibe, der des Getränks bedarf, oder in der Seele, die weder trinken kann noch dessen für sich selbst nöthig hat?

Sokrates Nur ein Wahnsinniger könnte das letztere behaupten.

Aristipp. Mann kann also eigentlich zu reden, nicht sagen, die Seele dürste; und Plato hatte ein wenig Unrecht, einen so vernünftigen Mann wie Du bist, etwas so unschickliches sagen zu lassen.

Sokrates. Schlimm genug für mich oder ihn, dafs ihm das nur gar zu oft begegnet.

Aristipp. Wenn also, wie die Erfahrung gleichfalls lehrt, dieser körperliche Trieb, welcher unmittelbar aus dem Gefühl des Bedürfnisses entsteht, in der Seele des Dürstenden zur Begierde jenen Trieb zu befriedigen, und zur Verabscheuung des aus der Nichtbefriedigung entstehenden peinlichen Zustandes wird, kommt diefs nicht blofs daher, weil sie an dem Zustande des Leibes, ihres unmittelbaren Gefährten und Gehülfen, Antheil zu nehmen genötbigt ist; und weil sie, auch um ihrer Selbst willen, desto lebhafter und ungeduldiger wünschen mufs, dafs der Dürstende zu trinken bekomme, je dringender sein Bedürfnifs, je quälender sein Durst, und je peinlicher folglich ihr selbst die Hemmung ihrer freyen Thätigkeit wird, die eine natürliche Folge desselben ist?

Sokrates. Ich sehe nicht, wie ich mir die Sache anders denken könnte.

Aristipp. Wenn nun kein besonderer Grund vorhanden ist, warum der Dürstende sich des Trinkens enthalten soll, so ist auch nichts da, was die Überlegung oder die Vernunft verhindern könnte, ihre Einwilligung dazu zu geben; Trieb, Begierde und freyer Wille fallen alsdann in einander, und es ist klar, dafs wir nicht zwey verschiedene Principien anzunehmen brauchen, um das, was in der Seele dabey vorgeht, begreifen zu können. Lafs hingegen irgend einen Grund des Nichttrinkens vorhanden seyn, z. B. dafs kein anderes als stinkendes Wasser, oder irgend ein Getränk, dessen Schädlichkeit dem

Dürstenden bekannt ist, vorhanden, oder
dafs noch vorher irgend ein äufserst drin-
gendes Geschäft abzuthun, der Durst hingegen noch erträglich wäre: so würde zwar
der mechanische Trieb zum Trinken nichts
dadurch von seiner Stärke verlieren, aber
die Begierde, durch die Überlegung
unterdrückt, würde dem Willen, nicht
zu trinken Platz machen; und diefs auf
eben die Weise, wie wir, wenn wir uns
mit Überlegung, aber aus irriger Meinung zu etwas entschlossen haben, unsern
Entschlufs ändern, so bald wir den Irrthum
gewahr werden, wiewohl es eben dieselbe
Vernunft ist, die uns in beiden Fällen bestimmt. Oder sollte es etwa, zu Erklärung
dieser so häufig vorkommenden Veränder-
lichkeit unsrer Meinungen und Entschliefsun-
gen, einer zweyfachen vernünftigen Seele
bedürfen, einer die sich irren kann, und
einer andern, die sich nie irrt, und welcher
jene unterthan zu seyn verbunden ist?

Sokrates. Mich dünkt Eine und eben
dieselbe Seele sollte hinlänglich seyn, Alles
was in den besagten Fällen in ihr vorgeht
zu bestreiten.

Aristipp. So lange uns also Plato nicht
gezeigt haben wird, dafs es andere Fälle
gebe, wo der Mensch in eben demselben

untheilbaren Augenblick, in Ansehung eben
desselben Gegenstandes, von der Begierde
nach einer gewissen Richtung, und von der
Vernunft nach der entgegen gesetzten gezogen werde, ist keine Ursache vorhanden,
warum wir aus dem was in uns begehrt,
und dem was in uns überlegt und wählt,
zwey verschiedene Seelen machen sollten.

Sokrates. Aber wie, wenn (um bey
unserm bisherigen Beyspiele zu bleiben) der
Durst endlich auf einen so hohen Grad
dringend würde, dafs seine Pein unausstehlich wäre, und der Durstende könnte schlechterdings keines andern Getränkes habhaft
werden als eines Bechers voll Schierlingssaft,
entstände da nicht der Fall, wo Begierde
und Überlegung den Menschen zugleich nach
zwey entgegen gesetzten Richtungen ziehen
würde?

Aristipp. Ich weifs nicht ob jemahls
ein solcher Fall Statt gefunden haben mag;
wenigstens werden wir, weil die Erfahrung
uns hier verläfst, das, was in diesem unbekannten Falle geschehen müfste, nur aus
dem, was uns von der menschlichen Natur
überhaupt bekannt ist, oder aus ähnlichen
Fällen durch Muthmafsung heraus bringen
können. Auf alle Fälle ist gewifs, dafs eben

dieselbe Seele, die dem dringenden Bedürfnifs des verlechzenden Körpers um jeden
Preis abgeholfen wissen will, den Gifttrank,
so bald sie ihn für einen solchen, erkennt,
in so fern er dem Körper die gänzliche Zerstörung droht, verabscheuen mufs. Dem
ungeachtet bin ich überzeugt, so bald das
Bedürfnifs zu trinken aufs äufserste, und
folglich die Pein des Durstes auf einen so
fürchterlichen Grad gestiegen wäre, dafs dem
Unglücklichen nichts übrig bliebe, als sein
Leben an die Erleichterung der gegenwärtigen Qual zu setzen: so würde nicht nur
der sinnliche Abscheu von der wütbenden
Begierde übertäubt werden, sondern die Vernunft selbst, wenn sie kein anderes Rettungsmittel vorzuschlagen hätte, würde die
leichtere und schnellere Todesart der grau-
samern vorziehen, und der Begierde keinen
vergeblichen Widerstand entgegen setzen. —

Aber genug, lieber Eurybates, für eine
kleine Probe, welche freylich dreymahl so
grofs hätte ausfallen mögen, wenn ich, nach
der Weise meines Vorgängers, jede Frage
noch in zwey oder drey dünnere hätte spal-
ten wollen.

In Betreff des so genannten Thymos,
welchen Plato zum dritten — ich weifs

nicht was in unsrer Seele macht, muss
ich zu den bereits Gesagten nur noch hin-
zusetzen, dass alle Schwierigkeiten von selbst
wegfallen, so bald bey den Erscheinungen,
die er unter dieser Benennung begreift, das,
was seinen unmittelbaren Grund in der organischen Beschaffenheit des Leibes hat, von
dem was das eigentliche Werk der Seele
dabey ist, so genau als möglich unterschie-
den wird. Überhaupt fehlt sehr viel, dass
dieses vorgebliche Prinzip bey allen Menschen gleiche Wirkungen hervorbringe: die
Verschiedenheit des Temperaments, der Ner-
venstärke und Muskelkraft, der von Jugend
an gewohnten Lebensweise und anderer
Umstände, giebt gar verschiedene Resultate.
Der Eine zittert vor dem blossen Anschein
einer Gefahr, da ein andrer gar nicht weiss
was Furcht ist, und seinen Muth mit der
Gefahr steigen fühlt. Dieser ergrimmt über
etwas, das Jenen kaum aus dem Gleichgewicht rückt. Bey einigen ist hoher Muth
mit Sanftheit und Zartgefühl, bey ungleich
mehreren mit Roheit, Härte und Gefühl-
losigkeit verbunden, u. s. w. Das aber, was
ohne Zweifel allen Menschen gemein ist; —
der natürliche, mit mehr oder minder lebhaf-
tem Widerstand verbundene Abscheu
vor Allem, was unsern gegenwärtigen Zustand zu verschlimmern, oder gar unser

Wesen selbst zu zerstören droht. — und die
Begierde alles, was sich als angenehm,
unserm Wesen zuträglich und den Genuß
unsers Daseyns verstärkend, kurz, was sich
uns unter der freundlichen Gestalt des Schönen und Guten darstellt, an uns und
soviel möglich in uns hinein zu ziehen, — ich sage jener Abscheu und Widerstand entspringt mit dieser Begierde
und Anziehung aus einer und ebenderselben
Wurzel. Beide bedürfen, um uns in ihren
Wirkungen begreiflich zu werden, keines
andern Princips, als dessen, worin unser
Wesen selbst besteht, dieser sich selbst be-
wegenden Kraft, die sich in dem unaufhörlichen Bestreben äußert, ihr durch den Körper beschränktes, aber innigst mit ihm ver-
webtes Seyn zu genießen, zu nähren, zu
erweitern und zu erhöhen; und die immer
eben dieselbe ist, es sey nun daß sie, als
Begierde, das was ihr gut scheint an sich
zu ziehen, oder, als Abscheu, das wirkliche oder vermeinte Böse zurückzustoßen
strebt. Zu Erklärung dieser so nothwendig
mit einander verbundenen und unter der Regierung der Vernunft so harmonisch zu einerley Zweck zusammenwirkenden Bestrebungen eben derselben Kraft, zwey besondere Seelen anzunehmen, dünkt mich eben
so unfilosofisch, als wenn man, um sich die

verschiedenen Wirkungen der Liebe und
des Hasses zu erklären, eine l i e b e n d e und
eine h a s s e n d e Seele erdichten wollte.
Nach Platons Art zu räsonnieren würden
wir zuletzt jeder besondern Leidenschaft,
wiewohl sie alle aus einerley Quelle entspringen, ihre eigene Seele geben müssen;
denn sehen und erfahren wir nicht täglich
bey tausend Gelegenheiten, daſs eine be-
gehrliche Leidenschaft mit einer andern,
öfters sogar mit mehrern zugleich (z. B. der
Geitz mit Gewinnsucht, Eitelkeit und Lü-
sternheit) in offenbaren Widerspruch geräth?

Doch genug und schon zu viel über die
zwey untersten Endpunke des Platonischen
S e e l e n - D r e y e c k s. Sollte es mit der
v e r n ü n f t i g e n Seele, welche die oberste
Spitze desselben ist, nicht die nehmliche
Bewandtniſs haben? Sollten sich nicht alle
Erscheinungen und Wirkungen der Sinnlichkeit und der Einbildungskraft, des Verstandes und des Willens, der Leidenschaften
und der Vernunft, sehr wohl aus Einer und
eben derselben mit einem organischen Körper vereinigten Seele erklären lassen? Können sie nicht ganz natürlich und ungezwun-
gen als bloſse verschiedene M o d a l i t ä t e n
oder Zustände eben derselben selbstthätigen
Kraft gedacht werden, welche, je nachdem

sie von ihrem Körper und andern in sie ein-
wirkenden Dingen aufser sich mehr oder
minder eingeschränkt wird, und je nachdem
sie sich selbst aus verschiedenen Beweggründen und Absichten eine andere Richtung oder
Stimmung giebt, oder ihre Kraft höher oder
tiefer spannt, sich unter andern Gestalten-
zeigt und andere Benennungen erhält? Sind
wir nicht sogar durch das innigste Selbstbe-
wufstseyn genöthigt, unser Ich in allen seinen Veränderungen, Zuständen und Gestalten, selbst in den ungleichartigsten und un-
verträglichsten (z. B. im Übergang aus der
Trunkenheit einer heftigen Leidenschaft in
den heitern Stand der ruhigen Besonnenheit)
für Ebendasselbe zu erkennen? Ich
möchte wohl sehen, wie uns Plato dieses im-
merwährende Zusammenfliefsen seiner drey
Seelen in der Einheit des Bewufstseyns, ohne
eine ihm und uns bisher unbekannte vierte
Seele, begreiflich machen wollte?

Übrigens bedarf es kaum der Erwähnung,
dafs ich gegen die allgemeinen, aller ächten
Lebensweisheit zum Grunde liegenden Wahrheiten, womit sich das vierte Buch schliefst,
und gegen die Formel, in welcher Plato seine
Theorie über Gerechtigkeit und Ungerechtigkeit zusammenfafst — „dafs die Tugend der
„Seele eben das sey, was Gesundheit, Schön-

„heit und vollkommenes Wohlbefinden dem
„Leibe," und gegen die Behauptung „dafs
„beide Arten von Gesundheit aus einerley
„Ursachen entspringen, wenn nehmlich je-
„der Theil, in gehörigem Verhältnifs zu
„den übrigen, nichts als sein ihm eigen-
„thümliches Geschäft verrichte, und im Gan-
„zen die reinste Übereinstimmung und Ord-
„nung herrsche" — nichts zu erinnern habe.
Warum er uns aber zu so sonnenklaren, von
Niemand, meines Wissens, bestrittenen und,
wie er selbst gesteht so augenscheinlich vor
unsern Füfsen liegenden Wahrheiten auf
solchen Umwegen und durch so viele strup-
pichte Dornhecken geführt hat, bleibt indessen immer eine Frage, die er selbst vielleicht durch den Ausspruch des alten Hesiodus beantwortet glaubt: dafs die Götter es nun einmahl so in der Art haben,
den Sterblichen nichts Gutes ohne grofse
Müh' und Beschwerde zukommen zu lassen.

———

7.

Fortsetzung des Vorigen.

Der Platonische Sokrates hat, seinem eigenen mehrmahligen Vorgeben nach, die Idee
seiner Republik zu keinem andern Ende aufgestellt, als um an einem grofs in die Augen
fallenden Vorbilde desto deutlicher zeigen zu
können, was Gerechtigkeit und Ungerechtigkeit an sich selbst in der Seele und für die
Seele sey, von welcher die eine oder die andere Besitz genommen habe. Mit dieser Arbeit ist er nun in den vier ersten Büchern
dieses Dialogs glücklich zu Stande gekommen;
er hat überflüssig geleistet, was er verspro-
chen hatte, und in der That viel mehr als er
schuldig war. Man erwartet also die Gesellschaft entweder aus einander gehen, oder
eine neue Materie zum Gespräch auf die Bahn
gebracht zu sehen. Aber Plato hat es bereits
darauf angelegt, dafs er nur die Fäden, die
er hier und da, wie es schien blofs zufälliger
Weise, aber in der That absichtlich fallen liefs, nach und nach wieder aufzunehmen
braucht, um an seinem reichen und vielgestalti-

gen Gewebe in die Länge und Breite so lange
fortzuweben, · als es seine mit dem Werke
selbst wachsende Lust und Liebe nur immer
auszuhalten vermögend seyn wird. Sein Sokrates stellt sich also am Schluſs des vierten Buchs', als ob er sich auf Einmahl erinn-
nere, daſs er, um die Gerechtigkeit gegen
ihre Gegner vollständig zu vertheidigen, noch
zu untersuchen habe: welches von beiden,
nützlicher sey, gerecht und tugendhaft
zu seyn, auch wenn man weder von Göttern
noch Menschen dafür anerkannt wird, oder
ungerecht, wenn man es gleich ungestraft
seyn könnte? Glaukon, der seit geraumer
Weile eine ziemlich schülerhafte Rolle spielen muſste, erhält hier Gelegenheit, durch
seine Weigerung an einer so überflüssigen
Untersuchung Theil zu nehmen, seinen Verstand wieder bey uns in Kredit zu setzen.
Es wäre lächerlich, sagt er, nachdem so ausführlich erwiesen worden, daſs Gerechtigkeit Gesundheit der Seele sey, erst
noch zu untersuchen, ob es nützlicher sey,
krank oder gesund zu seyn? — Sokrates gesteht das Lächerliche einer solchen Untersuchung, meint aber doch, da sie nun bereits
einen so hohen Standpunkt erstiegen hätten,
sollten sie sichs nicht verdrieſsen lassen, so
weit sie könnten herum zu schauen, um sich
desto vollständiger zu überzeugen, daſs es

diese Bewandtniſs mit der Sache habe. Wenn
er dieſs thun wolle, fährt er fort, so werde
er sehen, daſs die Tugend nur Eine Gestalt
oder Form habe, die Untugend hingegen unzählige. Unter diesen seyen jedoch nur Vier
vorzüglich bemerkenswerth, deren jede die
Form einer nichts taugenden Art sowohl von
Staats - als von Seelen - Verfassung
sey. Es gebe nehmlich genauer zu reden —
nicht (wie er eben gesagt hatte) unzählige, sondern nur fünferley Regierungs-
formen, und eben so viele verschiedene Verfassungen der Seele. Die erste sey diejenige,
welche sie bisher mit einander durchgangen
hätten; sie könnte aber unter zweyerley Benennungen erscheinen: wenn nehmlich unter den Vorstehern des Staats Einer als der
vorzüglichste alle andern regiere, werde sie
Monarchie, wenn der Staat hingegen
unter mehrern Regenten stehe, Aristokratie genennt. Im wesentlichen sey es aber
in seiner Republik ganz einerley, ob sie
von mehrern oder nur von Einem regiert
werde; denn vermöge der Erziehung, welche
alle zum Regieren bestimmten Personen in
derselben erhielten, würde dieser Einzelne
so wenig als Jene Mehrern das mindeste an
den Grundgesetzen des Staats ändern; und
in dieser Rücksicht begreife er beide Regie-
rungsarten unter Einer Form. Da nun diese

die gute und rechte sey, so folge von
selbst, dafs die andern vier nichts taugen
müfsten.

Wie er eben anfangen will, dieses von
einer jeden be onders mit seiner gewöhnlichen Ausführlichkeit zu beweisen, entsteht
auf Anstiften Polemarchs und Adimanths ein kleiner Aufruhr unter den anwesenden Theilnehmern an diesem Gespräch.
Man erinnert sich, dafs, als vorhin von verschiedenen die Policey der idealischen Republik betreffenden Dingen, für welche die Archonten derselben zu sorgen haben würden,
die Rede war, Sokrates sich, wie von ungefähr, ein Wort davon hätte entfallen lassen,
als ob es sich von selbst verstehe, dafs in den
obern Klassen Weiber und Kinder gemein seyn müfsten.

Ein so paradoxer Satz hätte nun freylich
den Adimanthus, an welchen er gerichtet
war, sowohl als alle übrigen gewaltig vor
die Stirne stofsen sollen: aber diefs wäre dem
Verfasser damahls ungelegen gekommen. Man
liefs ihn also unbemerkt auf die Erde fallen,
und Adimanth, der fast immer nichts als ja
freylich zu antworten gehabt hatte, sagte
wie in einer Zerstreuung: das alles würde so
in der besten Ordnung seyn. Wir sehen aber

aus dem Eifer, womit er und Glaukon und
die übrige Gesellschaft itzt auf einmahl in
Sokrates dringen, sich über diese Gemeinschaft der Weiber und Kinder unter den Beschützern seiner Republik näher zu erklären,
daſs sie ihnen stark genug aufgefallen seyn
muſste; nur sehen wir n i c h t, warum sie
die Erklärung nicht damahls, da es so natürlich war, sie zu fordern, sondern gerade
itzt, da keine Veranlassung dazu vorhanden
ist, von ihm verlangen.

Plato läſst hier seinen Sokrates abermahls
(wie er schon öfters gethan hat, und in der
Folge noch mehrmahl thun wird) um die Neugier der Zuhörer noch mehr zu reitzen, den
E i r o n spielen und sich stellen, als ob er
groſses Bedenken trage sich auf eine so häke-
lige Materie einzulassen, da er voraussehe,
wie vielerley neue Fragen, Zweifelsknoten
und Streitigkeiten sie nach sich ziehen werde.
Was thut das, sagt Thrasymachus; sind wir
denn nicht deſswegen hier, um uns mit in-
teressänten Diskursen zu unterhalten? —
Das wohl, versetzt jener, aber alles mit
Maſs! — O Sokrates, ruft der ungenügsa-
me Glaukon aus, was nennst du mit Maſs?
Verständige Menschen würden ihr ganzes
Leben lang solchen Diskursen zuhören, und
noch immer nicht genug haben! — Du merkst
doch, Eurybates w e m dieſs eigentlich gilt,

und wozu es gesagt ist? Der Filosof hat,
wie du siehst, darauf gerechnet, recht viele
Glaukonen zu Lesern zu haben, und hat ihnen wenigstens seinen guten Willen zeigen
wollen, ein Buch zu schreiben woran sie ihr
ganzes Leben lang zu lesen haben.

Aber Sokrates macht noch immer Schwierigkeiten. Man werde, sagt er, fürs erste
nicht glauben wollen, dafs eine solche Einrichtung ausführbar sey; und wenn man
diefs auch zugäbe, so werde man doch nicht
glauben, dafs sie die beste sey. Er erklärt
sich also nochmahls, dafs er sehr ungern daran gehen würde diese Dinge zu berühren,
aus Furcht man möchte die ganze Sache blofs
für ein windichtes Projekt halten. Da aber
Glaukon schlechterdings nicht von ihm ab-
läfst, und ihn zu bedenken bittet, dafs er
weder undankbare, noch ungläubige, noch
übelwollende Zuhörer habe: so rückt er endlich aufrichtiger mit der Sprache heraus, und
wir vernehmen zu unsrer grofsen Verwunderung: der wahre Grund seiner Schüchternheit sey eigentlich blofs, weil er selbst nicht
recht überzeugt sey, dafs es mit diesem Theil
der Gesetze, die er seiner Republik zu geben
gedenkt, so ganz richtig stehe, und er also
grofse Gefahr laufe, nicht etwa blofs sich
lächerlich zu machen (denn das würde wenig

zu bedeuten haben) sondern, indem er auf
einem so schlüpfrigen Wege im Dunkeln nach
der Wahrheit herumtappe, auszuglitschen,
und, was noch schlimmer wäre, auch noch
seine Freunde im Fallen mit sich nachzuzie-
hen. Er wolle also A d r a s t e e n zum voraus
fufsfällig angeflebt haben, ihm zu verzeihen,
wenn das, was er itzt zu sagen vorhabe, etwa gegen seine Absicht, strafwürdig seyn
sollte; denn (sagt er) ich bin der Meinung
dafs es eine kleinere Sünde sey, jemanden un-
vorsetzlich todt zu schlagen, als ihn in Dingen, wo es auf das, was Schön und Gut,
Rechtlich und Sittlich ist, ankommt, irre zu
führen; — eine Gefahr, die man allenfalls
eher bey Feinden als bey Freunden laufen
möchte. Siehe also zu, lieber Glaukon, wie
du es angreifen willst, um mir zu einem solchen Wagestück Muth zu machen. — Wohlan denn, sagt Glaukon lachend, wenn wir ja
durch das, was du sagen wirst, in einen falschen Ton gerathen sollten, so sprechen wir
dich zum voraus von aller Schuld und Strafe
los. Rede also ohne Scheu. — Gut, erwiedert Sokrates, wer hier l o s g e s p r o c h e n
wird, ist dort r e i n, wie das Gesetz sagt;
hoffentlich also wenn er es d o r t ist, wird er
es auch h i e r seyn. — So lafs dich denn
nichts mehr abhalten, anzufangen, sagt Glaukon, und jener entschliefst sich endlich dazu,

doch nicht ohne nochmahls zu verstehen
zu gebn, dafs es ihn viele Überwindung
koste, und dafs er vielleicht besser gethan hätte, sich die Sache sogleich bey der
ersten Erwähnung vom Halse zu schaffen. —
Und wozu, um aller Götter willen! alle diese langweiligen, Grimassen, welche Plato seinen verkappten Sokrates hier machen läfst?
Ists Ernst oder Scherz? Im letztern Fall
konnte wohl nichts unzeitiger seyn (um
kein härteres Wort zu gebrauchen) als in einer solchen Sache den Spafs so weit zu treiben; bittet er aber Adrasteen (mit der
man sonst eben nicht zu scherzen pflegt) in
vollem Ernst um Nachsicht, und ist es wirklich zweifelhaft, ob die neuen Gesetze, die
er seiner Republik zu geben gedenkt, gut,
gerecht und geziemend sind: was in aller
Welt nöthigte ihn sie zu geben? zumahl,
da der Zweck, wozu er diese Republik er-
dichtete, bereits erreicht ist, und vollkommen erreicht werden konnte, ohne dafs die
Rede davon zu seyn bräuchte, wie die junge Brut in derselben gezeugt und abge-
richtet werden sollte? Und wie kommt es,
wofern sein Zaudern und Achselzucken nicht
eine platte und aller öffentlichen Ehrbarkeit
spottende Spafsmacherey ist, dafs er, sobald
er über der Darlegung seiner widersinnischen
Ehegesetze ein wenig warm wird, auf einmahl

aller seiner vorigen Ängstlichkeit vergifst,
und so positiv und zuversichtlich mit den an-
stöfsigsten Behauptungen herausrückt, als ob
sich nicht das geringste mit Vernunft dagegen
einwenden liefse, und als ob er auf lauter so
gefällige Leser rechne, wie sein vom Zuhören berauschter Freund Glaukon, der für die
paradoxesten Sätze immer die eilfertigste Beystimmung in Bereitschaft hat? — Ich gestehe, dafs ich auf diese Fragen keine Antwort
weifs.

Übrigens, lieber Eurybates, wirst du mir
hoffentlich eine ausführliche Beurtheilung
dieses Theils der Platonischen Republik (dem
ich ungern seinen rechten Nahmen geben
möchte) um so geneigter nachlassen, da so
viel ich selbst sehe und von andern höre, allenthalben, nur Eine Stimme darüber ist.
Das Unwahre, Ungereimte und Unnatürliche
in diesen Ehgesetzen liegt freylich so unver-
schämt nackend vor allen Augen da, dafs der
erste Eindruck nicht anders als unserm Filosofen nachtheilig seyn kann; zumahl da sein
Sokrates gerade die auffallendsten Verordnungen mit der gefühllosesten Kaltblütigkeit vorträgt, und z. B. von dem anbefohlenen
Abtreiben oder Aussetzen der Kinder,
die aus der Vereinigung der Männer unter
dreifsig und über fünf und funfzig Jahren

mit Weibern unter zwanzig und über vierzig etwa erfolgen möchten, nicht anders
spricht, als ob die Rede von jungen Hunden
oder Katzen wäre. Freylich ist diese Sprache dem Gesichtspunkt gemäſs, woraus 'er
diesen Gegenstand betrachtet; indessen konnte
er doch, wie verliebt er auch in sein System
seyn mag, leicht voraussehen, daſs sein
Grundsatz, „daſs Verfahren bey Paarung der
„Pferde und Hunde, wenn man eine gute
„Zucht erhalten will, müsse, ohne alle Ein-
„schränkung und in der gröſsten Strenge,
„auch auf die Menschen angewandt wer-
„den;" und die männliche gymnastische
Erziehung, die er (diesem Grundsatz zu
Folge) den menschlichen Stuten und
Fäben, die zur Paarung mit den menschlichen Hengsten und Rüden seiner
kriegerischen Bürgerklasse bestimmt sind,
mit allen den unsittlichen und zum Theil un-
menschlichen, der Natur Trotz bietenden
Gesetzen, wodurch er die Gemeinschaft der
Weiber und Kinder in seiner Republik un-
schädlich und zweckmäſsig zu machen
vermeint, — er konnte, sage ich, leicht genug voraussehen, daſs dieses, gegen das allgemeine Gefühl so hart anrennende Paradoxon,
in einem so zuversichtlichen Ton und so kaltblütig vorgebracht, alle seine Leser empören,
und das Gute, so er etwa durch die vortreff-

lichen Partien dieses wichtigsten aller seiner
Werke hätte stiften können, bey vielen, wo
nicht bey den meisten, unkräftig machen
und vernichten werde.

Aber gerade der Umstand, daſs er stock-
blind hätte seyn müssen, um dieſs nicht vor-
auszusehen, und daſs er sich dennoch nicht
dadurch abschrecken lieſs, muſs uns billiger
Weise auf einen Punkt aufmerksam machen,
der, wenn wir gerecht gegen ihn seyn wollen, nicht übersehen werden darf; nehmlich
auf den Gesichtspunkt, aus welchem er
selbst die Sache angesehen hat. Denn ich
müſste mich sehr irren, oder dieſs würde uns
begreiflich machen, wie es zugegangen, daſs
ein Mann wie Er, sein eigenes Gefühl so
seltsam übertäuben konnte, um baaren Unsinn für Aussprüche der höchsten Vernunft
zu halten? — Plato scheint mir von den Geo-
metern und Rechnern angenommen zu haben,
daſs er immer gewisse Begriffe und Sätze, als
an sich selbst klar, ohne Beweis (wenigstens
ohne strengen Beweis), voraussetzt, aus diesen aber sodann mit der genauesten Folgerich-
tigkeit alles ableitet, was sowohl aus ihnen
selbst, als aus ihrer Verbindung mit andern
Begriffen und Sätzen gleicher Art, durch
Schlüsse herausgebracht werden kann. Wo
von Zahlen, Linien und Winkeln die Rede

ist, kann diese Art zu räsonnieren nicht leicht
irre führen; oder, wofern diefs auch begegnen sollte, so ist der Irrthum wenigstens
leicht und sicher zu entdecken: aber wo es
um Auflösung solcher Aufgaben zu thun ist,
die den Menschen und dessen Thun
und Lassen, Wohl- oder Übelbefinden,
vornehmlich seine ursprüngliche Natur, seine innere Organisierung, seine Verhältnisse
zu den übrigen Dingen, seine Anlagen, seinen Zweck, seine Erziehung und Bildung
für das gesellschaftliche, bürgerliche und
kosmopolitische Leben, und andere hierher
gehörige Gegenstände betreffen, kurz, bey
Gegenständen, an welche man weder Mefs-
schnur noch Winkelmafs anlegen kann, findet jene Methode keine sichere Anwendung.
Der Mensch läfst sich nicht, wie eine re-
gelmäfsige geometrische Figur, in etliche
scharf gezogene gerade Linien einschliefsen;
und es sind vielleicht noch Jahrtausende
einer anhaltenden, eben so unbefangenen
als scharfsichtigen Beobachtung unsrer Natur vonnöthen, bevor es möglich seyn wird,
nur die Grundlinien zu einem ächten Modell
der besten gesellschaftlichen Verfassung für
die wirklichen Menschen zu zeichnen; und
selbst dieses Modell würde für jedes besondere Volk, durch dessen eigene Lage und
die Verschiedenheit der Zeit- und Ortsum-

stände, auch verschiedentlich bestimmt und
abgeändert werden müssen. Aber auf alles
diefs nimmt ein Plato keine Rücksicht; und
da seine Nefelokokkygia nicht auf der
Erde, sondern in den Wolken, d. i. so viel
als Nirgendswo existiert, und nicht mit
fysischen Menschen, wie die Natur sie in
die Welt setzt, sondern mit menschenähn-
lichen Fantomen von seiner eigenen Schöp-
fung besetzt ist, so ist er freylich Herr und
Meister, sowohl den Elementen seines Staats
als dem Ganzen die Gesetze vorzuschreiben,
deren Beobachtung am geradesten und gewis-
sesten zu seinem Endzweck führt. Anfangs
ist es, in seiner Voraussetzung, blofs das
Gefühl körperlicher Bedürfnisse, was eine
Handvoll Hirten, Ackerleute und Handwerker bewegt, den ersten Grund zu seiner
Republik zu legen. Der kleine Staat erwei-
tert sich unvermerkt; die Anzahl der Bürger nimmt zu; ihre Bedürfnisse desgleichen.
Nicht lange, so fühlt man, dafs ohne innere
und äufsere Sicherheit der Zweck der neuen
Gesellschaft nicht erhalten werden könnte;
dafs zu Erzielung der innern Sicherheit gute
Zucht und Ordnung, zu Handhabung
der Ordnung, Gesetze, zu Vollziehung
der Gesetze, eine Regierung, und zum
Schutz der Regierung und des Staats überhaupt, eine bewaffnete Macht von

nöthen ist. Um nun diefs alles seinem Ideal
gemäfs so zweckmäfsig als möglich einzurichten, baut unser filosofischer Lykarg
seine ganze Gesetzgebung auf zwey Grundgesetze. Das erste ist: die höchste
Wohlfahrt des Ganzen soll der einzige Zweck des bürgerlichen Vereins oder
des Staats seyn, also auf das Wohl eines
jeden einzelnen Gliedes nur in so fern, als
es ein Bestandtheil des ganzen und eine
Bedingung des allgemeinen Wohlstandes
ist, Rücksicht genommen werden; folglich
Jedermann verbunden seyn, für den Staat
zu arbeiten, zu leben und zu sterben, und
nur, in so fern er diese Bedingung erfüllt,
soll er seinen verhältnifsmäfsigen Antheil
an dem Wohlstand desselben nehmen dürfen.
Das zweyte: zu Verhütung aller schädlichen Folgen, welche in andern Republiken
daraus entstehen, wenn jedermann sich nach
Willkühr beschäftigen und also auch mit
Sachen, die er nicht versteht und für die
er kein Talent hat, sich bemengen darf, soll
jeder Bürger nur eine Art von Hanthierung
oder Geschäfte treiben und darin die möglichste Vollkommenheit zu erreichen suchen.

Beyde Grundgesetze scheinen auf den ersten
Anblick ihre Richtigkeit zu haben: allein so
scharf und ohne alle Einschränkung, wie

Plato sie annimmt, sind sie nicht was sie
scheinen, und könnten auf keinen wirklichen
Staat ohne die nachtheiligsten Folgen ange-
wendet werden. Der Irrthum liegt darin,
dafs er die Bürger als organische Theile
eines politischen Ganzen, d. i. als eben so
viele Gliedmafsen Eines Leibes, betrachtet,
welche nur durch ihre Einfügung in denselben leben, und bestehen, keinen Zweck für
sich selbst haben, sondern blofs zu einem
gewissen besondern Dienst, den sie dem
Ganzen leisten, da sind. Da diefs bey den
Gliedmafsen eines jeden organischen Körpers wirklich der Fall ist, so kann man freylich mit Grund behaupten: dafs die Glieder
um des Leibes willen da sind, nicht der
Leib um der Glieder willen. Allein mit
einer bürgerlichen Gesellschaft, die aus lauter für sich bestehenden Gliedern zusammengesetzt ist, hat es eben defswegen eine
ganz andere Bewandtnifs. Die Menschen,
woraus sie besteht, haben sich (wie Plato
selbst Anfangs voraussetzt,) blofs in der Absicht vereinigt, ihre natürlichen, d. i.
ihre weltbürgerlichen Rechte, in die
möglichste Sicherheit zu bringen, und sich
durch diesen Verein desto besser zu befinden. Hier ist es also gerade umgekehrt:
der Staat ist um des Bürgers willen da, nicht
der Bürger um des Staats willen. Die Erhal-

tung des Staats ist nur in so fern. das
höchste Gesetz, als sie eine nothwendige
Bedingung der Erhaltung und der Wohlfahrt
seiner sämmtlichen Glieder ist; nur, wenn
es allen Bürgern, in so fern Jeder nach
Verhältnifs und Vermögen zum allgemeinen
Wohlstand mitwirkt, verhältnifsmäfsig auch
wohl ergeht, kann man sagen, dafs der
Staat sich wohl befinde; und damit
diefs möglich werde, darf der Einzelne
in freyer Anwendung und Ausbildung seiner
Anlagen und Kräfte nur so wenig als
möglich, d. i. nicht mehr eingeschränkt
werden, als es der letzte Zweck des Staats,
mit Rücksicht auf die äufsern von unsrer
Willkühr unabhängigen Umstände, unum-
gänglich nöthig macht. Daher ist denn auch
das zweyte Grundgesetz der Platonischen
Republik so vielen genauern Bestimmungen,
Einschränkungen und Ausnahmen unterworfen, dafs, wofern es so scharf und streng,
wie Plato will, in Ausübung gebracht würde,
eben dadurch, dafs es den einzelnen Bürgern ungebührliche und unnöthige Gewalt
anthut, dem Ganzen selbst weit mehr Schaden als Vortheil daraus erwachsen müfste.
Doch diefs nur im Vorbeygehen; denn es
gehörig anzuführen und anschaulich zu
machen, würde ein gröfseres Buch erfor-

dert, als ich, so lange noch etwas besseres
zu thun ist, zu schreiben gesonnen bin.

Sobald man unserm Filosofen seine beiden Grundgesetze zugegeben hat, so ist alles
übrige in seiner Gesetzgebung so folgerich-
tig und zweckmäfsig als man nur verlangen
kann. Vor allen Dingen ist nicht aufser
Acht zu lassen, dafs die gänzliche Aus-
schliefsung von allem Eigenthum, die Gemeinschaft der Weiber und Kinder, und die
männliche Erziehung, Lebensweise und Bestimmung der erstern, nur in der mittel-
sten der drey Bürgerklassen, in welche
seine Republik zerfällt, nehmlich nur unter
den bewaffneten Beschützern oder,
wie man sie auch mit gutem Fug nennen
könnte, den menschlichen Jagd-und
Hofhunden seines Staats, Platz findet.
Denn die Archonten und Räthe, welche die erste Klasse ausmachen, sind zu alt
und zu sehr im Anschauen der Ideen der
Dinge und der Uridee der Ideen vertieft,
um der Weiber noch zu bedürfen; und wiewohl Plato über das häusliche und eheliche
Leben der dritten Klasse (die er überhaupt sehr kurz und mit einer ziemlich sichtbaren Geringschätzung abfertigt) sich nicht
besonders erklärt, so läfst sich doch aus
verschiedenen Äufserungen nichts anders ver-

muthen, als dafs er die Gemeinschaft der
Weiber für ein viel zu erhabenes und hei-
liges Institut ansieht, als dafs der Pöbel
der Handwerker, Künstler, Krämer, Kauf-
leute und aller andern die sich mit Erwerb
beschäftigen oder um Lohn arbeiten, daran
Theil haben dürfte. In der That bringt
diefs auch die Natur der Sache mit sich;
denn die Weiber und Töchter dieser Leute
haben nöthigere Dinge zu thun, als den
Wissenschaften und Musenkünsten obzulie-
gen, sich in den Palästren nackend mit den
Jünglingen herum zu balgen, mit ihnen auf
die Wache und in den Krieg zu ziehen u. s. f.
Sie sind natürlicher Weise mit Haushaltungs-
geschäften, mit Spinnen, Wirken, Kleider-
machen, Kochen, Brotbacken und tausend
andern Arbeiten dieser Art beladen; müssen
auch — aufser der Wartung und Pflege ihrer
eigenen Kinder — bey den Kindern der
zweyten Klasse (wie sich aus verschiedenen
Umständen schliefsen läfst) gelegenheitlich
Ammendienste thun, und was dergleichen
mehr ist; kurz sie stehen in den Augen
unsers Filosofen zu tief unter den edeln
Heroinen, die er zu Müttern seiner Staatsbeschützer bestimmt, als dafs man glauben
könnte, er wolle das hohe Vorrecht der
Vielmännerey bis auf sie ausgedehnt
wissen; zumahl da bey der dritten Klasse

die Beweggründe gänzlich wegfallen, aus
welchen er die Gemeinschaft der Weiber
und Kinder in der zweyten für nothwendig
hält. Bey dieser also allein findet in Platons Republik diese aller Welt so anstöfsige
Einrichtung Statt; und dazu hat er theils
fysische theils sittliche Bewegursachen von
so grofsem Gewicht, dafs alle entgegen
stehenden in keine Betrachtung bey ihm
kommen können. Seine Republik soll weder
zu grofs noch zu klein, sondern gerade so
seyn, dafs sie weder Verderbnifs von innen,
noch Anfechtung von mifsgünstigen und
streitsüchtigen Nachbarn zu befürchten habe.
Die Anzahl der Bürger darf also nicht viel
über eine bestimmte Zahl zunehmen; aber
desto mehr ist daran gelegen, dafs sie muth-
und kraftvolle, von der edelsten Ruhmbe-
gierde und reinsten Vaterlandsliebe glühende
und mit allen zu ihrer Bestimmung erforderlichen Tugenden im vollesten Mafse begabte
Jünglinge und Männer zu Beschützern
habe. Der Stifter der Republik hat also
diese Klasse, auf welcher die Erhaltung
derselben in jeder Rücksicht beruht, mit
ganz besonderer Sorgfalt ausgewählt, und
zu ihrer erhabenen Bestimmung erzogen und
ausgebildet. Er mufste aber auch die dien-
lichsten Mafsregeln nehmen, dafs eine so
wichtige Körperschaft immer wieder durch

gleichartige Elemente ersetzt werde, immer
von eben demselben Geist beseelt bleibe,
und sich dadurch in einer Art von ewiger
Jugend und Unsterblichkeit erhalte. Um
zwey Hauptquellen einer möglichen Ausartung auf immer zu verstopfen, mußten diejenigen, welche bloß für den Staat leben
sollten, weder Eigenthum noch Familie
haben. Die möglichste Gleichheit sollte
unter ihnen herrschen; alles Gute und Böse,
Arbeit und Vergnügen, Gefahr und Ruhm,
Leben und Sterben immer gemeinschaftlich
seyn. Solche Menschen können von allem,
was mein und dein heißt, nie weit genug
entfernt, und unter einander niemahls eng
genug verbunden werden. Wie gut er aber
auch für dieß alles gesorgt hätte, immer
würden die Weiber alle seine Mühe zu
Schanden gemacht haben, wofern ihm sein
Genius nicht ein Mittel zugeflüstert hätte,
diesen reitzenden Schlangen ihren Gift zu
benehmen. Lieber wär' es ihm ohne Zweifel gewesen, wenn die Mutter Erde, als
sie seine Krieger in voller Waffenrüstung
aus ihrem Schooß hervorspringen ließ, sie
auch mit dem Vermögen begabt hätte, ihresgleichen entweder aus sich selbst, oder mit
ihresgleichen hervorzubringen. Da die Weiber nun aber einmahl zu diesem wichtigen
Geschäft leider! unentbehrlich sind, und

überdiefs nicht wohl geläugnet werden kann,
dafs die Neigung zum weiblichen Geschlecht
gerade die Seite ist, wo die Natur den
Mann am wenigsten befestigt hat, was
blieb dem guten Plato übrig, um zu verhindern, dafs seine braven Krieger durch
den Umgang mit diesen Zauberinnen nicht
geschwächt, weichlich gemacht und durchaus verdorben werden könnten, als den
künftigen Müttern der Kriegs - und Staats-
männer durch eine rauhe männliche und
kriegerische Erziehung so viel nur immer
möglich von ihren gefährlichen Reitzungen
abzustreifen, sie, so weit es die Zärte und
Schlaffheit ihrer Natur gestatten möchte,
zu einer Art von Androgynen zu erheben, oder wenigstens mit den Atalanten,
Deianiren und Penthesileen der heroischen Zeit auf gleichen Fufs zu setzen?
Durch dieses Mittel war nun zwar für eine
derbe und kräftige Nachkommenschaft gesorgt: aber wenn er den Vätern erlaubt
hätte, in eine monogamische Verbindung mit den Müttern zu treten, würden
zwey mächtige Naturtriebe, die Liebe zu
den eignen Kindern und die wechselseitige
Zuneigung des Mannes zu der Mutter, des
Weibes zu dem Vater ihrer gemeinschaftlich
Erzeugten, zum Nachtheil der Vaterlandsliebe ins Spiel gesetzt worden seyn, und

die unvermeidlich aus dem Stande der Ehe
hervorgehenden besondern Familien-Verhält-
nisse würden, so zu sagen, eine Menge
kleiner Staaten im Staat erzeugt haben,
wobey sich die Grundsätze, der Geist und
die Tugend des letztern unmöglich lange in
ihrer ersten Reinheit hätten erhalten können. Mit Einem Wort, es bedurfte nichts
als die blofse Beybehaltung der gewöhnlichen
Ehe, um aus unsrer Platonischen Republik
an Sich (dieser vollkommensten oder vielmehr einzigen, in welcher, nach Plato, die
reine Idee der Republik sichtbar dargestellt
ist) ein so armseliges Ding von einer gemeinen heillosen Alltagsrepublik zu machen,
wie man ihrer in Griechenland, klein und
grofs, zu Hunderten zählt. Es blieb ihm
also, um der Verderbnifs des Staats von
dieser Seite den Zugang auf ewig zu versperren, kein anderes Mittel, als die Gemeinschaft der Weiber und Kinder zu einem
Grundgesetz zu machen. Jeder Soldat der
Republik erhielt dadurch ein unbestimmtes
Recht an alle Frauen und Jungfrauen seiner Klasse, keiner ein ausschliefsliches an
Eine. Die Liebe in der eigentlichen
Bedeutung des Worts fand hier keine Statt;
das Zeugungsgeschäft sollte als eine rein fysische oder thierische Sache behandelt werden; wobey es blofs darum zu thun wäre,

sich einer Pflicht gegen den Staat zu
entledigen, und also auf selbstsüchtige Befriedigungen keine Rücksicht genommen würde.
Man muß gestehen, unser Filosof thut sein
bestes, um einer sich aufdringenden Vergleichung seiner so genannten Ehen mit dem unge-
fähren momentanen Zusammenlaufen jener
kaum durch die Gestalt vom Vieh unterschie-
denen Waldmenschen, welche man sich
gewöhnlich als die Stammältern des menschlichen Geschlechts vorstellt, zuvor zu kommen. Vor dem zwanzigsten Jahre der Weiber und dem dreyfsigsten der Männer erklärt
das Gesetz alle Befriedigungen des Triebes,
von welchem hier die Rede ist, für unrecht-
mäfsig, unheilig und sakrilegisch.
Der Tag, an welchem eine Anzahl von
Jünglingen und Mädchen das gesetzmäfsige
Alter zur Platonischen Ehe erreicht haben,
ist ein republikanisches Fest, das mit
Opfern, Gebeten, und von den Dichtern
der Republik besonders dazu verfertigten
Epithalamien aufs feierlichste begangen
wird. Jede Verbindung zwischen einem
Jüngling und einem Mädchen (wiewohl sie
nur für den Augenblick gilt) wird von den
Archonten, vermittelst eines künstlichen Looses angeordnet, wodurch immer
die schönsten, stärksten und muthigsten zusammen kommen; die schlechtern hin-

gegen lauter Nieten ziehen; eine Veranstal-
tung, welche zu Verhütung aller schlimmen
Folgen, die aus dieser durch das gemeine
Beste nothwendig gemachten Übervortheil-
lung der armen Schlechtern, wenn sie
bekannt würde, zu befürchten wären, ein
Staatsgeheimnifs bleiben mufs. Von
diesem ersten grofsen Kopulazionstage an,
zählen die Glücklichen, welche von den
Archonten mittelst dieses heiligen patrioti-
schen Betrugs würdig und tauglich erfunden
wurden, der Republik Kinder zu geben, die
Weiber zwanzig, die Männer sechs und
zwanzig Jahre, während deren ihnen die
Pflicht obliegt, sich von dieser Seite, um
den Staat so verdient zu machen, als ihnen
nur immer möglich ist. Alle Kinder, welche binnen dieser Zeit geboren werden, nennen jeden dieser in Diensten der Republik
stehenden Zeuger, Vater, jede dieser
Gebährerinnen, Mutter, und werden hin-
wieder von ihnen Söhne und Töchter genannt; aber dafür ist gesorgt, dafs kein Vater und keine Mutter ihre leiblichen Kinder
unterscheiden, noch von diesen unterschie-
den werden könne. Denn in dieser Klasse,
wo niemand etwas eigenes haben darf, ist
es auch nicht erlaubt ein eigenes Kind und
einen eigenen Vater zu haben. Alle, die
in dem Lauf einer Generazion von fünf und

zwanzig Jahren geboren werden, nennen sich
Brüder und Schwestern, und erhalten,
nachdem sie das gesetzmäfsige Alter erreicht
haben, auf obige Weise von den Arobonten
die Erlaubnifs, für die Fortdauer der Republik zu arbeiten. Vor dieser Zeit aber
ist z. B. einem Jüngling von sechs oder acht
und zwanzig Jahren nich erlaubt, ein Mädchen von siebzehn oder achtzehn zur Mutter zu machen, wie entschieden auch immer
ihre beiderseitige Tüchtigkeit, und wie
dringend ihr innerer Beruf dazu seyn
möchte, da sie täglich auf der Palästra hand-
gemein mit einander zu werden Gelegenheit
haben; und sollte gleichwohl ein solcher
unglücklicher Fall sich ereignen, so mufs
die Frucht der gesetzwidrigen Verbindung
abgetrieben, oder; wenn sie dennoch
Mittel findet lebendig ans Tageslicht zu kommen, sogleich als der Ernährung unwürdig
auf die Seite geschafft werden. Zwischen
Ältern und Kindern, d. i. zwischen Männern
und Frauen von der ersten Generazion mit
Frauen und Männern von der zweyten und
dritten findet (da jene zu diesen kraft des
Gesetzes sich als Ältern und Grofsältern verhalten) keine gesetzmäfsige Begattung Statt;
und überhaupt ist es eine der heiligsten
Pflichten der Regierer des Staats, den Zeu-
gungstrieb bey ihren Bürgern so viel als

möglich einzuschränken, und ja nicht mehr
Kinder aufkommen zu lassen, als nach Beschaffenheit der Umstände nöthig sind, damit
der Staat sich immer bey gleicher Stärke
erhalte; woraus klar ist; dafs sie auch von
Zeit zu Zeit für einen tüchtigen Krieg zu
sorgen haben. Denn es brauchte nur einen
hundertjährigen Frieden, um die Regierung
in die gefährliche Nothwendigkeit zu setzen,
das vorbesagte Loos so einzurichten, dafs
von hundert Paar Jünglingen und Mädchen
wenigstens drey Viertel zu einer unfreywil-
ligen Unfruchtbarkeit verdammt werden müfsten, wofern die Menge der Kinder, denen
der Eintritt ins Leben an der Pforte versagt wird, nicht auf eine so ungeheure Zahl
steigen sollte, dafs dem Platonischen Sokrates selbst, wie kaltblütig er auch diese Dinge
ansieht, bey ihrer Überrechnung die Haare
um seinen Glatzkopf zu Berge stehen müfsten.

Alle diese und eine Menge anderer Un-
gereimtheiten und Abscheulichkeiten, die sich
jedem Unbefangenen bey diesem Theil seiner Gesetzgebung aufdringen, verschwinden
in Platons Augen von dem grofsen Grundsatz: dafs die höchste denkbare Vollkommenheit des Staats der einzige Zweck desselben, und der einzelne Bürger nur in so
fern für Etwas zu rechnen sey, als er blofs

für das Ganze lebt, und immer bereit ist,
diesem seine natürlichsten Triebe und gerech-
testen Ansprüche aufzuopfern. Ob der Staat
solche Opfer zu fordern berechtigt sey,
ist bey ihm keine Frage; auch lehrte ihn die
in Sparta so lange Zeit befolgte Gesetzgebung
Lykurgs, dafs es möglich sey, Menschen so zu erziehen und zu bilden, dafs
man ihnen alles, selbst das Unnatürlichste,
zumuthen kann. Er trug also um so weniger Bedenken, die Hauptzüge des Spartani-
schen Instituts in seiner Republik noch
weiter und bis zu einer Konsequenz
zu treiben, die, wie ein eiserner Streitwa-
gen, alles was ihr entgegen steht zu Boden
tritt, und über alle Bedenklichkeiten und
Rücksichten, d. i. über die Köpfe und Ein-
geweide der Menschen weg, in gerader
Linie auf das Ziel losrennt, das sie sich
vorgesteckt hat.

In wie fern ihn diese Betrachtungen
rechtfertigen oder entschuldigen
können, lafs' ich dahin gestellt seyn; mir ist
wenigstens gewifs, dafs er in allem, was
uns an seinem idealischen Sparta am
anstöſsigsten ist, treulich und ohne Gefährde
zu Werke ging, und z. B. auf unsre Bedenk-
lichkeit, der abgezweckten höhern Vollkommenheit seiner Republik alle Jahre etliche

hundert neugeborne Menschlein zum Opfer
darzubringen, mit eben dem naserümpfenden
Mitleiden herabsehen wird, womit sein Sokrates sich über „die lächerliche Weisheit"
derjenigen aufhält, die das Ringen nackter
Mädchen mit nackten Jünglingen auf der
Palästra ungeziemend finden. Ich zweifle
daher auch keinen Augenblick, daſs er wenig
verlegen seyn würde, für jeden andern Einwurf, der ihm gegen seine Erziehungs- und
Begattungsgesetze gemacht werden könnte,
auf der Stelle eine Antwort zu finden; wiewohl er es nicht der Mühe werth gehalten
zu haben scheint, die mancherley Schwierigkeiten voraus zu sehen, welche sich der
Ausführung dieser — der Natur, dem sittlichen Gefühl und den Grazien zugleich Hohn
sprechenden — Gesetze entgegen thürmen.
Bey einem Filosofen, der seine Geistesaugen
immer nur auf die ewigen und unveränder-
lichen Urbilder der Gattungen und Arten
geheftet hält, kommen die Einzelnen
Dinge, als bloſse vorübergleitende Schemen
oder unwesentliche Wolken- und Wasser-
bilder, in keine Betrachtung; und da er alle
die Knoten, in welche die Meinungen, Neigungen, Bedürfnisse und Leidenschaften der
Menschen im gesellschaftlichen Leben sich
unaufhörlich verwickeln und durch einander
schlingen, immer mit einem einzigen Grund-

satz wie mit einem zweyschneidigen Schwert
zerhauen kann, warum sollte er sich die
Mühe geben sie auflösen zu wollen?

Etwas, worüber er indessen nicht so leicht
zu entschuldigen seyn dürfte, sind die kleinen Widersprüche mit sich selbst,
die seinem redseligen Sokrates hier und da in
dem Feuer, womit er seine Behauptungen
vorträgt, zu entwischen scheinen. Hierher
gehört (um nur ein paar Beyspiele anzuführen) wenn er, um die gymnastische Naktheit
seiner künftigen Soldatenfrauen zu rechtfertigen, sich auf einmahl in die Moral der Sofisten verirrt, und kein Bedenken trägt, den
Satz „alles Nützliche ist auch ehrbar
und anständig, und nur das Schädli-
che ist schändlich,“ für eine ausgemach-
te Wahrheit zu geben. Unglücklicher Weise
begegnet ihm diese Verirrung eine Weile hernach noch einmahl, da von den Belohnungen
die Rede ist, wodurch die Beschützer des
Staats aufgemuntert werden sollen, im Kriege
sich durch tapfere Thaten auszuzeichnen.
Wer, der den ehrwürdigen Sohn des Sofroniskus gekannt hat, muß sich nicht in Platons Seele schämen, wenn er seinen unter-
geschobenen Sokrates zum Gesetz machen
läßt: „daß es, so lange ein Feldzug daure,
„Niemanden erlaubt seyn solle, sich den Küs-

„sen eines ausgezeichneten Braven zu entzie-
„hen, damit dieser, der Gegenstand seiner
„Leidenschaft möge' nun ein Mann oder ein
„Weib seyn, desto mehr angereitzt werde,
„nach dem ersten Preis der Tapferkeit zu rin-
„gen?" — Diefs ist doch wohl eine von den
Stellen, deren ich oben erwähnte, wo der
verkappte Sokrates seines angenommenen Karakters plötzlich vergifst, und in den sich
selbst spielenden Plato zurücksinkt?

Noch ein Beyspiel von Widerspruch mit
sich selbst ist mir im sechsten Buch aufgefallen, wo er über die parasitische Gefälligkeit
der Sofisten gegen die Vorurtheile, Neigungen und Unarten des grofsen Haufens, (d. i.
dessen, was man in demokratischen Staaten
den Pöbel, oder mit einem urbanern Wort
dos Volk nennt) und die schädlichen Eindrük-
ke, die dadurch auf die Jugend gemacht würden, viel Wahres sagt, und bey dieser Gelegenheit von dem besagten grofsen Haufen unter
dem Bild eines grofsen und starken Ochsen
oder Bullenbeissers eine wahrlich nicht
geschmeichelte Schilderung macht, sondern
ihm ohne alle Schonung so viel Böses nachsagt, dafs Timon der Menschenhasser selbst
damit hätte zufrieden seyn können; bald darauf aber, da seine Konvenienz erfordert die
Sache von einer andern Seite in einem mil-

dern Lichte zu sehen, die Partey des nehmlichen grofsen Haufens nimmt, von ihm als
einem gar sanften gutartigen Thiere spricht,
und alle Schuld seines Hasses gegen die ächten Filosofen auf die unächten schiebt.

Übrigens ist es eine glückliche Eigenheit
unsers Filosofen, dafs er nach jeder beträchtlichen Verfinsterung, die er, so oft seine
Fantasie zwischen seinen Verstand und seine
Leser tritt, zu erleiden scheint, sich sogleich
durch irgend eine desto glänzendere Aus-
strahlung wieder in die ihm gebührende Achtung zu setzen weifs. Ein Beyspiel hiervon
ist in diesem fünften Buch die Vorschrift,
wie seine Staatsbeschützer sich im Kriege gegen den Feind zu verhalten haben; eine Gelegenheit, die er mit eben so vieler Feinheit
als Freymüthigkeit benutzt, um den Griechen
seiner Zeit einen Spiegel vorzuhalten, worin
sie vor ihren eigenen Augen als eine rohe
Art von Barbaren erscheinen müssen, deren
gewohntes Verfahren in ihren ewigen Fehden
unter einander mit den Regeln einer gesunden Staatsklugheit nicht weniger als mit den
Gesetzen der Gerechtigkeit und Menschlich-
keit in dem auffallendsten Widerspruch steht.
Diese Stelle ist, meines Erachtens, eine der
schönsten in diesem ganzen Werke, und du
wirst mir hoffentlich zugeben, Eurybates

dafs die Schuld nicht an Plato liegt, wenn er
durch die heilsamen Wahrheiten, die er Euch
darin stärker und einleuchtender als irgend
einer von euern Rednern ans Herz legt, seiner Vaterstadt und der ganzen Hellas nicht
den wesentlichsten Dienst geleistet hat. Dafs
diefs wenigstens seine Absicht war, ist um
so weniger zu bezweifeln, da dergleichen
Seitenblicke auf seine Zeitgenossen und Mitbürger in diesem Dialog häufig genug vorkommen, um uns über einen der wichtigsten
Zwecke des Ganzen einen bedeutenden Wink
zu geben.

Was ich gleich Anfangs meiner Briefe
über die Republik Platons gegen den Vorwurf,
dafs es diesem Werk an kunstmäfsiger Anordnung fehle, erinnert habe, scheint sich unter
andern auch durch die feinen Wendungen zu
bestätigen, womit der Verfasser gegen das
Ende des fünften Buchs dem Dialog unvermerkt eine solche Richtung giebt, dafs er
eine (dem Anschein nach) ungesuchte Gelegenheit erhält, in den beiden folgenden Büchern die Grundlehre seiner ganzen Filosofie
auf eine fafslichere und poetischere Art, als
in andern seiner frühern Dialogen, vorzutragen; eine Gelegenheit, die er, wiewohl sie
ihn von dem Hauptgegenstand entfernt, und
zu einer weitläufigen episodischen Abschwei-

fung verleitet, um so weniger aus den Händen läfst, weil die Abschweifung in der That
blofs anscheinend und vielmehr das einzige
Mittel ist, seiner Republik eine Art von hy-
pothetischer Realität zu geben, woran wenigstens alle die Leser sich genügen lassen können, die der magischen Täuschung eben so
willig und zutraulich als die beiden Söhne
Aristons entgegen kommen. Dafs er uns
übrigens auch auf diesem Spaziergang, den
wir mit ihm machen müssen, durch eine
Menge unnöthiger Krümmungen in einem
unaufhörlichen Zikzak herumführt, der uns
das Ziel, worauf wir zugehen, immer aus
den Augen rückt, ist nun einmahl die Art des
Platonischen Sokrates, die man sich, in so
fern sie zuweilen das Interesse des Dialogs
unterhält und erhöht, recht gern gefallen
liefse, wenn er nur einiges Mafs darin halten wollte; denn wirklich ist es oft schwer
sich einer Anwandlung von Ungeduld zu erwehren, wenn er bald einen Satz, wie z. B.
„Seyn ist von Nichtseyn verschieden"
in eine oder zwey Fragen verwandelt, bald
die schlichtesten Fragstücke auf eine so spitz-
findige und verfängliche Art vorbringt, dafs
man sich keine andere Absicht dabey denken
kann, als das schale Vergnügen, den Gefragten in Verlegenheit zu setzen und zu einer
einfältigen Antwort zu nöthigen. Bey allem

dem mufs ich gestehen, dafs etwas Atti-
sches in dieser Art sich in Gesellschaften
mit einander zu unterhalten ist, und ich
zweifle nicht, Eurybates, dafs dir die Pseu-
do-Sokratische Manier, wie Plato diese
neckische Art von Ironie in seinen Dialogen
behandelt, wenn gleich nicht immer angenehm, doch gewifs bey weitem nicht so auf-
fallend vorkommen wird als mir. Diefs sey
also das letzte Mahl dafs ich darüber wehkla-
ge, wiewohl in den fünf Büchern, die ich
noch vor mir habe, die Anreitzung dazu oft
genug vorkommen wird. Und nun wieder in
unsern Weg!

Glaukon scheint von der Schönheit der
neu errichteten Republik so bezaubert, dafs
er sich nicht enthalten kann, den Filosofen,
der die Miene hat als ob er von der innern
Verfassung derselben und von ihren unendlichen Vorzügen vor den gewöhnlichen noch
viel zu sagen gedächte, etwas rasch zu unterbrechen. Von allem diesem, meint er,
wüfsten sie bereits genug, um sich das, was
etwas noch zurückgeblieben sey, selbst sagen
zu können; die grofse Frage, auf welche
Alles ankomme, sey itzt blofs: ob diese
herrliche Republik unter die möglichen

Dinge gehöre? Sokrates stellt sich, nach
seiner Gewohnheit; als ob ihm diese Frage
sehr ungelegen komme; er spricht von dem
Unternehmen sie zu beantworten als von
einem halsbrechenden Wagestück, und sucht
das Ansinnen seines jungen Freundes dadurch von sich abzulehnen, dafs er ihn bereden will, seine Republik könnte als Ideal
und Kanon, woran man die Grade der
Vollkommenheit oder Unvollkommenheit aller gegenwärtigen und künftigen Republiken messen könne, immer noch gute Dienste thun, wenn gleich ihre Möglichkeit nicht
erwiesen werden könnte. Meinst du etwas
(fragt er den Glaukon) ein Mahler, der das
Modell eines vollkommen schönen Mannes
oder Weibes in der höchsten Vollendung
seiner Kunst aufgestellt hätte, würde darum
ein schlechterer Mahler seyn, wenn er nicht
zu zeigen vermöchte, wie es möglich sey,
dafs ein Mensch so schön seyn könnte?
Diese Ausflucht ist, mit Platons Erlaubnifs,
ein blofser Taschenspielerkniff; denn es ist
ein sehr wesentlicher Unterschied zwischen
dem Mahler, von dem er hier spricht, und
zwischen ihm selbst als Mahler der vorgeblichen vollkommensten Republik. Freylich
braucht z. B. Zeuxis die Möglichkeit seiner Helena nicht zu beweisen; aber warum diefs? Weil er sie uns unmittelbar vor

die Augen gestellt hat, und (vorausgesetzt
ihre Schönheit sey in der That untadelig)
Jedermann, der sie anschaut, sich selbst gestehen muſs, er verlange nichts Schöneres
zu sehen. Damit ist denn auch Jedermann
zufrieden, und kümmert sich wenig darum,
ob jemahls ein sterbliches Weib eine so
schöne Tochter geboren hat oder künftig
gebären wird; genug, daſs uns der Mahler
von der Möglichkeit einer so hohen Schönheit durch den Augenschein überzeugt
hat. Es fehlt aber viel, daſs es mit Platons
Republik derselbe Fall sey; der Augenschein
ist nicht zu ihrem Vortheil; die Stimmen
der Anschauer sind wenigstens sehr getheilt,
und gegen einen, der sie so herrlich findet
als sie unserm in sein eignes Werk verlieb-
ten Pygmalion vorkommt, sehen wir
zwanzig, denen sie ein sehr unvollstän-
diges, übel mit sich selbst übereinstim-
mendes, überladenes und unnatürliches
Fantom von einer Republik scheint, von
welcher der Strenge nach zu beweisen ist,
daſs ihres gleichen unter den Menschen,
so lange sie ihre dermahlige Natur behalten
werden, weder entstehen, noch, wofern sie
auch (wie andere Miſsgeburten) durch eine
zufällige Verirrung der Natur jemahls ans
Tageslicht kommen sollte, lange genug leben könnte, daſs es der Mühe werth wäre

zu sagen sie sey da gewesen. Der Platonische Sokrates kann sich also der Pflicht, die
Möglichkeit seines politischen Ka-
nons darzuthun, mit Recht nicht entziehen; und er selbst scheint diefs so gut zu
fühlen, dafs er dem ehrlichen, durch seine
Indukzion zu schnell irre gemachten Glaukon von freyen Stücken einen Vorschlag zur
Güte thut, indem er ihn fragt: ob er zufrieden seyn wollte, wenn ihm gezeigt würde, wie eine seinem Ideale wenigstens sehr
nahe kommende Republik zur Wirklichkeit
gelangen könnte? Glaukon ist so billig sich
diesen Vorschlag gefallen zu lassen, und
Sokrates rückt, nach mehrmahligem Achselzucken, dem vorgeblichen halsbrechenden
Wagestück so nahe, dafs er bekennt: um
allen unsern Republiken eine andere ungleich bessere Gestalt zu geben, bedürfte es
nur einer einzigen Veränderung; aber
freylich wäre dieses Einzige weder etwas
Kleines noch Leichtes, wiewohl nichts Unmögliches. — „Und was ist es denn?“
fragt Glaukon. — Weil es doch einmahl
heraus mufs, erwiedert Jener, will ich es
ja wohl sagen, wiewohl ich Gefahr laufe,
von dem ausgelassensten Gelächter, wie von
einer ungeheuren Welle, überschwemmt und
in den Grund gelacht zu werden; — es ist:
„So lange nicht entweder die Filosofen die

„einzigen Regenten der Staaten sind, oder
„diejenigen, die man gegenwärtig Könige und
„Gewalthaber nennt, wahrhaft und in gan-
„zem Ernst filosofieren, so daſs die höchste
„Gewalt im Staat und die Filosofie in ei-
„nem und ebendemselben Subjekt zusammen-
„treffen, und alle, die sich nur auf eine
„von beiden beschränken, schlechterdings
„von der Staatsverwaltung ausgeschlossen
„werden: so lange, lieber Glaukon, ist ge-
„gen die Übel, welchen die bürgerliche Ge-
„sellschaft, ja das ganze Menschengeschlecht
„unterliegt, kein Rettungsmittel, — und bis
„es dazu kommt, wird auch die Republik,
„von welcher bisher die Rede zwischen uns
„war, weder möglich werden, noch das Licht
„der Sonne sehen!“

In der That hatte der verkappte Plato hohe Ursache, ungern mit einer Behauptung
herauszurücken, von welcher so leicht vor-
auszusehen war, daſs sie eben so stark gegen
alle herrschende Begriffe und Vorurtheile als
gegen das Interesse der jetzigen Machthaber
antappte, und wenn sie gleich bey den Meisten nur ein lautes Gelächter über ihre Ungereimtheit erregen würde, von den dermahligen Regierern selbst, als eine gefährliche
und durch die politische Nullität unsers Filosofen verzeihlich gemachte Lehre, mit Un-

willen angesehen werden müſste. Aber auf
was für einen Empfang muſste er sich erst
gefaſst halten, nachdem man aus dem folgenden sechsten und siebenten Buch verständigt
worden war, was er unter dieser Filosofie
und diesen Filosofen, welche die Welt ausschlieſslich regieren sollten, verstehe! Daſs
er nehmlich keine andere Filosofie für ächt
gelten lasse, als seine eigene, und also
sein groſses politisches Geheimmittel gegen
alle die Menschheit drückende Übel darauf
hinauslaufe: daſs alle Regenten zu Platonen
werden, oder vielmehr (da dieſs, wenn sie
auch wollten, nicht in ihrer Macht steht)
daſs der einzige mögliche und wirkliche Plato, Aristons und Periktyonens Sohn, zum
Universalmonarchen des Erdkreises erhoben
werden müſste, wofern das Reich der The-
mis und die goldne Zeit des alten Kronos
wiederkehren sollte? Wenn nun aber auch
zu dieser einzigen kleinen Veränderung, wie heilbringend sie immer für das
gesammte Menschengeschlecht wäre, nicht
die mindeste Hoffnung vorhanden ist, wofür will er daſs wir seine Republik ansehen
sollen?

Doch, dem sey wie ihm wolle, das groſse Wort ist nun einmahl gesprochen, und
wir können uns auf unsern Mann verlassen,

daſs er, seiner verstellten Schüchternheit oder
Schamhaftigkeit ungeachtet, keinen Augenblick verlegen ist, wie er sich aus dem Handel ziehen wolle. Er hat sich eines mächtigen Zauberworts bemeistert, womit er
sich gegen Hieb und Stich fest machen, womit er, wie man eine Hand umkehrt, Berge
versetzen und Meere austrocknen, womit er
Alles in Nichts und Nichts in Alles verwandeln kann. Das Bild, das kein Bild ist
— des Dings das kein Ding ist, weil es
weder von den Sinnen ertastet, noch von
der Einbildungskraft dargestellt, noch vom
Verstande gedacht und bezeichnet werden
kann, mit einem Wort, die Idee des Dings
an sich, das wahre unaussprechliche Wort
der Platonischen Mystagogie, die
formlose Form dessen was keine Form
hat — Was ist unserm dialektischen Thau-
maturgen nicht mit diesem einzigen *Aski
Kataski* 4) möglich? Ja, wenn unter dem
Wort Filosof so ein Mensch gemeint wäre, wie unsre gewöhnlich sogenannten Filosofen, Sofisten, Allwisser, Liebhaber und
Kenner des vermeinten Wahren, Schönen und Guten, welches mit den Augen
gesehen, mit den Ohren gehört, mit irgend
einem äußern oder innern Sinn gefühlt,
von der Einbildungskraft gemahlt, von
der plastischen Kunst gebildet, vom

Verstand erkannt, von der Sprache bezeichnet, und im wirklichen Leben
als Mittel zu irgend einem Zweck oder als
Zweck irgend eines Mittels, als Ursache
irgend einer Wirkung oder Wirkung irgend
einer Ursache, gebraucht werden könnte:
wenn solche Filosofen die Welt regieren
sollten, dann, meint er, würde sie freylich
um kein Haar besser regiert werden als dermahlen. Aber der Filosof, der an der Spitze
seiner Republik stehen soll und an der Spitze
des ganzen menschlichen Geschlechts zu stehen verdient, ist ein ganz anderer Mann;
der hält es unter seiner Würde, sich mit
Betrachtung und Erforschung all des armseligen Plunders der materiellen und einzelnen Dinge, abzugeben, welche (wie
der verkappte Sokrates dem ehrlichen Glaukon mit seiner gewöhnlichen dialektischen
Taschenspielerkunst mehr wortreich und auf
mehr als Eine Manier vorspiegelt) weder
Etwas noch Nichts, sondern eine Art
von Mitteldingen zwischen Nichts
und Etwas sind. Das hauptsächlichste,
wo nicht einzige Geschäft seines Lebens ist,
sich auf den Stufen der Arithmetik, Geo-
metrie und Dialektik zur Betrachtung der
einfachen und unwandelbaren Ideen der
Dinge, und von diesen übersinnlichen Wesen bis zum mystischen Anschauen des höch-

sten *Ontos On* oder Urwesens aller Wesen
zu erheben, über welches, als etwas an
sich Unbegreifliches und Unaussprechliches,
ihm eine deutliche Erklärung nicht wohl
zuzumuthen ist; und da er durch diese
gänzliche Versenkung seines Geistes in das,
was an sich Wahr, Schön, Gerecht und
Gut ist, nothwendig selbst durch und durch
wahr, edel, gerecht und gut werden muss:
wo könnten wir einen Sterblichen finden,
welcher tauglicher und würdiger wäre, die
Welt zu regieren, als Er?

Alles diess aus einander zu setzen, und
nach seiner Manier zu beweisen, d. i.
seinen gläubigen Zuhörern durch weit ausgeholte Fragen, Indukzionen, allegorische
Gleichnisse und subtile Trugschlüsse weiss
zu machen, beschäftigt unsern Sokrates in
dem größten Theil des sechsten und siebenten Buchs; und da die Natur des Dialogs ihm völlige Freyheit läst sich nach
Belieben vorwärts und seitwärts zu bewegen, und sich über Dieses und Jenes, was
er mit Vortheil in ein helleres Licht zu
setzen glaubt, mit Gefälligkeit auszubreiten,
so war natürlich, dass er — bey Gelegenheit der Schilderung des ächten Filosofen,
der bis zum Wahren und Schönen
selbst vorzudringen und es in seinem

Wesen anzuschauen vermag, im Gegensatz
mit den eingebildeten Allwissern und Filodoxen, die ihre Meinungen von den
Dingen für die Wahrheit selbst ansehen
— über die Quellen der Vorurtheile, welche der grofse Haufe, besonders in den höhern Klassen, gegen die ächten Filosofen
heget, über die Ursachen, wenn man sie
mit anscheinendem Recht für unnütze und
vornehmlich zum Regieren ganz untaugliche
Leute halte, und über den Grund, warum
auch die Filosofen ihres Orts mit Verwaltung solcher heilloser Republiken, wie die
gegenwärtigen alle seyen, nichts zu thun
haben mögen — sich alles dessen, was er
vermuthlich schon lange auf dem Herzen
hat, mit vieler Freymüthigkeit entledigt.
Dieser Theil des sechsten Buchs, wo Adimanth wieder an die Rede kommt, und
durch den Versuch einer Rechtfertigung des
populären Vorurtheils gegen die Filosofen
den Sokrates auffordert, sich umständlicher
über diese Materie vernehmen zu lassen,
scheint mir (dem persönlichen Antheil, welchen Plato an der Sache nimmt, gemäfs)
mit vorzüglichem Fleifs ausgearbeitet zu
seyn; und ausnehmend schön ist unter andern, was er den Sokrates (den ich hier
wieder erkenne und reden zu hören glaube)
von den Ursachen sagen läfst, woher es

komme, dafs wahrhaft weise und gute Menschen so selten sind, und so manche Jünglinge, mit den herrlichsten Anlagen, der hohen Bestimmung, zu welcher die Natur sie
ausgerüstet hatte, unglücklicher Weise für
den Staat und für sich selbst, gänzlich verfehlen, ja desto schädlichere Bürger und
Regenten werden, je glänzender die Naturgaben und Talente sind, wodurch sie sich
der Liebe und des Vertrauens ihrer Mitbürger zu bemächtigen wissen. Weniger die
Probe einer strengen Prüfung haltend, wiewohl mit einem leidenschaftlichen Feuer geschrieben, das den auf sich selbst zurückse-
henden und seine eigene Sache führenden
Plato verräth, scheint mir die Stelle zu seyn,
wo er die Gründe angiebt, „warum die Wenigen, die im Besitz der wahren Weisheit
sind, sich in die möglichste Verborgenheit
zurückziehen und mit den öffentlichen Ange-
legenheiten unserer verdorbenen Republiken
nichts zu schaffen haben wollen, sondern, in
ihren eigenen vier Wänden gegen alle Stürme
des öffentlichen Lebens gesichert, beym Anblick der allgemein herschenden Gesetzlosig-
keit, genug gethan zu haben glauben, wenn
sie, selbst rein von Unrecht und lasterhaften
Handlungen, ihr gegenwärtiges Leben in
Unschuld hinbringen, um dereinst mit guter
Hoffnung freudig und zufrieden aus demselben

abzuschneiden." — Wenn Aristipp und seines
gleichen diese Sprache führten, möchte wohl
nichts erhebliches dagegen einzuwenden seyn;
aber von dem Platonischen Weisen
sollte man mit vollem Recht eine heroi-
schere Tugend fordern dürfen; und ich
zweifle sehr, ob irgend eine Republik verdorben genug seyn könne, daſs ihm eine
solche Verzweiflung an ihrer Besserung erlaubt wäre, oder daſs Rücksicht auf seine
persönliche Sicherheit und Furcht vor dem
Haſs und den Verfolgungen der Bösen für
einen zuverlässigen Beweggrund gelten könnte, sich seiner Pflicht gegen das Vaterland zu
entziehen. Der wirkliche Sokrates war wenigstens ganz anders gesinnt, und lieſs es
sich, als er mit sehr guten Hoffnungen aus
diesem Leben ging, keinen Augenblick ge-
reuen, das Opfer der entgegen gesetzten
Denkart geworden zu seyn.

Aber freylich ist Platons Weiser kein
Sokrates; und ihm, der sein höchstes Gut
im Anschauen des Schönen und Guten
an Sich, und in der dazu erforderlichen
Ruhe und Abgeschiedenheit findet,
möchte jene Sinnesart um so eher zu verzeihen seyn, da er sich nothwendig sehr
lebhaft bewuſst seyn muſs, daſs er nirgends
als in seiner idealischen Republik am rech-

ten Ort' ist, und wahrscheinlich als Staatsmann in jeder andern eine traurige Figur
machen würde.

———

Ich bin, gegen meinen anfänglichen Vorsatz, indem ich durch ich weiſs nicht welchen Zauber, den unser dichterischer Filosof
um sich her verbreitet, mich gezogen fühlte,
ihm in seinem mäandrischen Gang beynahe
Schritt vor Schritt nachzuschlendern, unvermerkt so weitläufig geworden, daſs ich nur
so fortfahren dürfte, um über ein unmäſsig
dickes Buch ein noch dickeres geschrieben zu
haben. Die Versuchung ist nicht gering und
nimmt mit jedem Schritt eher zu als ab;
aber sey ohne Furcht, Eurybates, ich will
es gnädig mit dir machen; und wenn du dich
entschlieſsen kannst, mir nur noch in die
wundervolle unterirdische Höhle unsern Mystagogen zu folgen, so verspreche ich dir, dich
mit allem übrigen zu verschonen, was du
noch zu lesen bekämest, wenn ich meine bisherige Umständlichkeit bis ans Ende beybe-
halten wollte.

Die Behauptung, daſs ein Staat nur durch
ächte Filosofen wohl regiert werden könne,
hatte die Darlegung des Unterschieds zwi-

schen dem unächten und ächten Filosofen
herbey geführt. In dieser bis auf den Grund
zu kommen, sah sich Plato (denn mit diesem allein, nicht mit Sokrates haben wir es
nun zu thun) genöthigt, seinen Zuhörern
einen Blick in das innerste Heiligthum seiner Filosofie zu erlauben. Da er aber hier
keine Eingeweihte vor sich hat und dieser Dialog unter die exoterischen, d. i.
unter diejenigen gehört, welche weniger für
seine auserwählten Jünger als für die immer
zunehmende Menge müfsiger und wifsbegie-
riger Leser, bey denen ein gewisser Grad
von Bildung vorausgesetzt werden kann,
geschrieben sind: so war nicht schicklich,
und in der That auch nicht wohl möglich,
seine Geheimlehre anders als in Bildern
vorzutragen, um uns andre Profanen wenigstens durch einen, wiewohl nicht sehr
durchsichtigen, Vorhang in die Mystérien
derselben blinzeln zu lassen. Hierzu macht
er nun zu Ende des sechsten Buchs den
Anfang, indem er uns — mit vieler Behutsamkeit, damit nicht zu viel Licht auf einmahl in unsre blöden Augen falle — die
Existenz einer zwiefachen Sonne offenbart: der bekannten sichtbaren, die uns
zum Wahrnehmen körperlicher Dinge, Gestalten und Schattenbilder verhilft, und einer
rein geistigen, folglich auch blofs dem

reinen Geist, ohne Beyhülfe der Sinne, der
Einbildungskraft und des Gedankens, anschau-
lichen, (welche er die Idee des Guten
und das selbstständige Gute, Auto-
Agathon, nennt) in dessen Licht allein
das an sich Wahre, Schöne und Gute
unserm Geiste sichtbar werden kann. Die
neu entdeckte übersinnliche Sonne scheint
den wißbegierigen Glaukon so freundlich
anzustrahlen, daß Sokrates sich aufgemuntert fühlt, die Vergleichung eine Weile fort-
zusetzen. Beide Sonnen, sagt er, sind ,,die
Könige zweyer Welten;'' die eine dieser
sinnlichen, theils aus körperlichen Dingen,
theils aus mancherley vergänglichen, unwe-
sentlichen Erscheinungen zusammen gesetzten Welt; die andere der übersinnlichen,
dem reinen Verstand allein in dem Lichte
des selbstständigen Guten sichtbaren, wesentlichen Dinge. So wie die materielle
Sonne über uns aufgeht, erscheinen uns in
ihrem Lichte die körperlichen Dinge klar
und deutlich; so wie uns dieses Licht entzogen wird, verfinstert sich alles um uns
her, wir erblicken nur zweifelhafte, farben-
lose, unförmliche Gestalten und wissen nicht
was wir sehen. Eben so wird uns, sobald
unser Geist in das Lichtreich des Auto-
Agathon eindringt, auf einmahl die ganze
Welt der Ideen, oder der ewigen, unwan

delbaren Wesen (*ontôs ontôn*) aufge-
schlossen; wie uns hingegen dieses Licht
entzogen wird, sehen wir im Reich der
Wahrheit — Nichts, und alles um uns her
ist Dunkelheit, Ungewissheit, Irrthum und
Täuschung. — So wie uns die Sonne in der
materiellen Welt zweyerley Arten von Gestalten sichtbar macht, die wirklichen Körper, und die blossen Schatten und Abspieg-
lungen derselben, z. B. blauen Himmel, Wolken, Bäume, Gebüsche u. s. w. in einem
klaren Wasser: eben so erlangt unser Geist
durch das übersinnliche Licht, das von dem
Auto-Agathon über das ganze Reich der
Wahrheit ausstrahlt, eine doppelte Art von
Erkenntniss: eine rein wahre, von Plato,
Nöesis genannt, und eine mit Wahn und
Täuschung vermischte, die ihm Dia-
noia heisst; jene, durch unverwandtes
Aufschauen in das Reich der Ideen,
als die allein wahrhaft wirkliche Welt, in
welcher kein Trug noch Irrthum Statt findet; diese durch das Herabschauen in
die Welt der Erscheinungen und Täuschungen, wo wir nichts als die Abspieg-
lungen und Schatten der wesentlichen Dinge
erblicken; daher denn auch, natürlicher Weise,
nicht mehr Wahrheit in dieser Art von Erkenntniss seyn kann, als in der Vorstellung,
die wir von einem Körper bekommen, wenn

wir seinen Schatten, oder höchstens seine
Gestalt im Wasser erblicken. Unser Sokrates konnte leicht bemerken, dafs' es dem
guten Glaukon, mit dem besten Willen von
der Welt, dennoch schwer werde, sich die
übersinnlichen Wahrheiten, die durch diese
Vergleichungen angedeutet werden sollten,
klar zu machen. Er läfst sich also herab,
der Blödigkeit seines geistigen Auges durch
eine allegorische Darstellung der Sache zu
Hülfe zu kommen. Und nun hören wir ihn
selbst!

.. Stelle dir, sagt er zu Glaukon, die Menschen vor, als ob sie in einer Art von unter-
irdischer Höhle wohnten, die von oben her-
ein weit offen, blofs durch den Schein eines
grofsen auf einer entfernten Anhöhe bren-
nenden, Feuers erleuchtet wird. In dieser
Gruft befinden sie sich von Kindheit an,
am Hals und an den Füfsen dergestalt gefesselt, dafs sie sich weder von der Stelle bewegen, noch den Kopf erheben und herum
drehen können, folglich, gezwungen immer
nur vor sich hin zu sehen, weder über noch
hinter sich zu schauen im Stande sind.
Zwischen dem besagten Feuer und den Gefesselten geht ein etwas erhöhter Weg, und
längs desselben, eine Mauer, ungefähr so
hoch und breit als die Schaugerüste, auf

welchen unsre Gaukler und Taschenspieler
den Zuschauern ihre Wunderdinge vorzu-
machen pflegen. Nun bilde dir ferner ein,
du sehest neben dieser Mauer eine Menge
Menschen mit und hinter einander auf der
besagten Strafse daher ziehen, welche allerley Arten von Geräthschaften, Statüen und
hölzerne oder steinerne Bilder von allerley
Thieren auf alle mögliche Art gearbeitet,
auf dem Kopfe tragen, so dafs alle diese
Dinge über die Mauer hervorragen. Glaukon findet dieses ganze Gemählde etwas
abenteuerlich, und scheint nicht errathen zu
können, wo Sokrates mit seinen Gefesselten, die er in eine so seltsame Lage setzt,
hinauswolle. Gleichwohl, fährt dieser fort,
sind sie unser wahres Ebenbild. — Aber
bevor er diese Behauptung seinem staunen-
den Lehrling klar machen kann, mufs er die
natürlichen Folgen entwickeln, welche die
vorausgesetzte Lage für die Gefesselten haben
müfste. Fürs erste, sagt er, werden sie, da
sie unbeweglich vor sich hinzusehen gezwungen sind, weder von sich selbst und denen,
die neben ihnen sind, noch von allen den
Dingen, die hinter ihnen vorbey ziehen,
sonst nichts erblicken können als die Schatten, die auf die gegenüberstehende Wand
der Höhle fallen. Ferner werden sie, falls
sie mit einander reden könnten, den Schat-

ten die Nahmen der Dinge selbst beylegen;
und wofern im Grund ihrer Höhle ein Echo
wäre, welches die Worte der (ihnen unsichtbaren) Vorbeygehenden wiederhohlte, würden sie sich einbilden, die Schatten, welche
sie vor sich sehen, brächten diese Töne
hervor. Sie würden also unstreitig nichts
anders für das Wahre halten, als die
Schatten der vorbesagten Geräthschaften und
Kunstwerke. Glaukon bejaht alles dieß ohne
Widerrede, sogar mit einem grofsen Schwur;
und Sokrates geht desto getroster weiter.
Siehe nun auch, sagt er, wie sie zugleich
mit ihren Fesseln von ihrer Unwissenheit
entbunden würden, wenn die Natur sie von
jenen befreyen wollte. Gesetzt also Einer
von ihnen würde losgebunden und genöthigt
plötzlich aufzustehen, den Kopf umzudrehen,
zu gehen und zum Licht empor zu schauen,
so ist kein Zweifel, dafs ihm alles dieß
Anfangs sehr sauer werden müfste, und dafs
ihn das ungewohnte Licht blenden und unvermögend machen würde, die Dinge gewahr
zu werden, deren Schatten er vorher gesehen hatte. Was meinst du nun dafs er sagen
würde, wenn ihn jemand versicherte, was
er bisher gesehen habe, sey eitel Tand, und
jetzt erst habe er wirkliche und dem Wahren näher kommende Gegenstände vor den
Augen; und wenn man ihm dann eines der

vorübergehenden nach dem andern mit dem
Finger zeigte und ihn zu sagen nöthigte
was es sey, würde er nicht verlegen seyn,
und die zuvor gesehenen Schatten für wahrer halten als was ihm itzt gezeigt wird?
Glaukon. Ganz gewifs. Sokrates. Und
wenn man ihn zwänge in das Feuer selbst
hinein zu sehen, würde er nicht, weil ihm
die Augen davon schmerzen, das Gesicht
sogleich wegwenden und auf die Schatten
zurück drehen, die er ohne Beschwerde anschauen kann, und die er eben defswegen
für reeller halten würde, weil er sie deutlicher sähe als die im Licht erblickten Gegenstände? Glaukon. Nicht anders. Sokrates. Wenn man ihn nun vollends mit Gewalt und über Stock und Stein aus seiner
Höhle heraus an das Sonnenlicht hervor
zöge, würde er nicht während der Opera-
zion gewaltig wehklagen und ungehalten
seyn, und so wie er an die Sonne selbst
gekommen wäre, vor lauter Glanz von allem,
was wir Andern wirkliche Dinge nennen,
nichts sehen können? Glaukon. So plötzlich gewifs nichts. Sokrates. Es wird
also, wenn ein solcher Mensch die Dinge
hier oben sehen soll, Zeit erfordert werden, bis er sich allmählich daran gewöhnt.
Was seine Augen Anfangs am leichtesten ertragen, werden die blofsen Schatten seyn;

hernach die Bilder von Menschen und andern
Dingen im Wasser, zuletzt diese Dinge
selbst. Aber was am Himmel zu sehen ist,
und den Himmel selbst, wird er lieber Nachts
bey Mondenschein und Sternenlicht, als bey
hellem Tag im Sonnenglanz sehen wollen.
Glaukon. Daran ist kein Zweifel. Sokrat.
Nach und nach aber wird er es doch endlich
so weit bringen, dafs er auch die Sonne,
nicht blofs ihr Bild im Wasser oder ihren
Widerschein in andern Körpern, sondern
sie selbst, wie sie ist, und an der Stelle,
wo sie sich befindet, anzublicken im Stande
seyn wird. Glaukon. Das ist nicht anders
möglich. Sokrates. Und nun wird er auch
durch Überlegung und Vernunftschlüsse herausbringen, dafs es die Sonne sey, welche
das Jahr und die Wechselzeiten desselben
ordnet, über allem in der sichtbaren Welt
waltet und gewisser Mafsen die Ursache
alles dessen ist, was sie zuvor sahen?
Glaukon. Offenbar mufs er von diesem auf
jenes geleitet werden. Sokrates. Und wenn
er sich nun seines vorigen Aufenthalts, und
des Begriffs, den man sich dort von der
Weisheit macht, und seiner armen Mitge-
fangenen erinnert, wird er nicht sich selbst
der mit ihm vorgegangenen Veränderung wegen glücklich preisen, und die letztern hingegen bemitleiden? Glaukon. O gar sehr!

Sokrates. Und wofern, bey diesen, Lob-
sprüche, Ehrenstellen und Belohnungen für
denjenigen Statt fanden, der die vorbeyglei-
tenden Schatten am deutlichsten sah, sich
der Ordnung, in welcher sie aufeinander ge-
folgt öder neben einander erschienen waren,
am genauesten erinnerte, und wie es künftig damit seyn würde am besten vorher-
sagen konnte: meinst du Jener würde diese
Vortheile vermissen, oder diejenigen beneiden, die bey ihnen geehrt werden und die
Oberhand haben, oder er würde nicht lieber (wie Homer den Schatten des Achilles,
sagen läfst) einem „armen Söldner das Feld
als Tagelöhner bestellen,“ und lieber alles
erdulden als in seinen vorigen Zustand zurück kehren? Glaukon. Er würde, denke
ich, sich eher alles andere gefallen lassen,
als wieder dort zu leben. Sokrates. Gesetzt aber, er müfste wieder in die Höhle
herabsteigen, und seinen alten Platz wieder
einnehmen, würde es ihm, wenn er so auf
einmahl aus der Sonne ins Dunkle käme,
nicht zu Muthe seyn, als ob er in die dickste
Finsternifs versetzt worden sey? Glaukon.
Nichts gewisser! Sokrates. Und wenn er
dann, bevor er den Gebrauch seiner Augen
wieder erlangt hätte. (wozu einige Zeit erfor-
derlich seyn würde) von den besagten Schatten wieder Kenntnifs nehmen und sich mit

den andern Gefesselten darüber streiten
müſste? würde er ihnen nicht lächerlich
scheinen? würden sie nicht sagen, er wäre
durch sein Hinaufsteigen in die obere Gegend
um sein Gesicht gekommen; und es sey nicht
zulässig, daſs man auch nur versuche hinauf zu kommen, und wofern sich jemand
unterfinge einen von ihnen zu entfesseln
und hinauf zu führen, müſste man ihn grei-
fen und mit dem Tode bestrafen? — Glaukon. Unfehlbar; mit nichts geringerm als
dem Tode. Sokrates. Machen wir nun,
lieber Glaukon, die Anwendung von diesem
ganzen Bilde auf das, was wir vorhin gesagt haben. Die unterirdische Höhle bedeutet diese sichtbare Welt; das Feuer, wovon
sie beleuchtet wird, die Sonne; das Auf-
steigen in die obere Gegend und was dort
gesehen wird, die Erhebung der Seele in
die intelligible Welt. Wenigstens ist
dieſs meine Vorstellungsart, weil du sie doch
zu hören verlangt hast. Ob sie aber die
wahre ist, mag Gott wissen! Genug,
mir meines Orts kommt die Sache so vor,
wie ich dir sage. Das Höchste in der intel-
ligibeln Welt ist die Idee des Guten, zu
deren Anschauen schwer zu gelangen ist.
Wer aber dazu gelangt ist, kann nicht anders als den Schluſs machen, daſs sie die
Grundursache alles dessen sey was recht,

schön und gut ist, indem sie in dieser sichtbaren Welt das Licht und den Beherrscher
desselben hervorgebracht, in der geistigen
hingegen, deren unmittelbare Beherrscherin
sie ist, die Wahrheit und den reinen Verstand erzeugt; und daſs es also schlechterdings nötbig ist sie zu kennen, um in irgend
einem öffentlichen oder besondern Wirkungs-
kreise recht zu handeln. Glaukon. Ich
denke hierüber wie du, so viel mir immer
möglich ist. Sokrates. So stimme mir
denn auch darin bey, daſs es kein Wunder
ist, wenn diejenigen, die von dannen herab-
kommen, keine Lust haben, sich mit den
menschlichen Dingen abzugeben, sondern
von ganzem Gemüth dahin trachten, sich in
jener erhabenen Region immer aufzuhalten.
Denn es kann, unserm vorigen Bilde gemäſs,
nicht anders seyn. Glaukon. Das folgt
ganz natürlich.

Hieran mag es genug seyn, lieber Eurybates; und nun erwartest du vermuthlich
meine Meinung von diesem Allem? Aber
was kann ich dir darüber sagen? Es ist
schwer in solchen Dingen überall eine Meinung zu haben. Das Gewisseste, was ich
davon sagen kann, ist, daſs meine Vorstellungsart so verschieden von der Platonischen ist, als die Grundsätze, von denen

wir ausgehen. Wer von uns Recht hat, mag
Gott wissen, möchte ich beynahe mit seinem
Sokrates sagen. Und doch dünkt mich, wenn
ich Alles mit ganz nüchternem Muth überlege, der allgemeine Menschenverstand, oder
der allen Menschen einwohnende Sinn für
das, was uns Wahrheit ist, spreche ziemlich
entschieden für meine Grundsätze. Aber
Plato denkt von den seinigen noch vorneh-
mer; denn sie scheinen ihm so gewiſs zu
seyn, als daſs Eins = Eins ist; wofern wir
also nicht etwa den Delfischen Gott zum
Schiedsrichter nehmen wollen, wer soll zwischen uns Richter seyn?

Übrigens scheint Plato die Schwierigkeiten, die sein dichterisches Lehrgebäude drük-
ken, sehr gut zu kennen. Daher die Vor-
sicht, jede seiner unerweislichen Voraussetzungen durch andere eben so luftige zu
unterstützen; wie ein Dichter, um ein erstes
Wunderding glaublich zu machen, immer
ein zweytes und drittes in Bereitschaft haben
muſs. Wir wollen, zum Beyspiel, in Betreff der vorliegenden Allegorie so höflich
seyn als sein guter Bruder Glaukon, und
über alle die ungereimten Voraussetzungen,
ohne welche sie nicht bestehen kann, hinausgehen; aber das wird uns doch zu fragen erlaubt seyn müssen: was die armen

Gefangenen verbrochen haben, daſs sie an
Hals und Füſsen gefesselt ihr Leben in dem
häſslichen unterirdischen Kerker damit zubringen müssen, unverwandt vor sich hin
zu gucken, und, weil sie nichts als Schatten zu sehen bekommen, sie gezwungener
Weise für reelle Dinge anzusehen? — Du
erinnerst dich vielleicht, daſs er die Antwort auf diese Frage schon lange in seinem
Fädrus bereit hält. Allerdings, sagt er,
haben sie durch ein sehr schweres Verbrechen eine so harte Buſse verdient. — Aber
zum Unglück finden wir uns, wenn wir ihm
auch diese Ausrede, als auf eine ihm besser
als uns bekannte Thatsache gegründet,
gelten lassen wollen, genöthigt abermahls
zu fragen: wie die Idee des Guten (die
er zur Grundursache alles Wahren, Rechten und Schönen macht) recht und wohl
daran thue, diese Verbrecher mit einer Strafe
zu belegen, wodurch ihnen ein fortdauern-
der Zustand von Unwissenheit und Irrthum
unvermeidlich und alles Aufstreben ins Reich
der Wahrheit unmöglich gemacht wird? Ich
sehe nicht was er antworten kann, um seine
Idee des Guten von dem Vorwurf zu
retten, daſs sie, gleich den Göttern unsrer
Dichter, kein Bedenken trage, diejenigen,
die sich gegen sie vergangen haben, aus
Rache in unfreywillige Irrthümer und Ver-

brechen zu verwickeln, blofs um einen neuen
Vorwand zu erhalten, mit den armen Unglücklichen noch grausamer verfahren zu
können.

Diesen und einer Menge anderer Klippen
und Untiefen, zwischen welchen die Platonische Filosofie, unter beständiger Gefahr
zu scheitern oder auf dem Sande sitzen
zu bleiben, sich durcharbeiten mufs, entgehen wir andern ächten Sokratiker freylich
durch den grofsen Grundsatz unsers Meisters:
blofs über die menschlichen Dinge
menschlich zu filosofieren, und die göttlichen, als über unsern Verstand gehend,
unbesorgt den Göttern zu überlassen: aber
wir bekennen uns dadurch auch zu einer
Unwissenheit, die uns mit den ungelehr-
testen Idioten in eine Reihe stellen würde,
wenn wir nicht wenigstens diefs voraus hätten, dafs wir die Ursachen kennen, warum
diese Unwissenheit unvermeidlich ist. Dem
ungeachtet läugne ich nicht, dafs der Hang
alles, was um, über und unter uns ist,
ergründen zu wollen, — wiewohl er sich
nur bey wenigen aufserordentlichen Menschen in seiner ganzen Stärke zeigt — dennoch eines der Merkmahle zu seyn scheint,
wodurch sich der gebildete und seiner Vernunft mächtig gewordene Mensch von dem

blofsen Thiermenschen unterscheidet. Er
gehört zu dem ewigen Streben ins Unbegränzte,
welches das grofse Triebrad der unbestimm-
baren Vervollkommnung ist, derem höchsten Punkte das Menschengeschlecht sich
in einer Art von unermefslichen Spirallinie
langsam und unvermerkt anzunähern scheint.
Werden wir jemahls dieses Ziel erreichen?
Oder bewegen wir uns (wie der Ägyptische
Hermes gesagt haben soll) in einem Zirkel, dessen Mittelpunkt überall und dessen
Umkreis nirgends ist? Und ist vielleicht
gerade diefs die einzige Möglichkeit, wie
wir uns immer bewegen, d. i. nie zu
seyn aufhören können? — Auch die
Natur, Freund Eurybates, hat in ihren
grofsen Mysterien unaussprechliche
Worte, die wir entweder nie erfahren werden, oder welche der, dem sie sich enthüll-
te, nicht verhalten könnte, weil es ihm an
Worten fehlen würde sich andern verständlich zu machen? Befände sich jemahls ein
Sterblicher in diesem glücklichen Falle, würde er nicht, wenn er von dem, was unaus-
sprechlich ist, sprechen wollte, genöthigt
seyn, seine Zuflucht, wie Plato, zu Bildern
und Allegorien zu nehmen? Und da er
doch sicher darauf rechnen könnte, mit seinen Offenbarungen von Niemand verstanden, und nur von sehr Wenigen vielleicht,

gleich fernen das Ohr kaum noch leise be-
rührenden Tönen, mehr geahnet als gehört zu werden, thät' er nicht eben so wohl,
wenn er gar nicht davon spräche? — Aber
was hätte da der göttliche Plato zu thun
gehabt? — Ich beantworte also jene Frage
mit Nein; aber nun auch keine Sylbe weiter!

8.

Fortsetzung und Beschluſs des Vorigen.

Meinem Versprechen zu Folge werde ich
die vier Bücher, die noch vor uns liegen,
wie reich und schwer an Inhalt sie auch
sind, und wie viel gegen Manches zu erinnern wäre, wenn es scharf gesichtet werden sollte, so schnell als möglich durchlau-
fen, und (wenn anders die Versuchung nicht
hier oder da gar zu stark werden sollte)
nicht mehr davon sagen, als zur Übersicht
des Ganzen nöthig ist.

Die Behauptung, ,,daſs die beste (der
Vollkommenheit am nächsten kommende)

„Republik nur unter der einzigen Bedin-
„gung, wenn sie ächte Filosofen zu Regen-
„ten habe, realisiert werden könne," hatte
den Platonischen Sokrates auf die verschiedenen Untersuchungen und Erläuterungen
geführt, die den Inhalt des sechsten Buchs
ausmachen. Die allegorische Dichtung zu
Anfang des siebenten sollte das, was er über
ächte und unächte Filosofie, über Irrthum,
Wahrheit und Meinung (die zwischen beiden liegt) vorgebracht hatte, durch ein pas-
sendes Fantasiebild begreiflicher machen.
Das Resultat davon ist: dafs nur der, dessen Geist aus der Sinnenwelt (die uns
andern gemeinen Menschen die wirkliche scheint) in die Welt der Ideen em-
porgestiegen, und durch diese sich endlich
bis zum unmittelbaren Anschauen der Idee
des Guten erhoben hat, den Namen eines
Filosofen verdiene. Da nun unsre Republik
lauter solche Filosofen zu Vorstehern
haben soll, so fragt sich: durch was für
eine Erziehung diese letztern zu ihrer
Bestimmung zubereitet, auf welchen Stufen sie zu ihr empor geführt, zu welchen
Prüfungen sie unterworfen werden sollen, bevor sie für fähig und würdig zu erkennen sind, in unsrer Republik das zu
seyn, was die Vernunft in dem Mikro-
kosmos der menschlichen Seele und die

Idee des Guten im Weltall ist? ,Diese
Aufgaben beschäftigen unsern Filosofen durch
das ganze Siebente Buch, und geben ihm,
indem er von den Wissenschaften
spricht, wodurch seine künftigen Archonten
sich den Eingang in die übersinnliche Ideenwelt eröffnen sollen, Gelegenheit, manches
Brauchbare, zu sagen, aber auch manches,
das mir und vermutblich seinen meisten Lesern ziemlich unverständlich ist, und uns
den Argwohn abnöthigt, daß er uns entweder absichtlich tantalisieren, oder
eine Unwissenheit, die er mit uns und allen
andern Sterblichen gemein hat, hinter die
vielversprechende geheimnifsvolle Miene, womit er uns — Nichts offenbart, verstecken
wolle. Die Wissenschaften, welche seine
künftigen Archonten mit besonderm Eifer
treiben sollen, sind die Arithmetik, Geome-
trie, Astronomie und Musik. Aber dafs du
dir ja nicht einbildest, der Platonische Sokrates denke über diese Wissenschaften wie
der Sohn des Sofroniskus, der seinen jungen Freunden zu rathen pflegte, sich nicht
tiefer in sie einzulassen, als zu ihrem Gebrauch im Rechnen, Feldmessen, in der
Schiffahrt und zum Singen, Citherspielen
und Tanzen, nöthig ist! Gerade das Wider-
spiel; er spricht von dem praktischen Theil
derselben mit einer Art von Verachtung.

und empfiehlt sie seinen Zöglingen nur, in
so fern sie die Seele durch Betrachtung des
Übersinnlichen reinigen, und zum Anschauen des Wesens der Dinge und der
Idee des Guten tüchtiger machen. In
dieser Rücksicht räumt er der Dialektik
(die ihm etwas ganz anders ist als was gewöhnlich unter diesem Nahmen verstanden
wird) die oberste Stelle unter allen (in Vergleichung mit ihr nur uneigentlich so genannten) Wissenschaften ein, weil sie sich
(wenn ich ihn anders recht verstehe) zu den
übrigen verhält, wie in seinem vorigen
Gleichnißbilde von den Gefesselten in der
unterirdischen Höhle das Anschauen der
Sonne selbst zum Anschauen des Feuers,
welches den Gefesselten die Schatten der
zwischen ihnen und dem Feuer vorüberge-
tragenen Dinge sichtbar macht; daher denn
auch niemand als der wahre Dialektiker
im Stande ist, die übrigen Wissenschaften
so zu veredeln, daß sie zu Stufen werden, worauf die Seele, nachdem sie sich
von allem was ästhetisch ist losgewun-
den hat, „vermittelst eines Organs, das mehr
als Zehentausend körperliche Augen werth
ist,“ zur unmittelbaren Anschauung des Autoagathon, als dem höchsten Endpunkt
alles Reindenkbaren, sich erheben kann.
Mehr verlange nicht, daß ich dir von die-

sen übersinnlichen Geheimnissen sagen soll;
denn ich gestehe dir unverhohlen, daſs mein
Geistesauge (mit Plato zu reden) noch zu
sehr mit barbarischem Schlamm (*bor-
borô barbarikô*) überzogen ist, um von dem
unendlich subtilen dialektischen Licht, womit dieses siebente Buch erfüllt ist, nicht
geblendet zu werden. Beynahe möchte man
den wackern Glaukon beneiden, der, wie es
scheint, als ein ächter junger Adler mit hei-
len Augen in diese Sonne schauen kann, und
dem alles, was er blofs hört, auf der Stelle
so klar einleuchtet, als ob er es aus Platons eigenen Augen sähe.

Ernsthaft von der Sache zu reden, Eurybates, glaube ich trotz der Blödigkeit meines
Gesichts für unsichtbare Dinge, ziemlich
klar zu sehen, dafs es nur auf den guten
Willen unsers Mystagogen angekommen
wäre, die erhabenen Lehren, die er uns, bald
in die seltsamsten Bilder verschleyert, bald
in einer nur ihm und seinen Eingeweihten
verständlichen Sprache, als eine Art von Räthsel zu errathen giebt, in der Sprache der Menschen deutlich genug vorzutragen, dafs jeder
nicht gänzlich im Denken ungeübte Leser sie
ohne grofse Anstrengung hätte verstehen und
beurtheilen können. Aber vielleicht würden
sie dann auch nicht wenig von dem hohen

Werth, den er ihnen beylegt, verloren haben, und es wäre beym ersten Blick in die
Augen gefallen, dafs wir durch die Verwand-
lung blofser ausgeweideter Gedanken-
formen in das was er Ideen nennt, und
sogar durch das Aufschauen zu seinem
Autoagathon, — in welches unser geisti-
ges Auge, eben so wenig als unser leibliches
in die Sonne, länger als einen Augenblick
(und auch da nicht ohne zu erblinden) schauen
könnte, — bey weitem nicht soviel gewinnen als er uns zu versprechen scheint.
Denn es hat (menschlicher Weise von der
Sache zu reden) mit diesem Autoagathon, diesem König der unsichtbaren Welt,
diesem ersten unergründlichen Grund
alles dessen was wahrhaftig ist, so ziemlich
eben dieselbe Bewandtnifs wie mit der Sonne,
dem Herrscher in der sichtbaren. Was wir
von beiden wissen, ist sehr wenig, und wir reichen nicht weit damit, wenn es darum zu thun
ist, uns eine reelle, d. i. im praktischen Leben
brauchbare und hinreichende Kenntnifs der
Menschen und der Dinge um uns her anzu-
schaffen, deren wir gleichwohl am meisten bedürfen, da von den Verhältnissen dieser Menschen und dieser Dinge zu uns, und
von der Art, wie wir diese gebrauchen und
uns gegen jene benehmen, unser Wohl oder
Weh abhängt. Ob die Welt um uns her aus

reellen Dingen oder blofsen Erscheinungen
bestehe, wenn es für gesunde Menschen
auch eine Frage seyn könnte, wäre doch
eine unnütze Frage, weil wir uns, um
nicht wie Thoren zu handeln, immer so benehmen müssen, als ob Alles, was gesunden und vernünftigen Menschen reel
scheint, es auch wirklich sey. Sich
mit Gewalt in eine unsichtbare Ideenwelt
hineinzuträumen oder hinein zu abstrahieren,
ist schwerlich der rechte Weg, die Sinnenwelt, die nun einmahl unser Wirkungskreis
ist, kennen zu lernen; aber wohl das unfehlbarste Mittel, eine jede andere als die Rolle
eines schwärmerischen Mystosofen ziemlich schlecht in ihr zu spielen. Was würde
man von einem zum Mahler oder Bildner bestimmten Menschen sagen, der, wenn er in
eine Galerie von Bildsäulen und Gemählden
der besten Meister geführt würde, diese
Kunstwerke, weil sie doch nichts als leblose
und unvollkommene Nachbildungen wirklicher Menschen, Götter und Göttersöhne
seyen, mit Verachtung anekeln und sich noch
grofs damit machen wollte, dafs er nur die
Urbilder seines Anblicks würdig halte? —
Doch diefs im Vorbeygehen; denn eine scharfe Untersuchung, dessen, worauf es in dem
Streit zwischen dem göttlichen Plato und dem
gesunden Sokratischen Menschenverstand an-

kommt, würde mich viel weiter führen als
ich mir in diesen Briefen zu geben vorgesetzt
habe, und es kann, dünkt mich, an den Win-
ken genug seyn, die ich hierüber hier und
da bereits gegeben habe.

———————

Nachdem unser Platonischer Sokrates das
Kapitel von der Erziehung und Vorbereitung,
und den darauf folgenden Beschäftigungen
und Prüfungen, wodurch die zur Regierung
seiner Republik bestimmten Personen bey-
derley Geschlechts zu dem erforderten
hohen Grad von Weisheit und Tugend gebildet werden sollen, im siebenten Buche zu
Ende gebracht hat, beginnt er das achte
mit einer summarischen Wiederhohlung der
Resultate alles dessen, was vom fünften an
bisher zwischen ihm und den beiden Brüdern
abgehandelt worden, und nimmt, mit Glaukons unbedingter Beystimmung, als etwas
Ausgemachtes an: daß in einer vollkommen,
wohleingerichteten Republik erstens Weiber, Kinder, Erziehung und Ausbildung zu allen
in Krieg und Frieden nöthigen Eigenschaften,
in den beiden obern Ständen gemeinschaftlich seyn müssen; zweytens, der zur Vertheidigung bestimmte Stand kein Eigenthum
besitzen dürfe, und drittens aus demselben

nur die vollendetsten und bewährtesten Filosofen und Kriegsmänner zu Regenten oder
Königen (wie er sie nennt) erwählt werden
sollen. Beide erinnern sich nun des Orts,
von wo aus Sokrates durch Adimanths und
Polemarchs Zudringlichkeit in diesem Laby-
rinth von grofsen und kleinen Digressionen,
Absprüngen und Widergängen verleitet worden; und da beide gleich geneigt sind, der
eine zu reden, der andere zuzuhören: so
wird nun der im Eingang des fünften Buchs
angefangene, aber sogleich unterbrochne Diskurs über die verschiedenen Staatsformen
wieder aufgenommen, und gezeigt, wie einer jeden dieser Verfassungen (welche unser
Filosof auf fünf, nehmlich Eine gesunde
und vier mehr oder weniger verdorbene, zu-
rückführt) eine ähnliche Verfassung im Innern des Menschen entspreche. Die einzige gesunde Staatsverfassung ist ihm die
Aristokratie, d. i. die Regierung der Besten, oder (was bey ihm einerley ist) der
Filosofen. Ob sie Monarchisch oder
Polyarchisch sey, gilt gleichviel, wenn
nur die Filosofie regiert, und alles nach dem
Modell seiner bisher beschriebenen Republik
eingerichtet ist. Unglücklicher Weise (sagt
er) ist auch diese vollkommenste Verfassung,
wie alle Dinge unter dem Mond, der Verderbnifs unterworfen; sie kann und mufs

nach und nach, krank werden, und sobald
dieser Fall eintritt, artet sie in die erste der
ungesunden Verfassungen, in die Timokratie oder Herrschaft der Ehrgeitzigen
aus, so wie diese, wenn sie den höchsten
Grad ihrer Verderbniß erreicht hat, sich in
die Oligarchie, und diese, aus der nehmlichen Ursache, sich in die Demokratie
verwandelt; welche, durch eine eben so natürliche Folge, endlich in der verdorbensten
und verderblichsten aller Staatsformen, der
Tyrannie, ihren Untergang findet. Wie
es mit diesen Verwandlungen zugehe, den
Karakter und so zu sagen die Krankheits-
Geschichte dieser vier Perioden einer
ursprünglich kerngesunden, aber nach und
nach ausartenden und kachektisch werden-
den Republik, und eine genetische Schilderung der Gemüthsverfassung und Sitten eines
jeder von den vier verdorbenen Regierungs-
arten entsprechenden einzelnen Menschen,
alles dieß wird im achten und neunten Buch,
aus dem Gesichtspunkt, worauf uns Plato
gestellt hat, auf eine sehr einleuchtende Art
mit vieler Wahrheit und Zierlichkeit vorge-
tragen. Man erkennt in der Schilderung der
Timokratie das heutige Sparta auf den ersten Blick; auch Korinth, Argos, Theben
und andere ihres gleichen, werden sich in
seiner Oligarchie nur zu gut getroffen fin-

den; aber die Darstellung und Würdigung
der Demokratie, wozu er an seiner eigenen Vaterstadt das treffliche Modell vor Augen hatte, geht über alles. Sie ist ein Mei-
sterstück sokratisch-attischer Feinheit und
Ironie; zwar etwas scharf gesalzen und reichlich mit Silfion gewürzt; aber wenn den Athenern noch zu helfen wäre, so müfste diese
Arzney wirken: oder, richtiger zu reden,
wenn sie (wie Plato selbst schwerlich anders
erwartet) ungefähr eben so viel wirkt als die
Ritter, die Vögel und die Wespen des
Aristofanes, d. i. Nichts, so ist den Athenern schwerlich zu helfen. Gleichwohl
sollt' es mich wundern, wenn diese Satire
auf die Demokratie nicht gerade das wäre,
was ihnen in diesem ganzen Dialog am meisten
Vergnügen macht.

Ich für meine Person, wurde auf eine angenehme Weise überrascht, da ich den Sokrates in diesem achten Buch sich selbst un-
verhofft wieder so ähnlich fand, dafs ich ihn
zu hören geglaubt haben würde, hätte nicht
Plato recht geflissentlich dafür gesorgt, uns
gleich zu Anfang durch ein unfehlbares Mittel gegen diese Täuschung zu verwahren. Er
bewirkt diels durch eine Probe seiner Geschicklichkeit in der dialektischen Arithmetik, oder arithmetischen Dialektik, die so hoch

über allen Menschenverstand geht, oder, um
das Ding mit seinem rechten Nahmen zu nennen, so reinunsinniger Unsinn ist,
dafs man die Stelle zwey oder dreymahl lesen
mufs, ehe man seinen Augen glauben kann,
dafs sie wirklich dastehe. Sie befindet sich
zu Anfang des achten Buchs, wo die Rede
von der Möglichkeit ist, dafs sogar die beste
und vollkommenste Republik nach und nach
ausarte und sich in eine Timokratie ver-
wandle. Diese Aufgabe, deren Auflösung
für einen Mann von unverschobenem Kopf
wenig Schwierigkeit hat, scheint ihm so
schwer zu seyn, dafs er den Glaukon fragt,
ob sie nicht, nach Homerischer Weise die Musen anrufen wollten, ihnen zu sagen, wie
es zugehen müfste, wenn sich in einer so
wohl geordneten Republik ein Aufstand sollte
ereignen können. Wahr ists, er setzt sogleich hinzu: ,,wollen wir sie nicht bitten,
,,sich einen kleinen Spafs mit uns zu machen,
,,wie wenn man kleinen Knaben spielend läp-
,,pisches Zeug in einem tragischen Ton und
,,hochtrabenden Worten als etwas gar ernst-
,,haftes und wichtiges vordeklamiert?‘‘ —
und heifst das nicht, sich deutlich genug erklären, dafs er selbst die hierauf folgende
Auflösung des Problems für nichts bessers
als Kinderpossen gebe? Aber wir kennen
diese Art ironischer Neckerey an ihm, und

er soll uns nicht glauben machen, dafs ein so
gravitätischer Mann wie er, auf eine so un-
anständige und zwecklose Art den Narren
habe mit uns treiben wollen, indem er uns
auf eine sehr ernsthafte Frage die rechte Antwort zu geben Miene macht. Ganz gewifs
hat er also mit dem arithmetisch geometrischen Unsinn, den er den Musen in den Mund
legt, mit diesem unerrathbaren Räthsel einer
durch die verworrensten und unverständlich-
sten Bezeichnungen angedeuteten oder vielmehr nicht angedeuteten geometrischen
Z a h l — durch deren Einflufs Kinder von
schlechterer Art so nothwendig gezeugt werden müssen, dafs, ,,wofern die Vorsteher
,,unserer Republik aus Unwissenheit dieser
,,unglücklichen Zahl sowohl als der ihr ent-
,,gegengesetzten v o l l k o m m e n e n, welche
,,den Zeitpunkt des g ö t t l i c h e n E r z e u g-
,,nisses bezeichnen soll, den rechten Au-
,,genblick, ihre Bräute und Bräutigame zu-
,,sammen zu lassen, verfehlen, es unmöglich
,,ist, dafs die Republik eine an Leib und
,,Seele wohl beschaffene, glücklich organi-
,,sierte Nachkommenschaft erhalten könnte;"
— ganz gewifs, sage ich, hat Plato mit diesem aller menschlichen Vernunft spottenden
Räthsel etwas sagen wollen; wär' es auch
nur, dafs er seine gutmütbigen Leser zu
glauben nöthigt, Er selbst besitze den Schlüs-

sel zu diesem Geheimnifs, ohne welches seine
Republik, trotz aller vorhergegangenen Beweise ihrer Möglichkeit, nimmermehr zu
Stande kommen kann, wofern er sich nicht
erbitten läfst, den künftigen Vorstehern das
Verständnifs hierüber zu öffnen. Denn nach
seiner ausdrücklichen Versicherung ist das
Geheimnifs dieser Zahlen so beschaffen,
dafs die Vorsteher, „wie weise sie auch
seyn möchten, es weder auf ästheti-
schem Wege (durch Sinne, Einbildung
und Divinazion) noch durch Vernunftschlüsse herausbringen könnten;" so dafs
es also ein blofses glückliches Ungefähr wäre,
wenn sie jemahls den rechten Moment zur
Zeugung ihrer Staatsbürger treffen würden 6.
Auf alle Fälle hat unser Filosof sich durch
diese neue Probe seiner übermenschlichen
Kenntnisse in ein sehr beschwerliches Di-
lemma verstrickt. Denn entweder sind ihm
jene mystischen Zahlen bekannt oder
nicht. Sind sie ihm nicht bekannt, wie
ist es möglich, dafs er, um einfältigen Lesern weifs zu machen, Er kenne sie, lieber
baaren Unsinn vorbringen als seine Unwissenheit gestehen will? Kennt er sie aber,
was in aller Welt könnte ihn bewegen sie in
ein Räthsel, und dieses Räthsel in Worte
und Sätze einzuwickeln, von welchen er
selbst gewifs seyn mufs, dafs sie dem gelehr-

teaten und scharfsinnigsten seiner Leser eben
so unverständlich sind als dem unwissendsten
und blödsinnigsten? Und da nun einmahl
(wie er sagt) aufser seiner Republik kein Heil
ist, diese aber, so lange seine beiden Zeu-
gungs-Zahlen ein Geheimnifs bleiben, niemahls, wenn sie auch zu Stande käme, in
die Länge bestehen könnte: war es nicht
seine Schuldigkeit, sie auf eine wenigstens
den Gelehrten verständliche Art der Welt
mitzutheilen? Ist er nicht dem menschlichen
Geschlecht auch ohne Rücksicht auf seine
idealische Republik eine so wohlthätige Ent-
deckung schlechterdings schuldig? Was sollen wir von dem Manne denken, der ein unfehlbares Mittel, die ganze menschliche Gattung zu veredeln, besitzt, und wiewohl er
selbst keinen Gebrauch davon machen will
oder kann, es nicht nur für sich allein behält, sondern sogar ein leichtfertiges Vergnügen daran zu finden scheint, es den Leuten mit einem dicken Tuch siebenfach bedeckt vorzuzeigen, und sobald er sie recht
gelüstig darnach sieht, ihnen den Rücken zu
weisen und lachend davon zu gehen? Ich
zweifle sehr, ob Aristofanes selbst, wenn er
unsern Mystosofen zum Helden eines Seiten-
stücks der Wolken hätte machen wollen,
es gewagt hätte, ihm eine so erbärmliche
Rolle anzudichten, als er hier, in einer

unbegreiflichen Eklipse seiner Vernunft, mit
augenscheinlichem Wohlgefallen an sich selbst
von freyen Stücken spielt.

———

Es giebt vielleicht kein auffallenderes
Beyspiel, wie nachtheilig es ist in mehrern
und entgegengesetzten Fächern zugleich glänzen zu wollen, und wie wohl Plato daran
thut, die Künstler und Handarbeiter in seiner Republik durch ein Grundgesetz auf
eine einzige Profession einzuschränken, —
als sein eigenes. Glücklich wär' es für
ihn gewesen, wenn die Athener ein Gesetz
hätten, vermöge dessen ihren Bürgern bey
schwerer Strafe verboten wäre, in eben
demselben Werke den strengen Dialektiker,
den Dichter, und den Schönredner zugleich,
zu machen. Vermuthlich würde Plato jedes
von diesen dreyen in einem hohen Grade
gewesen seyn, wenn er sich auf Eines allein hätte beschränken wollen: aber da er
diesen dreyfachen Karakter in sich vereinigen will, und dadurch alle Redner, Dichter und Dialektiker vor und neben ihm auszulöschen glaubt, kann er neben keinem
bestehen, der in einem dieser Fächer ein
vorzüglicher Meister ist; denn er ist immer

nur halb was er seyn möchte. Wo er scharf
räsonnieren sollte, macht er den Dichter;
will er dichten, so pfuscht ihm der grübeln-
de Sofist in die Arbeit. Hat er uns einen
strengen Beweis oder eine genau bestimmte
Erklärung erwarten lassen, so werden wir
mit einer Analogie oder mit einem Mährchen abgefertigt; und was oft mit wenigem
am Besten gesagt wäre, webt er mit der
unbarmherzigsten Redseligkeit in klafterlan-
ge, aus einer einzigen Metafer gesponnene
Allegorien aus. Statt der Antwort auf eine
Frage, zu welcher er uns selbst genöthigt
hat, giebt er uns ein Räthsel aufzurathen;
und wo das zweckmäfsigste wäre, geradezu
auf die Sache loszugehen, führt er uns, für
die lange Weile, in mühsamen Schlangenli-
nién, Berg auf Berg ab, durch dick und
dünn, oft so weit vom Ziele, dafs er selbst
nicht mehr weifs wo er ist, und uns eine
gute Strecke lang wieder zurückführen mufs,
um die Strafse, die er ohne Noth verlassen
hat, wieder zu finden. Das letztere begegnet ihm so oft, dafs dieser Dialog, dessen
ungeheure Länge die Geduld des müfsigsten
und leselustigsten Lesers endlich mürbe
macht, wenigstens um den vierten Theil
kürzer wäre, wenn er das bereits gesagte
nicht so oft wiederholen müfste, um wieder
in den Zusammenhang zu kommen. Diefs

ist auch zu Anfang des neunten Buchs
der Fall, worin er das Ideal des vollständigsten Bösewichts, dem er (gegen den Sprachgebrauch) den Nahmen Tyrann beylegt, mit seiner gewöhnlichen rhe-
torischen Ausführlichkeit vor unsern Augen
entstehen läfst; erst als blofsen Privatmann,
wie er sich in der Demokratie durch den
Zusammenflufs aller möglichen befördernden
Umstände zum künftigen Tyrannen bildet;
sodann als wirklichen Beherrscher des Staats,
von welchem er sich durch die schändlich-
sten Mittel zum unbeschränkten Gebieter
und Eigenthumsherren gemacht hat. Da es
in diesem Buch blofs darum zu thun ist,
die Lehre des Thrasymachus, welche zu
dieser ganzen Unterhaltung Anlafs gegeben,
bis zum Widerspruch mit sich selbst zu treiben und also in ihrer ganzen Ungereimtheit
darzustellen, und dieses nicht auffallender
als durch den Kontrast zwischen dem Ideal
eines Tyrannen mit dem Ideal eines filosofischen Königs, und zwischen dem Glück eines von Diesem mit idealischer Weisheit
regierten — und dem Elend eines von Jenem ohne Mafs und Ziel mifsbandelten
Staats, geschehen konnte: so wollen wir
unsern filosofierenden Dichter nicht darüber
anfechten, dafs sogar unter den berüchtigten Dreifsigen, welche in Platons frü-

her Jugend etliche Monate lang zu Athen
tyrannisierten, kein solches Ungeheuer war,
wie sein idealischer Tyrann ist; und
dafs er also von den sogenannten Tyrannen
überhaupt und von dem jammervollen Zustand der von ihnen unterjochten Staaten
manches behauptet, was sich in der wirklichen Welt ganz anders befindet. Wir würden damit nichts gegen ihn beweisen; denn
es ist ihm hier nicht um Thatsachen,
sondern um einen vollständigen Karakter
der Gattung zu thun, und es mufs ihm
eben so gut erlaubt seyn, zum Behuf seines Zwecks, alle Laster und Abscheulichkeiten, die seit dem Thrazischen Diome-
des und dem Ägyptischen Busiris bis auf
den heutigen Tag, von kleinen und grofsen
Tyrannen begangen worden, in ein einziges
fantastisches Subjekt zusammen zu drängen,
als einem komischen Dichter erlaubt ist, die
lächerlichsten Karakterzüge von hundert
Geitzhälsen in einen einzigen zu verschmel-
zen. Freylich hätte es dieser mühsamen
Auseinandersetzungen, und dieser langen
Kette von Fragen und Antworten, Bildern,
Gleichnissen und Induktionen nicht nöthig
gehabt, um am Ende nichts mehr als eine
so einleuchtende Wahrheit als diese; „voll-
„kommene Ungerechtigkeit würde die Men-
„schen äufserst elend, vollkommene Gerech-

„tigkeit hingegen höchst glücklich machen,“
zur Ausbeute davon zu tragen. Aber wir
wollen auch so billig seyn, unsern Mann
nach seinem Zwecke zu beurtheilen, der
im Grunde doch wohl kein anderer war,
als diesen Gegenstand als Dichter, und
Schönredner zu behandeln, und die Leser dadurch gewissermafsen zu dem neuen
hitzigen Ausfall vorzubereiten, den er im
zehenten Buch auf den guten alten Homer und überhaupt auf die nachahmenden
und darstellenden Künste thut.

Auch hier holt er, wie gewöhnlich, weit
aus, um den ehrlichen Glaukon durch eine
Reihe von Analogismen und Paralogismen
und eine einseitige schiefe Ansicht der Künste, die er aus einer wohlbestellten Republik verbannt wissen will, zu seiner Meinung zu verführen, ohne ihn wirklich
überzeugt zu haben; was ihm bey einem
jungen Menschen nicht schwer werden kann,
der die Bescheidenheit so weit treibt, un-
verbohlen zu bekennen, „er werde sich in
„Sokrates Gegenwart nie unterstehen seine
„eigene Meinung von etwas zu sagen.“ —
Lächerlich (dünkt mich) würde sich einer
machen, der den kraftlosen Beweis ernsthaft bestreiten wollte, welchen Plato aus
seiner Theorie von den Ideen gegen die

besagten Künste führt. Ich für meinen Theil
finde seine Distinkzion der dreyerley Bett-
stellen; „der wahren wesentlichen
d. i. der Idealischen, deren Natur-
schöpfer (Fyturg) Gott ist — der
einzelnen, die der Drechsler macht,
und welche, da sie nicht die Ur-bettstel-
le selbst ist, eigentlich nur eine Art von
Schattenbild derselben oder eine Quasi-
Bettstelle vorstellt, und der gemahl-
ten, die, als eine blofse Nachahmung
der gedrechselten, im Grunde gar keine
Bettstelle, und also, Platonisch zu reden,
gar nichts ist, — ich finde das alles sowohl, als die Anwendung, die er davon
gegen die gesammten nachahmenden Künste
macht, ungemein lustig zu lesen; und würde mich am Ende nur verwundern, wie
eben derselbe Mann, der, so oft er sich
vergifst und gleich andern, natürlichen
Menschen von menschlichen Dingen menschlich spricht, so verständig räsonniert, sich
auf einmahl wieder in solchen Unsinn versteigen kann; es würde mich wundern, sag'
ich, wenn ich nicht aus so vielen Beyspie-
len wüfste, dafs eine einzige Vorstellung,
die sich zur Tyrannin aller andern in einem
fantasiereichen Kopf aufgeworfen hat, so
bald sie angeregt wird, die Wirkungen der
Verrücktheit und des Wahnsinns hervorzu-

bringen fähig ist. Wenn übrigens unsre
Dichter, Mahler, Schauspieler und wer
sonst hierher gehört, anstatt aus der Fehde,
die er ihnen in diesem Dialog mit so grofsem Gebraus ankündigt, Ernst zu machen,
sich begnügen über ihn zu lachen, so werden sie alle Vernünftigen auf ihrer Seite
haben; denn das Unglück aus seiner Republik ausgeschlossen zu seyn, ist doch wohl
der einzige Schade, der ihnen aus allem,
was er ihnen Böses nachsagt, zuwachsen
kann; und diese Republik hat für ihres
gleichen so wenig anziehendes, dafs sich
schwerlich auch nur ein Tischmacher in
ganz Athen finden wird, welcher Lust haben könnte um das Bürgerrecht in derselben
anzuhalten.

Alles in der Welt mufs endlich ein Ende
nehmen; und so erinnert sich auch unser
Sokrates, dem der Gaumen vermuthlich
trocken zu werden anfängt, dafs die Rede
in diesem Gespräch eigentlich nicht von
Dichtern und nachahmenden Künstlern, sondern von dem wahren Karakter der Gerechtigkeit und Ungerechtigkeit habe seyn sollen, und von den Wirkungen, welche die
eine und die andre in einer von ihr be-
herrschten Seele hervorbringt. Er lenkt
also mit einer ziemlich raschen Wendung

wieder in den Weg ein, aus dem er schon
so oft ausgetreten ist; und sobald er sich
und seine Zuhörer orientiert hat, zeigt sichs,
dafs ihm, nachdem er den Beweis,

„dafs die Gerechtigkeit an und durch
„sich selbst dafs beste und edelste Be-
„sitzthum der an und in sich selbst
„betrachteten Seele sey, und dafs man
„also, ohne alle Rücksicht auf Vortheil
„und Lohn, immer gerecht handeln
„müsse, man besitze den Ring des
„Gyges oder nicht,“

gegen die Behauptungen des von Glaukon
und Adimanth unterstützten Thrasymachus,
aufs vollständigste und bündigste geführt zu
haben vermeint, nun nichts übrig sey, als
der Gerechtigkeit selbst — Gerechtigkeit
widerfahren zu lassen, „ihr Alles, was er
„ihr zum Behuf jenes Beweises nehmen
„müssen, wiederzugeben, und sie wieder
„in den vollen Besitz aller Belohnungen
„einzusetzen, welche die Tugend einer See-
„le bey Göttern und Menschen im Leben
„und nach dem Tode verschaffe.“

Diefs ist es nun, womit er sich im Rest
dieses letzten Buchs beschäftigt. Nachdem
er nehmlich die unendlichen Vortheile des

Gerechten oder Tugendhaften vor dem Lasterhaften oder Ungerechten, selbst in blofser
Rücksicht auf die Belohnungen, welche
jener, und die Strafen, welche dieser von
Göttern und Menschen schon in diesem Leben zu gewarten habe, mit beständiger Rücksicht auf die gegentheiligen Behauptungen
des Thrasymachus und seiner Gehülfen, kürz-
lich dargethan hat, und Glaukon von der
Menge und Gröfse jener Voitheile des Gerechten überzeugt zu seyn versichert, fährt
Sokrates fort: das alles sey doch Nichts gegen das, was auf Beide nach ihrem Tode
warte, und es werde zur Vollständigkeit
seiner Überzeugung nöthig seyn zu hören,
was er ihm hiervon zu sagen bereit sey.
Glaukon, der sich nach einer solchen Äufserung auf wundervolle Dinge gefafst macht,
versichert, dafs er, wie lang' es auch wäh-
ren möchte, mit Vergnügen zuhören werde;
und so folgt denn eine sehr umständliche Erzählung des Berichts, den ein gewisser Armenier Nahmens Er, als er am zwölften
Tage nach seinem Tode, auf dem Scheiter-
haufen worauf sein unversehrt gebliebener
Leichnam verbrannt werden sollte, wieder
ins Leben zurückgekehrt, von den erstaun-
lichen Dingen, die er in der andern Welt
gesehen und gehört, öffentlich abgestattet
habe. Da diese Erzählung, über deren

Quelle uns Plato in gänzlicher Unwissenheit
läfst, keinen Auszug gestattet, und ich nicht
zweifle, dafs sie eines von den einzelnen
Stücken dieses Dialogs ist, die du mit gebührender Aufmerksamkeit gelesen hast, so
begnüge ich mich, blofs ein paar Anmer-
kungen beyzufügen, welche nicht sowohl
dem Mährchen selbst, als dem erhabenen
Dichter, der uns damit beschenkt hat, gelten sollen.

Natürlicher Weise können uns aus der
andern Welt keine Nachrichten zugehen,
als durch Personen, welche dort gewesen
und wieder zurückgekommen sind. Die fabelhafte Geschichte nennt, meines Wissens,
aufser Theseus, Peirithous, Herkules und dem Homerischen Odysseus,
welche lebendig in den Hades hinabge-
stiegen und wieder heraufgekommen, nur
drey Todte — den zwischen Afrodite und
Persefone getheilten Adonis, die Alce-
stis, und den schönen Protesilaus —
denen ins Leben zurückzukehren erlaubt
worden, wiewohl dem letzten nur auf einen
einzigen Tag. Plato dichtet also nichts un-
erhörtes, indem er den Armenier Er aus
der andern Welt zurückkommen läfst; aber
da dieser Er von den Richtern, welche am
Eingang den neuangekommenen Seelen ihr

Urtheil sprechen, ausdrücklich deßwegen
ins Leben zurückgeschickt wird, um uns
andern Bewohnern der Oberwelt von den Belohnungen und Strafen, die uns nach dem
Tode erwarten, zuverlässige Nachrichten zu
geben; so erforderte, sollte man denken,
ein so wichtiger Zweck, daß der Dichter
einige Sorge dafür getragen hätte, daß wenigstens ein Anschein von Möglichkeit das Ungereimte der Sache unserm ersten Blick entzöge. Je unglaublicher eine
Dichtung an sich selbst ist, desto nöthiger
ist es, unsre Einbildungskraft dadurch zu
gewinnen, daß alle das Wunderding umge-
bende Umstände in der natürlichen Ordnung
der Dinge sind. Wir wollen uns gern gefallen lassen, daß Er aus der andern Welt
zurückkommt, zumahl wenn er uns recht
viel hörenswürdiges aus ihr zu erzählen hat:
aber was wir uns nicht gefallen lassen können, ist, daß der Dichter nicht an die
gänzliche Unmöglichkeit gedacht hat, daß
der entseelte Leichnam eines an tödtlichen
Wunden verstorbenen Menschen, nachdem
er zehen Tage lang unter einem Haufen anderer bereits in Fäulniß gegangenen Lei-
chen gelegen, unversehrt hervorgezogen werde, und am zwölften Tage bey Wiederver-
einigung mit seiner Seele sich so frisch und

gesund befinde, als ob ihm kein Haar ge-
krümmt worden wäre.

Wenn wir aber auch über das unnatürliche dieser Umstände hinausgehen, und
mit der grenzenlosen Gefälligkeit, welche
Plato immer bey seinen Zuhörern voraussetzt, annehmen wollen, dafs eben diese
(uns unbekannten) Richter, welche die
Seele des Armeniers nach zwölf Tagen in
ihren Leib zurückschicken können, es auch
in ihrer Macht haben, einen tödtlichen ver-
wundeten und entseelten Leichnam durch
ein unbegreifliches Wunderwerk zwölf Tage
lang frisch und gesund zu erhalten — sollten wohl die Fieberträume, die uns der
Armenier als Nachrichten aus der andern
Welt erzählt, eines so grofsen Wunders
würdig seyn? Ich habe wohl auch in meinem Leben Milesische Mährchen gehört, und
unter unsern alten Götter- und Helden-My-
then ist mancher ammenhaft genug; aber
ein so idealisch ungereimtes Fantasiegebilde
wie dieses ist mir noch nicht vorgekommen.
Man fordert mit Recht von einem Dichter
dafs er auf jede Frage, warum er diefs
und das an seinem Werke gerade so und
nicht anders gemacht, eine hinlängliche Antwort bereit habe. Ich möchte wohl wissen,

was der Platonische Sokrates zu antworten
hätte, wenn ihn Glaukon oder Thrasymachus in aller Demuth fragten: was ein gewisser dämonischer Ort für ein Ort
sey? Nach welcher Regel der Gerechtigkeit die Seelen der Lasterhaften für jede
Übelthat zehenfältig gestraft werden?
Warum die Seelen, die vom Himmel herun-
ter, oder, nach ausgestandener Strafe
aus der Hölle herauf gestiegen sind, um
wieder in sterbliche Leiber zurückzukehren,
sich gerade sieben Tage auf der Wiese,
die er vorhin einen dämonischen Ort nann-
te, aufhalten? Warum sie gerade vier Tage zu marschieren haben, bis sie den grofsen Lichtring oder Lichtgürtel zu Gesicht
bekommen, der dem Regenbogen ähnlich
aber viel glänzender und reiner ist? Wie
dieser Lichtring zugleich zwischen Himmel
und Erde aufgerichtet stehen, über Himmel und Erde ausgearbeitet seyn, und
den ganzen Himmel wie ein Gürtel um-
fassen kann? Warum die Seelen gerade
noch einen Tag zu reisen haben, bis sie
bey diesem Licht angelangt sind? Woran
die Enden dieses den Himmel zusammen-
haltenden Lichtgürtels befestigt sind, damit
die Spindel der Anangke an ihnen hangen kann? Warum Anangke ihre Spindel,
gegen die Gewohnheit aller andern Spinne-

rinnen, zwischen ihren Knieen herumdreht? und zwanzig andere Fragen, deren der Leser sich nicht erwehren kann,
ohne die Antwort darauf zu finden. Plato
ist, wie wir lange wissen, ein Liebhaber
vom Übernatürlichen, Unerhörten, Kolossa-
lischen; wir wollen ihn dieses Geschmacks
wegen nicht anfechten; aber die Bilder, die
er uns darstellt, müssen doch Sinn, Bestand-
heit und Zusammenhang wenigstens, an und
unter sich selbst haben, und er muss unsrer
Einbildungskraft nicht mehr zumuthen als
sie leisten kann. Versuch es einmahl, dir
die ganze Gruppe von Erscheinungen, die
der Armenier in dem Lichtgürtel des Him-
mels gesehen haben will, in Einem Gemählde vor die Augen zu bringen. — In
der Mitte die grofse Göttin Anangke mit
der ungeheuren stählernen Spindel zwischen den Knieen; um die Spindel einen nicht
minder ungeheuren Wirtel, in welchem
sieben andere, wie die Büchsen der Taschenspieler, in einander stecken, und alle
zugleich, aber mit ungleicher Geschwindig-
keit, von der Spindel in einer, ihrer eigenen
Bewegung entgegengesetzten, Richtung her-
umgedreht werden; — jeden dieser an Glanz,
Farbe und Bewegung verschiedenen Wirtel
mit einem mehr oder minder breiten zirkel-
förmigen Rand, und auf jedem eine Sirene

sitzend, die sich mit ihm herumdreht und
aus voller Kehle singt; aber jede nur einen
einzigen Ton aus der Tonleiter bis zur Oktave, so dafs der Gesang aller acht Sirenen
eine einzige sich selbst immer gleiche Harmonie ist — vor welcher die Götter unsre
Ohren bewahren wollen! — Nun denke dir
noch die Töchter der Anangke, die drey
M o i r e n, L a c h e s i s, K l o t h o und A t r o-
p o s, weifs gekleidet und mit Kränzen um
die Stirne auf Lehnstühlen um ihre Mutter
herumsitzend, wie sie, vom achttönigen
Zetergeschrey der Sirenen begleitet, Lachesis das Vergangene, Klotho das Gegenwärtige, Atropos das Zukünftige absingen, während dessen Klotho ihrer Mutter mit der
rechten Hand von Zeit zu Zeit den äufser-
sten Wirtel der Spindel, Atropos mit der
linken die innern, und Lachesis alle zusammen mit beiden Händen umdrehen hilft.
Lafs deine Fantasie, wenn's ihr möglich
ist, ein G e m ä h l d e aus diesem allen zu-
sammensetzen, und sage mir, ob einem
Kranken im stärksten Fiebernfall etwas
abenteurlicheres und fantastischeres vorkommen könnte? Und was will nun Plato dafs
wir uns bey diesen lächerlich wunderbaren
Fantasma denken sollen? Ist das alles in
der dämonischen W e l t wirklich so, wie
sein Armenier gesehen zu haben vorgiebt?

Er rechnet so wenig darauf, dafs irgend einer seiner Leser einfältig genug seyn werde diefs zu glauben, dafs sein Sokrates selbst die ganze Erzählung am Ende für ein blofses Mährchen giebt. Alle diese Wundergestalten, Anangke mit ihrer Spindel und ihren Töchtern, die acht Sirenen die sich auf und mit den acht Wirteln ewig herumdrehen und den armen Seelen, die hier täglich schaarenweis sich einzufinden genöthigt sind, die Ohren gellen machen, der Profet, der den Seelen im Nahmen der Göttin ankündigt, dafs sie um ihr künftiges Schicksal im Leben, in welches sie zurückkehren, losen müssen, u. s. w. das Alles ist also nichts weiter als eine Gruppe von emblematischen Bildern, oder vielmehr ein Haufen ziemlich dicker Hüllen, unter denen etwas verborgen liegt, das entweder schwer zu errathen, oder des Rathens kaum werth ist? Aber unglücklicher Weise ist der Armenier, der diese wunderbaren Personen und Sachen in einem dämonischen Ort zu sehen glaubt, keine emblematische Figur; er wird uns als eine wirkliche historische Person vorgeführt, und, damit wir desto weniger daran zweifeln, sogar Pamfylien als das ursprüngliche Vaterland seines Geschlechts angegeben. Der wackre E r macht sich also entweder nach Art weitgereiseter

Leute ein Vergnügen daraus, unsre Leicht-
gläubigkeit auf die Probe zu stellen; oder
er ist selbst, ich weifs nicht von welchen
Dämonen getäuscht worden, dafs er sich
einbildete wirkliche Dinge zu sehen, wiewohl er nur Sinnbilder sah. Übrigens
ist nicht leicht zu errathen, was Plato mit
dieser Dichtung beabsichtigt, da sie für den
Satz, den er dadurch bestätigen will, nicht
das Geringste beweisen, und schlechterdings
zu nichts dienen kann, als Knaben in Erstaunen zu setzen, Männern hingegen eine
eben so geringe Meinung von seinem Dich-
tergeist als von seinen astronomischen Kenntnissen zu geben. Denn wie er dichtet,
heilst nicht dichten sondern ins Blaue hinein fantasieren, und es steht ihm wahrlich übel an, über die Erzählungen, womit
der Homerische Odysseus die Tischgesell-
schaft des Alcinous unterhält, die Nase zu
rümpfen, von denen die ungereimteste ohne
Vergleichung wahrscheinlicher gemacht ist
als das Mährchen seines Armeniers. Aber
nun vollends die Art, wie er die Pythago-
rische Seelenwanderung seinen eigenen Hy-
pothesen anpafst, und wie er die Freyheit, ohne welche keine Zurechnung,
folglich keine Strafen und Belohnungen in
der andern Welt Statt finden, mit den Gesetzen der Nothwendigkeit zu vereini-

gen glaubt! — Die zur Rückkehr in sterbliche Leiber vor dem Thron der grofsen
Spinnerinnen versammelten Seelen kommen theils aus dem Himmel, theils aus der
Unterwelt. Über die letztern habe ich
nichts zu erinnern; aber wie die Göttin.
Anangke den ersten zumuthen könne,
aus der reinen Himmelsluft wieder in den
mefitischen Dunstkreis des Erdenlebens zu-
rückzuwandern, darüber hätte uns billig
einiger Aufschlufs gegeben werden sollen.
Denn dafs sie den Himmel, wo es ihnen
(ihrer eigenen Versicherung nach) so un-
aussprechlich wohl ging, von freyen Stük-
ken verlassen haben sollten, ist nicht zu
vermuthen; wiewohl ich gestehe, dafs das
Vergnügen, womit er sie den Boden der
mütterlichen Erde wieder betreten läfst, ein
feiner Zug von dem Dichter ist. Soll überhaupt Sinn in dieser Dichtung seyn, so
müfste entweder eine innere Nothwendigkeit die Seelen aus dem Himmel wieder
auf die Erde treiben, oder ihre Verbannung
müfste die Strafe schwerer Verbrechen seyn,
welche sie in jenem herrlichen Zustand begangen hätten. Keine dieser beiden Voraussetzungen steht auf irgend einem festen
Grunde, und die letztere ist sogar mit der
Gerechtigkeit der allgemeinen Weltregierung
unvereinbar; denn was könnte ungerechter

seyn, als die armen Seelen zu Abbüfsung
begangener Verbrechen in Umstände zu setzen, wo sie die gröfste Gefahr laufen neue
Verbrechen zu begehen, welche sie mit
einer noch viel härtern Bestrafung, nehmlich
einer tausendjährigen Peinigung im Tartarus
für jedes derselben, werden büfsen müssen?
Plato glaubt zwar, sich aus dieser Schwierigkeit durch die Erklärung zu ziehen, die
er seinen Profeten im Nahmen der Lachesis (warum gerade dieser?) den versammelten Seelen thun läfst. „Ihr seyd im
„Begriff, läfst er ihn (wiewohl in geflissentlich dunkeln und nach Art der Orakel, viel-
deutigen Ausdrücken) sagen, einen neuen
„Kreislauf unter den Sterblichen zu begin-
„nen. Nicht das Schicksal wird euch euer
„Loos anweisen, sondern ihr selbst werdet
„euer Schicksal wählen. Wen das Loos
„zum Ersten erklärt, der soll auch zuerst
„die Wahl der Lebensart haben, an welche
„er nothwendig gebunden bleiben wird.
„Die Tugend aber hat keinen Herren über
„sich; je nachdem jemand sie ehrt oder ver-
„achtet, wird er mehr oder weniger von ihr
„besitzen. Die Schuld wird an dem Wäh-
„lenden seyn; Gott hat keine Schuld." —
Nach dieser seltsamen Anrede wirft er die
Loose auf die umherstehenden Seelen herab;
jede greift nach dem, das ihr zufällt, und

itzt zeigt sichs in welcher Ordnung sie wählen sollen. Nunmehr werden Muster aller
möglichen Lebensformen, thierischer
und menschlicher, die im Schoofs der Lachesis beysammen lagen, auf der Erde vor
ihnen ausgebreitet, damit jede diejenige
wähle, die ihr am besten ansteht. Die Anzahl dieser Lebensformen ist zwar viel gröfser
als die Zahl der Wählenden; indessen
gesteht doch der Erzähler, dafs die Seelen,
die in der Reihe die letzten sind, gegen die
andern sehr zu kurz kommen und mit dem
was noch da ist vorlieb nehmen müssen;
eine Unbilligkeit, welche vermieden werden
könnte, wenn, anstatt die Wahl theils auf
sie selbst theils auf den Zufall ankom-
men zu lassen, ein Gott für jede gewählt
hätte, was für sie und andere das Beste
gewesen wäre. Was diese Unbilligkeit noch
härter macht, ist das Gesetz, vermöge dessen alle diese aus dem Himmel und der
Hölle ins irdische Leben zurückkehrenden
Seelen aus dem Lethe zu trinken genöthigt sind, dessen Wasser die Eigenschaft
hat die Erinnerung des Vergangenen in der
Seele auszulöschen. Natürlicher Weise gehen dadurch alle Vortheile verloren, welche sie aus der Erinnerung der ausgestan-
denen Strafen oder der genofsnen Seligkeit,
und aus dem Bewufstseyn dessen, womit

sie das eine oder das andere in ihrem vor-
mahligen Leben verdient hatten, zum Behuf des neuangehenden hätten ziehen können. Das Übel würde zwar, wie er zu
verstehen giebt, nicht so grofs seyn, wenn
sie (was nur bey Wenigen der Fall zu seyn
scheint) weise genug wären, nicht über ein
gewisses Mafs zu trinken: aber da die
meisten viel Durst zu haben scheinen, und
daher nicht leicht das rechte Mafs treffen, würde es nicht billig und freundlich
gewesen seyn, ihnen das Wasser der Ver-
gessenheit in einem Becher zu reichen, der
gerade nicht mehr und nicht weniger gehalten hätte als ihnen zuträglich war? So
schlecht durch diese Dichtung die Weisheit
und Güte des obersten Weltregierers ge-
rechtfertiget ist, so wenig scheint sie uns
auch über die Freyheit der Seele, in so
fern sie neben der Nothwendigkeit bestehen kann, ins Klare zu setzen. Die Seelen wählen zwar die Bedingungen, unter
welchen sie ihr neues Erdenleben antreten
wollen, nach Belieben; aber diese Freyheit
ist den meisten mehr nachtheilig als vortheilhaft, und scheint mehr ein Fallstrick
als eine Wohlthat zu seyn. Der Armenier
sah z. B. wie eine Seele (und es war sogar
eine aus dem Himmel wiederkehrende) mit
unbegreiflicher Hastigkeit nach einer Ty-

rannie griff, auf welche, wenn sie sich
nur ein wenig Zeit genommen hätte sie recht
anzusehen, ihre Wahl unmöglich hätte fallen können. Dieser Fall muſs sehr oft vorkommen, da es den Seelen, wie es scheint,
theils an genugsamer Bedenkzeit, theils an
Einsicht und Unterscheidungskraft fehlt;
überdieſs gesteht der Dichter selbst, daſs
sehr viel dabey auf den Zufall ankomme,
und daſs die Letzten wenig oder keine Wahl
mehr haben. Aber auch ohne dieſs können
sie ihrem Schicksal nicht entgehen. Denn
sobald sie das, was sie in ihrem neuen
Leben seyn wollen, gewählt haben, giebt
Lachesis jeder einen Dämon zu, der
dafür zu sorgen hat, daſs alles, was zu
ihrem erwählten Loose gehört, pünktlich in
Erfüllung gehe. So wird z. B. die Seele,
welche sich, von der glänzenden Auſsenseite verblendet, die Tyrannie gewählt hatte,
erst da es zu spät ist gewahr, daſs sie ihre
eigenen Kinder fressen, und eine Menge
anderer ungeheurer Frevelthaten begehen
werde; sie heult und jammert nun ganz er-
bärmlich, aber vergebens; ihre Wahl ist
unwiederruflich, und der Dämon, unter
dessen Leitung sie steht, wird nicht ermangeln, alle Umstände so zu ordnen und zu
verknüpfen, daſs die Kinder gefressen und
die Übelthaten begangen werden, wie groſs

auch der Abscheu ist, wovon sie sich itzt
gegen die Erfüllung ihres Looses durchdrun-
gen fühlt. Alle übrigen Feierlichkeiten,
welche vorgehen, indem die Seelen von
Lachesis zu Klotho, von Klotho zu Atropos, und sodann, unter dem Thron der
Anangke vorbey, nach dem Lethäischen
Gefilde abgeführt werden, können keinen
andern Sinn haben, als die unvermeidliche
Nothwendigkeit anzudeuten, die über ihnen
waltet. Der Profet hat gut sagen, die Tugend sey herrenlos, d. i. frey und unabhängig; was kann das den armen Seelen
frommen, die das Schicksal in Lagen versetzt, worin es ihnen äußerst schwer, wo
nicht gar unmöglich gemacht wird, zu diesem von Wahn und Leidenschaft unabhängigen Zustand zu gelangen, der die Bedingung der Tugend ist? Plato hätte also den
vermuthlichen Hauptzweck des Mährchens
von dem, was der Armenier Er in der Gei-
sterwelt gesehen, so ziemlich verfehlt; und,
da überdieß seine Bilder, der Erfindung
und Darstellung nach, meistens so beschaffen sind, daß keine gesunde Einbildungskraft sie ihm nachmahlen kann: so gestehe
ich, wenn jemahls darüber gestimmt werden
sollte, ob die Ilias und Odyssee seinen poetischen Dialogen in den Schulen Platz zu machen habe, so werde ich mit meiner

Stimme die Mehrheit schwerlich auf s e i n e
Seite ziehen.

———

Nach dieser langen Reise, die wir machen
mufsten, um unserm dichterischen Mystagogen durch die verworrenen und immer wieder in sich selbst zurückkehrenden Windun-
gen seines dialektischen Labyrinths zu folgen, ist wohl, so bald wir wieder zu Athem
gekommen sind, nichts natürlicher als uns
selbst zu fragen: Was für einen Z w e c k
konnte der Mann durch dieses wunderbare
Werk erreichen wollen? Für w e n und zu
w e l c h e m E n d e hat er es uns aufgestellt?
War seine Absicht, das wahre Wesen der Gerechtigkeit aufzusuchen und durch die Vergleichung mit demselben die falschen Begriffe
von R e c h t und U n r e c h t, die im gemein-
nen Leben ohne nähere Prüfung für ächt angenommen und ausgegeben werden, der Un-
gültigkeit und Verwerflichkeit zu überweisen: wozu diese an sich selbst schon zu weit-
läufige und zum Überflufs noch mit so vielen
heterogenen Verzierungen und Angebäuden
überladene Republik, deren geringster Fehler ist, dafs sie unter menschlichen Menschen
nie realisiert werden kann? Oder war sein
Zweck, uns die Idee einer v o l l k o m m e -

ñen Republik darzustellen; warum läfst
er sein Werk mangelhaft und unvollendet,
um unsre Aufmerksamkeit alle Augenblicke
auf Nebendinge zu heften, und uns stun-
denlang mit Aufgaben zu beschäftigen, die
nur an sehr schwachen Fäden mit der Hauptsache zusammen hangen? Arbeitete er für
denkende Köpfe und war es ihm darum zu
thun, die Materie von der Gerechtigkeit
gründlicher als jemahls vor ihm geschehen
war, zu untersuchen, wozu so viele Allegorien, Sinnbilder und Mährchen? Schrieb
er für den grofsen leselustigen Haufen, wozu so viele spitzfindig tiefsinnige, räthsel-
hafte und wofern sie ja einen Sinn haben,
nur den Epopten seiner filosofischen Mysterien verständliche Stellen?

Soll ich dir sagen, Eurybates, wie ich
mir diese Fragen beantworte? Platon pflegt
(wie ich schon oben bemerkte) mit seinem
Hauptzweck immer mehrere Nebenabsichten
zu verbinden, und scheint sich dazu in dem
vorliegenden Dialog mehr Spielraum genommen zu haben als in irgend einem andern.
Dafs hier sein Hauptzweck war, die im
ersten und zweyten Buch aufgeworfenen
Fragen über die Gerechtigkeit streng zu bestimmen und aufs Reine zu bringen, leuchtet zu stark aus dem ganzen Werk hervor,

als dafs ich noch ein Wort defswegen verlieren möchte. Unläugbar hätte er diefs auf
einem andern, als dem von ihm gewählten
— oder, vielmehr erst mit vieler Mühe ge-
brochenen und gebahnten Wege, leichter,
kürzer und gründlicher, bewerkstelligen können; aber er hatte seine guten Ursachen,
warum er seine Idee einer vollkommenen
Republik zur Auflösung des Problems zu
Hülfe nahm. Er verschaffte sich dadurch,
Gelegenheit, seinem von langem her gegen
die griechischen Republiken gefafsten Unwillen Luft zu machen, den heillosen Zustand derselben nach dem Leben zu schildern, und, indem er die Ursachen ihrer
Unheilbarkeit entwickelt und mit mehr als
Isokratischer Beredsamkeit darstellt, zugleich nebenher seine eigene Apologie gegen
einen öfters gehörten Vorwurf zu machen,
indem er den wahren Grund angiebt, warum er keinen Beruf in sich fühle, weder
einen Platz an den Ruderbänken der Attischen Staatsgalere auszufüllen, noch (wenn
er es auch könnte), sich des Steuerruders
selbst zu bemächtigen. Die Ausführlichkeit
der Widerlegung des den Filosofen entge-
genstehenden populären Vorurtheils und des
Beweises „dafs eine Republik nur dann gedeihen könne, wenn sie von einem ächten
Filosofen, d. i. von einem Plato regiert

werde, spricht laut genug davon, wie sehr
ihm dieser Punkt am Herzen lag, wiewohl
ich sehr zweifle, daſs er mit der versteckten
Apologie seiner politischen Unthätigkeit vor
dem Richterstuhl der Sokratischen Moral aus-
langen dürfte.

Nächst diesem fällt von allen seinen Nebenzwecken keiner stärker in die Augen, als der
Vorsatz, den armen Homer, dessen dichterischen Vorzügen er nichts anhaben konnte,
wenigstens von der moralischen Seite (der einzigen wo er ihn verwundbar glaubt) anzufechten, und um sein so lange schon behauptetes
Ansehen zu bringen. Daſs er ihn aus den
Schulen verbannt wissen will, ist offenbar
genug; sollte er aber wirklich, wie man ihn
beschuldigt, so schwach seyn, zu hoffen daſs
einige seiner exoterischen Dialogen, z. B.
Fädon, Fädrus, Timäus und vor allen
der vor uns liegende, mit der Zeit die Stelle
der Ilias und Odyssee vertreten könnten?
Wofern ihm dieser Argwohn Unrecht thut, so
muſs man wenigstens gestehen, daſs er durch
die episch-dramatische Form seiner Dialogen,
durch die vielen eingemischten Mythen,
durch das sichtbare, wiewohl öfters (besonders
in dem Mährchen des Armeniers) sehr verun-
glückte Bestreben, mit Homer in seinen darstellenden Schilderungen zu wetteifern, und

überhaupt durch seine häufige Übergänge aus
dem prosaischen in den poetischen, sogar lyri-
schen und dithyrambischen Stil mehr als
zuviel Anlafs dazu gegeben hat. Was aber
den Vorwurf betrifft, „er könnte den Dialog
von der Republik weder für Filosofen von
Profession noch für das grofse Publikum geschrieben haben,“ so zweifle ich, ob er anders
zu beantworten ist, als wenn man annimt,
er habe dafür sorgen wollen, dafs keine Art
von Lesern unbefriedigt von dem geistigen
Mahl aufstehe, wozu alle eingeladen sind,
und wobey es mit der Menge und Verschiedenheit der Gerichte und ihrer Zubereitung gerade
darauf abgesehen ist, dafs jeder Gast etwas
finde, das ihm angenehm und zuträglich sey.

9.

Eurybates an Aristipp.

Ich weifs nicht ob ich Recht hatte auf deine
stillschweigende Einwilligung zu rechnen,
lieber Aristipp; aber ich würde mich selbst
der Undankbarkeit angeklagt haben, wenn ich
das Vergnügen und die Belehrung, die mir

deine Antiplatonischen Briefe gewähr-
ten, für mich allein hätte behalten wollen. Ich
gestehe dir also, daſs ich sie unter der Hand
einigen vertrauten Freunden mitgetheilt habe;
und da jeder von ihnen ebenfalls zwey oder
drey vertraute Freunde besitzt, so geschah
(was ich freylich voraussehen konnte) daſs in
kurzem eine ziemliche Anzahl Abschriften in der
Stadt herum schlichen, von welchen endlich
Eine unserm Freunde Speusipp und sogar
dem göttlichen Hierofanten der Akademie selbst in die Hände gerieth. Daſs die
meisten Stimmen auf deiner Seite sind, wirst du
hoffentlich für kein Zeichen einer bösen Sache
halten. In tausend andern Händeln, die zur
Entscheidung der Athener gebracht werden,
dürfte ein solcher Schluſs die Wahrheit selten
verfehlen; aber die Mehrheit, die ich hier
meine, ist von besserer Art; denn es versteht
sich, daſs nur die hellesten Köpfe in einer Sache
wie diese ein Stimmrecht haben. Indessen fehlt
es unserm Filosofen, der die Welt so gern allein
belehren und regieren möchte, auch nicht an
Anhängern, die sich mit Faust und Ferse für
ihn wehren, und nicht den geringsten der Vorwürfe, die du ihm gemacht hast, auf ihn
kommen lassen wollen. Sogar die männliche
Erziehung und Polyandrie seiner Soldaten-
weiber findet ihre Vertheidiger, und ich kenne
einen gewissen Gleukofron, der ein Gelübde

gethan hat, weder in ein Bad zu gehen, noch
seinen Bart zu salben, noch der süfsen Werke
der goldenen Afrodite zu pflegen, bis er die
geheimnifsvolle Zahl im achten Buche herausgebracht habe, wiewohl die Redensart, **dunkler
als Platons Zahl**, bereits zum Sprüchwort
in Athen geworden ist, und alle unsre Geometer
und Rechenmeister behaupten, das einzige
Mittel sich noch lächerlicher zu machen, als der
Aufsteller dieses arithmetischen Räthsels, sey
sich mit der Auflösung desselben den Kopf zu
verwüsten. Speusipp, der die nächsten selbst zu
schreiben gedenkt, zeigte mir unter vier Augen
seine Verwunderung, nicht dafs du so streng
mit seinem Oheim verfährst, sondern dafs du
dich habest enthalten können, ihn bey einer
so guten Gelegenheit nicht mit noch schärferm
Salze zu reiben. Er habe sich nicht wenig
gefreut, sagte er, viele seiner eigenen Gedanken
über dieses sonderbare Werk in deinen Briefen
bestätiget zu finden, und wenn er etwas an
den letztern tadeln möchte, wär' es blofs, dafs
du hier und da eher zu viel als zu wenig Gutes
davon gesagt habest; zumahl von der Schreibart,
welche, seiner Meinung nach, nichts weniger
als rein attisch, geschweige musterhaft schön
genennt zu werden verdiene; da sie nicht selten
von allzugesuchter Zierlichkeit und geschwät-
ziger Schönrednerey, noch öfter von herakliti-
scher Dunkelheit und von Metafern, die an

einem jungen Nachahmer des Pindar und
Äschylus kaum erträglich wären, entstellt
werde, und bald bis zur plattesten Gemeinheit
herabsinke, bald wieder in die Wolken steige
um sich in dithyrambischem Schwulst und
Bombast zu verlieren. Doch behauptet er, daſs
seine Fehler meistens nur von allzugrofsem
Reichthum an Gedanken und einer zu üppig in
Ranken, Blätter und Blumen aufschiefsenden
Fantasie herrühren, und durch grofse und
erhabene Schönheiten reichlich vergütet werden. Aber woher kommt es, frage ich, daſs
ein Leser der Xenofons Anabasis oder Cyro-
pädie nicht eher aus der Hand legen kann,
bis er nichts mehr zu lesen findet, über Platons
Politeia mehr als einmahl einschläft, oder
doch vor Gähnen und Ermüdung nicht weiter
fort kann? Mir wenigstens, nachdem deine
Briefe mich zu dem heroischen Entschlufs gebracht haben, dieses Meer von Anfang bis zu
Ende durch zu rudern, ist es unmöglich gewesen anders als nach fünf oder sechsmahligem
Absetzen und gewaltsamen neuen Anläufen damit zu Rande zu kommen.

Plato hatte so viel von deiner Beurtheilung
des Werks worauf er seine Unsterblichkeit vornehmlich zu gründen scheint, reden oder vielmehr flüstern gehört, daſs er (wie mir Speu-
sippus sagt) endlich neugierig ward, sie

selbst zu sehen. Er durchblätterte das Buch,
und sagte, indem er es zurückgab: „es ist wie
ich mirs gedacht hatte." — Wie so? fragte
einer von den Anwesenden. — Er lobt, (ver-
setzte Plato) wovon er meint er könnt' es
allenfalls selbst gemacht haben, und tadelt was
er nicht versteht. Eine kurze und vornehme
Abfertigung, flüsterte Jemand seinem Nachbar
zu; aber eine laute Gegenrede erlaubte der
ehrfurchtgebietende Blick des Göttlichen nicht,
und so liefs man den unbeliebigen Gegenstand
fallen, und sprach — von dem Thesmoforos
des alten Dionysius von Syrakus, dem die
Athener an dem letzten Bacchusfeste, aus
Höflichkeit, Staatsklugheit oder Laune, den
tragischen Siegeskranz zuerkannt haben. Dafs
er ihn verdient haben könnte, mufste diesen
Tyrannenfeinden ein von aller Wahrscheinlichkeit gänzlich entfernter Gedanke scheinen,
weil auch nicht Einer darauf verfiel. Bey
dieser Gelegenheit erzählte Jemand für gewifs:
Dionysius habe die Schreibtafel des
Äschylus ich weifs nicht um wie viel
Tausend Drachmen an sich gebracht, in Hoffnung, (setzte der platte Witzling hinzu) es
werde so viel von dem Geiste des Fürsten der
Tragiker darin zurückgeblieben seyn, dafs er
nichts als dessen Schreibtafel nöthig habe, um
Äschylus der zweyte zu werden. Er mag sich
dessen um so getroster schmeicheln, sagte

Plato, da ihm so feine Kenner des Schönen,
als die Athener sind — oder seyn wollen,
eine Urkunde darüber zugefertigt haben. —
In diesem Ton und in diesem Geiste müssen vermuthlich alle Handlungen dieses in
seiner Art gewifs grofsen Mannes ausgelegt
worden seyn, oder es wäre unmöglich, dafs
eine bereits dreifsigjährige glückliche und in
so vielen wesentlichen Stücken musterhafte
Staatsverwaltung ihm nicht einen bessern
Ruf unter den Griechen erworben hätte.

Ich habe vor kurzem von Kleonidas und
Antipater Briefe erhalten, die mir sehr angenehme Nachrichten von meinem Lysanias,
und von euerer fortdauernden Zufriedenheit
mit ihm ertheilen. Er selbst fühlt sich so
glücklich in euerer Mitte, und verspricht
sich so viel Gutes von seinem Aufenthalt in
dem gastfreundlichen Hause meines Aristipps,
dafs ich kein so gefälliger Vater seyn müfste
als ich bin, wenn ich ihm seine Bitte um Verlängerung desselben nicht mit Vergnügen zu-
gestände, in so fern er sich nicht zu viel
schmeichelt, da er deine Begünstigung seiner
Wünsche für etwas Ausgemachtes hält.

————————

10.

Speusippus an Aristipp.

Unsre Freundschaft, lieber Aristipp, ist,
gleich edlem Wein, alt genug um Stärke zu
haben, und wir kennen beide einander zu
gut, als dafs du mir zutrauen solltest, ich
könnte die scharfe Censur, die du in deinen
Anti-Platonischen Briefen an Eurybates über
den neuesten Dialog meines Oheims ergehen
lassen, von einer schiefen Seite angesehen
und beurtheilt haben. Ich habe dir nie zu
verheimlichen gesucht, dafs mich weniger
eine natürliche Übereinstimmung meiner Sinnesart mit der Seinigen, oder Überzeugung
von der Wahrheit seiner spekulativen Filosofie, als das enge Familienverhältnifs, worin ich mit ihm stehe, zum Platoniker gemacht hat. Er hat sich daran gewöhnt, den
künftigen Erben seiner Verlassenschaft auch
als den Erben seiner Filosofie zu betrachten, und ich kann es nicht über mein Herz
gewinnen, ihm einen Wahn zu rauben, an
welchem das seinige Wohlgefallen und Beruhigung zu finden scheint. Wenn du ihn

aus einem so langen und nahen Umgang
kenntest wie ich, würdest du ihn, denke
ich, in mehr als Einer Rücksicht, des Opfers
würdig halten, welches ich ihm durch diese
kleine Heucheley bringen mufs. Im Grunde
kann ich mir ihrentwegen keinen Vorwurf
machen, und diefs nicht blofs um der Be-
wegursache willen, sondern weil wirklich
die Augenblicke ziemlich häufig bey mir sind,
wo ich mich versucht fühle, oder mir wohl
gar in vollem Ernst einbilde, das wirklich
zu seyn, was ich zu andern Zeiten nur
vorstelle. Wenn ich bey ganz kaltem Blute
in lauter klaren Vorstellungen lebe, denke
ich von der Filosofie meines Oheims nahezu wie du; ich finde sie schwärmerisch,
überspannt, meteorisch, unbegreiflich; seine
Ideenwelt scheint mir ein gewaltiges
Hirngespenst und sein Autoagathon eben
so undenkbar als ein unsichtbares Licht oder
ein unhörbarer Schall. Aber in andern Stunden, wo mein Gemüth zu den zartesten
Gefühlen gestimmt und mein Geist frey genug ist sich mit leichterem Flug über die
Dinge um mich her zu erheben, zumahl
wenn ich den wunderbaren Mann unmittelbar vorher mit der Begeisterung des leben-
digsten Glaubens von jenen übersinnlichen
Gegenständen reden gehört habe, dann erscheint mir alles ganz anders; ich glaube zu

ahnen daſs alles wirklich so sey wie er
sagt; unvermerkt verwandeln sich meine
Ahnungen in Gefühle, und ich finde mich
zuletzt wie genöthigt, für Wahrheit zu
erkennen, was mir in andern Stimmungen
träumerisch, lächerlich und bloſses Spiel
einer übergeschnappten Fantasie zu seyn
däucht. Warum (sagte ich mir dann) sollte
ein unsichtbares Licht, ein unhörbarer Schall,
nicht unter die möglichen Dinge gehören?
Kann nicht beides nur mir und meines gleichen unsichtbar, unhörbar seyn? Kann die
Schuld nicht bloſs an meiner Zerstreuung
durch nähere Gegenstände, oder an der
Schwäche und Stumpfheit meiner Organe
liegen? Scheint nicht dem, der aus einer
finstern Höhle auf einmahl in die Mittags-
sonne tritt, das blendende Licht dichte Fin-
sterniſs? Öffnet sich nicht, wenn Alles weit
um uns her in tiefer nächtlicher Stille ruht,
unser lauschendes Ohr den leisesten Tönen,
die uns unter dem dumpfen Getöse des Tages, selbst bey aller Anstrengung des Ge-
hörorgans, unhörbar blieben? — Soll ich
dir noch mehr bekennen? Diese Schlüsse
erhalten keine schwache Verstärkung durch
eine Wahrnehmung, die ich oft genug an
mir zu machen Gelegenheit habe. Die Filosofie Platons kommt mir nie fantastischer
vor, als wenn ich mich in den Wogen des

alltäglichen Lebens herumtreibe, oder beym
fröblichen Lärm eines grofsen Gastmahls,
im Theater, oder bey den Spielen reitzen-
der Sängerinnen und Tänzerinnen, kurz
überall, wo entweder Verwicklung in bürgerliche Geschäfte und Verhältnisse, oder
befriedigte Sinnlichkeit, den Geist zur Erde
herabziehen und einschläfern. Wie hingegen in mir selbst und um mich her alles
still ist, und meine Seele, aller Arten irdischer Fesseln ledig, sich in ihrem eigenen
Element leicht und ungehindert bewegen
kann, erfolgt gerade das Gegentheil; ich er-
fahre alles, von Wort zu Wort, was Plato
von seinen unterirdischen Troglodyten
erzählt, wenn sie ans Tageslicht hervorge-
kommen und aus demselben in ihre Höhle
zurück zu kehren genöthigt sind. Alles was
mir im gewöhnlichen Zustand reel, wichtig und anziehend scheint, dünkt mich dann
unbedeutend, schal, wesenlos, Tändeley,
Traum und Schatten. Unvermerkt öffnen
sich neue geistige Sinne in mir; ich finde
mich in Platons Ideenwelt versetzt; kurz,
ich bedarf in diesen Augenblicken eben
so wenig eines andern Beweises der Wahrheit seiner Filosofie, als einer der etwas
vor seinen Augen stehen sieht, einen Beweis, verlangt dafs es da sey.

Ob nicht in diesem Allen viel Täuschung
seyn könne, oder wirklich sey, kann ich
selbst kaum bezweifeln: denn wie käm' es
sonst, daſs jene vermeinten Anschauungen,
keine dauernde Überzeugung zurücklassen,
und' mir zu andrer Zeit wieder als bloſse
Träume einer über die Schranken unsrer
Natur hinaus schwärmenden Fantasie erscheinen? — Und dennoch dünkt mich, die
Vernunft selbst nöthige mich zu gestehen,
es sey etwas Wahres an dieser übersinnlichen Art zu filosofieren. Dem groſsen Haufen, d. i. zehnmahl Zehentausend gegen Einen, ist es freylich nie eingefallen einen
Augenblick zu zweifeln daſs Alles, was
ihm seine wachenden Sinne zeigen, wirklich so, wie es ihm erscheint, auſser ihm
vorhanden sey; der Filosof hingegen findet
nichts wunderbarer und unbegreiflicher, als
wie Etwas (ihn selbst nicht ausgenommen)
da seyn könne. Wie läſst sich von einem
Dinge sagen, es sey, wenn man nicht einmahl einen Augenblick, da es ist, an-
geben oder festhalten kann? Theile die Zeit
zwischen zwey auf einander folgenden Puls-
schlägen nur in vier Theile, und sage mir,
welcher dieser fliegenden Zeitpunkte ist
der, worin irgend ein zu dieser Sinnenwelt
gehöriges Ding wirklich da ist? Im Nu,

da du sagen willst es ist, ist es schon
nicht mehr was es war, oder (was eben
dasselbe sagt) ist das Ding, welches war,
nicht; aber vor dem vierten Theil eines
Pulsschlags, und vor zehentausend derselben, konnte man eben dasselbe gegen sein
Daseyn einwenden. Es war, es wird
seyn, wäre somit Alles was sich von ihm
sagen liefse: aber wie kann man von dem,
dessen Daseyn in irgend einem Moment ich
mir nicht gewifs machen kann, mit Gewifsheit sagen es sey gewesen? es werde
seyn?

Doch ich will zugeben dafs diefs dialektische Spitzfindigkeiten sind, die uns das
zweyfache Gefühl, dafs wir selbst
sind und dafs etwas aufser uns ist,
nicht abvernünfteln können. Ganz gewifs
kann dieses Gefühl keine Täuschung seyn:
nur wird das Unbegreifliche in unserm Seyn
durch diese Gewifsheit nicht aufgelöst. Wir
und alle Dinge um uns her befinden uns in
einem unaufhörlichen Schwanken — nicht,
wie Plato sagt, zwischen Seyn und Nicht-
seyn, sondern — zwischen so seyn und
anders seyn. Diefs wäre unmöglich,
wenn nicht allem Veränderlichen etwas fe-
stes, beständiges, unwandelbares zum Grunde läge, das die wesentliche Form desselben

ausmacht. Es giebt aber in dieser uns
umgebenden Sinnenwelt nichts als Einzelne Dinge, die sich durch alles, was an
ihnen veränderlich ist, d. i. durch alles,
was an ihnen in die Sinne fällt, von einander unterscheiden, in ihren Grundformen hingegen einander mehr oder
weniger ähnlich sind, und nach dieser
Ähnlichkeit von dem denkenden Wesen in
uns in Gattungen und Arten eingetheilt
werden. Gleichwohl sind diese letztern blofse
Begriffe, die wir uns von den wesentlichen Formen der Dinge zu machen suchen,
und die zu diesen Formen sich nicht anders
verhalten als wie die Schatten oder Widerscheine der Körper zu den Körpern selbst.
Aber woher kommen uns diese Begriffe?
Gewifs nicht von den Dingen der Sinnenwelt selbst, an denen wir nichts, was nicht
veränderlich und in einem ewigen Flufs ist,
wahrnehmen. Die wesentlichen Formen,
wovon sie gleichsam die Schatten sind,
müssen also ein von ihnen und von unsrer
Vorstellung unabhängiges Daseyn haben,
und irgendwo wirklich vorhanden seyn.
Diefs sind nun eben diese Ideen, die in
Platons Filosofie eine so grofse Rolle spielen, deren Inbegriff die übersinnliche oder
intelligible Welt ausmacht, und denen
er (weil wir uns doch alles, was wirklich

ist, nicht anders als in einem Orte denken
können) überhimmlische Räume zum
Aufenthalt anweiset. Sie sind, nach seiner
Meinung, (die ihm geistige Anschauung
ist) unmittelbar von der ersten ewigen Grundursache alles Denkbaren und Wahrhaftexis-
tierenden erzeugt, und waren die Gegenstände, an deren Anschauen unsre Seelen sich
weideten, bevor die strenge Anangke sie
in diese Sinnenwelt und in sterbliche Leiber
zu wandern nöthigte. Sie sind aber auch die
Urbilder und Muster, nach welchen un-
tergeordnete Geister aus einem an sich selbst
formlosen und durch seine unbeständige Natur aller Form widerstrebenden Stoff die
Sinnenwelt bildeten, wiewohl es nicht in
ihrer Macht stand, ihnen mehr als den
Schein jener ewigen unwandelbaren und in
sich vollkommenen Formen zu geben, der
gleichwohl alles ist, was an ihnen reel und
wesentlich genennt zu werden verdient. Von
diesem Schein — welcher (wie die Sonnen-
bilder im Wasser) gleichsam der Widerschein der mehr besagten Ideen ist, —
fühlen sich nun die neuangekommenen Seelen, sobald sie sich aus der Betäubung des
Sturzes in die Materie erhollt haben, aufs leb-
hafteste angezogen. Die Meisten wähnen,
daſs die Gegenstände, die ein dunkles Nach-
gefühl ihres ehmahligen seligen Zustandes

in ihnen erwecken, das, was sie scheinen,
wirklich seyen; sie überlassen sich also in
argloser Unbesonnenheit dem Ungestüm der
Begierden, von welchen sie zum Genuſs derselben angetrieben werden, und was daraus
erfolgt, ist bekannt. Nur sehr wenige (nehmlich, nach Plato, die Filosofen im ächten Sinn
des Wortes) sind weise genug, den Schein
von der Wahrheit zu unterscheiden, sich aus
den Schattenformen, die ihr Verstand in der
Sinnenwelt gewahr wird, eine Art von Stu-
fenleiter zu bilden, und so wie sie sich,
von Irrthum und Sinnlichkeit gereinigt, über
die materiellen Gegenstände erheben, nach
und nach in das reine Element der Geister
emporzusteigen und zu dem was wirklich ist,
zu den ewigen Ideen und dem Autoagathon, ihrem Urquell, mit immer weniger
geblendeten Geistesaugen aufzuschauen.

Hier hast du, in die möglichste Kürze zu-
sammengezogen, das Platonische System oder
Mährchen, wenn du willst, welches — allen
meinen nur zu häufigen Verirrungen und Un-
tertauchungen in den reitzenden Schlamm der
Sinnenwelt zu Trotz — so viel anziehendes
für mich hat, daſs ich, wofern es wirklich
nur ein Mährchen seyn sollte, mich wenigstens des Wunsches, daſs es wahr seyn
möchte, und in meinen besten Augenblicken
des Glaubens, daſs es wahr sey, nicht ent-

brechen kann. Ehrlich zu reden, Ich kenne
kein Anderes, woran ich mich fester halten
könnte, wenn mich die närrischen Zweifel über
Seyn und Nichtseyn anwandeln, die bey
meines gleichen sich nicht immer mit dem
Sokratischen was weis ich? oder dem
Aristippischen was kümmerts mich? ab-
fertigen lassen wollen. Verzeib, Lieber, wenn
ich deine Gleichgültigkeit über diese Dinge
auf der unrechten Seite angesehen haben sollte, und lafs dich meinen kleinen Hang zur
Schwärmerey (die, wie du weifst, eben nicht
immer die Platonische ist) nicht abschrecken
mein Freund zu bleiben. Lasthenia grüfst
dich und empfiehlt sich dem Andenken ihrer
Musarion. Du wirst es hoffentlich als ein ganz
unzweydeutiges Zeichen ihrer zur Reife gedie-
henen Sofrosyne ansehen, dafs deine Anti-
platonischen Briefe eine lebhafte und beynahe
warme Vertheidigerin an ihr gegen diejenigen
gefunden, die ich weifs nicht welche Spuren
eines alten Grolls und einer übel verhehlten
Eifersucht darin ausgeschnuppert haben wollen.
Denn im Grund ist sie noch immer eine so
eifrige Platonikerin als damahls, da sie zu
Ägina mit dem kleinen unbeflügelten Amor
am Busen von dir überrascht wurde.

11.

Aristipp an Speusippus.

Ich danke dir, lieber Speusipp, für das sehr
angenehme Unterpfand deines wohlwollenden
Andenkens, und für dein mildes Urtheil von
meinen Briefen an Eurybates, welchen, däucht
mich, das Beywort antiplatonisch nur
sehr uneigentlich gegeben wird, da sie wenigstens eben so viel Lob als Tadel enthalten,
und mit gleichem Rechte proplatonisch
heifsen könnten.

Verschiedenheit der Vorstellungsart wird
Männer nie entzweyen, deren Freundschaft,
wie die unsrige, auf Übereinstimmung der
Gemüther in allem, was den Karakter edler
und guter Menschen ausmacht, gegründet ist.

Der Unterschied, deiner und meiner Art
über Platons Filosofie zu denken scheint mir
(den Einfluſs der nahen Verwandschaft und
anderer Betrachtungen abgerechnet) hauptsächlich in dem Mehr oder Weniger Festigkeit und
Ruhe des Gesichtspunkts gegründet zu seyn,

woraus wir beide überhaupt die Dinge anzusehen pflegen; aber ich liebe die Aufrichtig-
keit, womit du die wahre Ursache deines noch
immer unentschiedenen Schwankens zwischen
dem gemeinen Menschensinn und der filosofischen M y s t a g o g i e deines Oheims gestehest,
und ich müßte mich sehr irren, oder die Vorliebe, die du zu gewissen Zeiten für sein
System in dir findest, und die Leichtigkeit,
womit du in einer andern Stimmung darüber
scherzen und lachen könntest, entspringt aus
einer und eben derselben Quelle; nur daß sie,
in jenem Fall reiner und geistiger, in diesem
etwas dicker und milchartiger fließt.

Es giebt, wie du weißt, angenehme und
sogar wohlthätige Täuschungen; aber es ist
immer gut, in allen menschlichen Dingen
(unter welche ich auch die m e t e o r i s c h e n
und g ö t t l i c h e n rechne) klar zu sehen; zu
wissen, wann, wo, und wie wir getäuscht
werden, und auf keine Art von Täuschung
mehr Werth zu legen als billig ist. Die Stimmung, in welcher die Platonischen Mysterien
so viel Reitz für dich haben, und worin das,
was sie uns offenbaren, dir wirklich das Innerste der Natur aufzuschließen scheint, ist
(mit deiner Erlaubniß) nur dem Grade nach
von derjenigen verschieden, worin der tragi-
sche P e n t h e u s zwey Sonnen und zwey

Theben, oder seine Mutter Agave das abge-
rifsne Haupt ihres Sohnes für den Kopf eines
jungen Löwen ansieht. Die Fantasie ist immer
eine unsichre Führerin, aber nie gefährlicher,
als wenn sie sich die Larve der Vernunft um-
bindet und aus Principien irre redet. Doch
was sage ich von Gefahr? Für dich, lieber
Speusipp, können diese sublimen Träume
nichts gefährliches haben, wenigstens so lang'
es nur ein lustiges Gastmahl oder einen Kuſs
der schönen Lasthenia bedarf, um dich aus
den überhimmlischen Räumen in deine a n g e -
b o r n e H ö h l e herabzuzaubern.

Um so weniger hätte ich mir also ein
Bedenken darüber zu machen, wenn mir die
Lust ankäme, das zierliche Gebäude von
Spinneweben, worein du deine geliebten
I d e e n gegen allen Angriff geborgen zu haben
glaubst, mit einem einzigen Hauch umzublasen?
— Doch nein! wenn ich auch aus dieser
scherzenden Drohung Ernst zu machen vermöchte, wer wollte einem Freund ein harm-
loses Spielzeug mit Gewalt aus den Händen
drehen? Alles was ich mir erlauben kann,
ist, dir meine Weise über diese Dinge zu
denken darzulegen, und es dann deinem eigenen
Urtheil zu überlassen, ob du Ursache finden
wirst, mich von der Beschuldigung einer allzu-
gemächlichen Gleichgültigkeit im Forschen
nach Wahrheit loszusprechen.

Ist es nicht sonderbar, dafs wir vom
Nichts entweder gar nicht reden müssen,
oder uns so auszudrücken genöthigt sind als
ob es Etwas wäre? Freylich sollten wir, da
dem Worte Nichts weder eine Sache noch
eine Vorstellung entsprechen kann, gar kein
solches Wort in der Sprache haben. Was ist
Nicht-Seyn? Ein Unding, ein hölzernes
Eisen, eine unmögliche Verbindung zwischen
Nein und Ja, kurz etwas sich selbst aufhebendes. Was ist, ist, und da es nie Nichts
seyn konnte, so liegen in dem Begriff des
Seyns alle Arten von Seyn, Gewesen seyn,
itzt seyn, künftig seyn, immer seyn, nothwendig enthalten. Mit der dilemmatischen
Formel, „Seyn oder Nicht-Seyn" ist
gar Nichts gesagt; hier findet kein oder Statt;
Seyn ist das Erste und Letzte alles Fühlbaren
und Denkbaren. Indem ich Seyn sage, spreche
ich eben dadurch ein Unendliches aus, das
Alles was ist, war, seyn wird und seyn kann,
in sich begreift. Indem ich also mich selbst
und die meinem Bewufstseyn sich aufdringenden Dinge um mich her, denke, ist die
Frage nicht: Woher sind wir? oder warum
wir? — sondern das Einzige was sich fragen
läfst und was uns kümmern soll, ist, was
sind wir? Und ich antworte: wir sind zwar
einzelne aber keine isolierte Dinge;
zwar selbstständig genug, um weder Schatten

noch Widerscheine, aber nicht genug, um
etwas anders als Gliedmaſsen (wenn ich so
sagen kann) oder Ausstrahlungen (wenn
du es lieber so nennen willst) des unendlichen Eins zu seyn, welches ist, und Alles,
was da ist, war, und seyn wird, in sich
trägt. Da all unser Denken im Grund entweder auf Anschauen oder bloſses Rechnen
mit Zeichen hinausläuft, das Unendliche
aber sich weder überschauen noch ausrechnen
läſst, so bleibt mir, wenn ich mir das wie
meines Daseyns im Unendlichen einiger
Maſsen klar zu machen wünsche, kein anderes
Mittel als mir an dem dürftigen Begriff genügen zu lassen, den ich durch Bilder und Vergleichungen erhalten kann; z. B. mit einem
Baum oder einem gegliederten Körper,
der aus einer unendlichen Menge von Theilen zusammengesetzt ist, von welchen jedes
seine eigene Art und Weise, Gestalt, Bildung
und Einrichtung hat, aber sich doch nur dadurch in seinem Daseyn erhalten und gedeihen kann, daſs es mit dem Ganzen in engester
Verbindung steht, und von dem aus demselben
und durch dasselbe strömenden und durch alle
Theile sich ergieſsenden Leben seinen Antheil
empfängt. Jedes Blatt eines Baums, ist in
dieser Rücksicht zugleich ein kleines Ganzes
und Theil eines gröſsern, des Zweiges, so
wie dieser einem Ast, der Ast (an Stärke und

Fülle der Zweige und Blätter oft selbst ein
Baum) dem Hauptstamm einverleibt ist. Wenn
mir diese von materiellen Dingen erborgte
Vergleichungen kein Genüge thun wollen,
stelle ich, mir das Unendliche I s t (welches
durch das geheimnisvolle *Ei* im Tempel zu
Delfi bezeichnet zu seyn scheint) unter dem
Bilde der S e e l e , und alles was durch und in
Ihm ist, wie die G e d a n k e n vor, welche,
wiewohl durch die Kraft der Seele erzeugt
und gleichsam aus ihr hervorstrahlend, doch
weder aufser ihr seyn, noch als Bestandtheile
von ihr betrachtet werden können. Aber
unter welchem Bilde ich mir auch in gewissen
Augenblicken d a s g r o f s e G e h e i m n i f s der
N a t u r zu symbolisieren suchen mag, der
einzige Gebrauch, den ich davon mache, ist:
die ewige Grundmaxime der ächten Lebensweisheit daraus abzuleiten, die zugleich die
Regel unsrer Pflicht und die Bedingung unsrer
Glückseligkeit ist. Denn natürlicher Weise
trägt die Überzeugung, „dafs ich nur als
„Gliedmafs des Unendlichen Eins da seyn, aber
„auch nie gänzlich abgetrennt werden kann,"
eine zwiefache Frucht: erstens, die feste
G e s i n n u n g , dafs ich nur durch Erfüllung
meiner Pflicht gegen das allgemeine sowohl,
als gegen jedes besondere Ganze dessen Glied
ich bin, in der gehörigen Unterordnung des
Kleinern unter das Gröfsere, glücklich seyn

kann; und zweytens die eben so feste Gewifsheit, dafs ich, wie beschränkt auch
meine gegenwärt.ge Art zu existieren scheinen mag, dennoch als unzerstörbares Glied
des Unendlichen Eins, für Raum und
Zeit meines Daseyns und meiner Thätigkeit
kein geringeres Mafs habe, als den her-
metischen Zirkel — die Unendlich-
keit selbst. Ich weifs es nicht gewifs,
aber ich vermuthe, dafs sich Plato bey seinem Autoagáthon eben dasselbe denkt,
was ich bey meinem Unendlichen; wenn
man anders blofses Hinstreben nach etwas
Unerreichbaren Denken nennen kann: aber
das ist gewifs, dafs ich keinen spekulativen
Gebrauch oder Mifsbrauch davon mache,
und mich nur defswegen nicht bekümmere
mehr davon zu wissen, weil ich fühle, dafs
indem ich einen schwindelnden Blick in
diese unergründliche Höhe und Tiefe wage,
ich bereits über der Grenze alles menschlichen Wissens schwebe.

Was Platons Ideen betrifft, so gestehe
ich dir unverhohlen, dafs ich nach allem
was mir seine Dialogen davon geoffenbaret
haben, mir keine Idee von ihnen zu machen
weifs. Sie sind weder blofs gedachte noch
personificierte allgemeine Begriffe; auch sind
es nicht die Erscheinungen, die der begei-

sterten Fantasie des Dichters, Bildners oder
Mahlers vorschweben, wenn er nach dem
Höchsten seiner Kunst, dem Übermenschlichen und Göttlichen, nach vollkommener
Schönheit, Stärke und Größe ringt. So wie
Plato von ihnen spricht, können sie nichts
dergleichen seyn, wiewohl ich vermuthe,
daß du in den Momenten der geistigen Anschauungen, wovon du sprichst, sie mit jenen verwechselst. Was sind sie also? Ich
weiß es nicht; aber das weiß ich, daß
der Platonische Tisch, der weder klein
noch groß, weder rund noch dreyeckig,
weder von Holz noch von Elfenbein, noch
von Gold oder Silber ist, der nicht dieser
oder jener Tisch, sondern der Tisch selber, der Tisch an sich und das einzige
Exemplar seiner Art im Lande der Ideen
ist, neben den künstlichen goldnen Drey-
füßen im Pallast des Homerischen He-
fästos eine schlechte Figur macht. Wie
kommt Plato dazu, daß er den abgezoge-
nen Begriffen von Arten und Gattungen,
deren wir Menschen bloß als erleichternder
und abkürzender Hülfsmittel zum Denken
und Reden benöthigt sind, Selbstständigkeit
und wirkliches Daseyn außer uns giebt?
Die Natur hat ihm schwerlich dazu ange-
holfen; denn Sie stellt lauter einzelne Dinge auf, und weiß nichts von unbestimmten

Formen, nichts von Körpern, die weder
klein noch grofs, weder rund noch eckigt,
weder aus diesem noch jenem Stoffe gemacht
sind. Sie kennt nur Ähnlichkeit und
Verschiedenheit in unendlichen Graden
und Schattierungen; die Abtheilungen, Ein-
zäunungen und Grenzsteine sind Menschen-
werk. Der Maulwurf steht mit dem Elefanten auf eben derselben Linie, wie viel
andere Thiere auch zwischen ihnen stehen
mögen, und die Verschiedenheit zwischen einem Elefanten und einem andern,
ist, wiewohl nicht so stark in die Augen
fallend, doch nicht minder grofs als die
Ähnlichkeit. Weil alles Mögliche
wirklich ist, so mufs nothwendig der
Unterschied zwischen den Wesen, die
einander die ähnlichsten sind, kaum merklich seyn; wir übersehen also das, worin sie verschieden sind, fassen sie unter
dem Begriff einer Art zusammen, und bezeichnen sie mit einem gemeinsamen Wort.
Durch das nehmliche Verfahren erhalten
wir, indem wir die ähnlichsten Arten unter
Ein gemeinschaftliches Wort stellen, den
höhern Begriff der Gattungen. Das Bedürfnifs einer Sprache, und das Gefühl der
Nothwendigkeit, den auf uns eindringenden
Vorstellungen Festigkeit und Ordnung zu
geben, nöthigt den Menschen zu diesen ihm

natürlichen Anwendungen seines Verstandes,
und es wäre nicht schwer (wenn es mich
nicht zu weit führte) zu zeigen, wie es
zugeht, dass es ihm unvermerkt eben so
natürlich wird, diese Abtheilungen und Klas-
sifikazionen für das Werk der Natur selbst
zu halten, wiewohl sie nichts anders als
Produkte seiner durch den Drang des Bedürfnisses erregten instinktmäfsigen Selbstthä-
tigkeit sind. — Diefs hat mich wenigstens
eine mäfsige Aufmerksamkeit auf die Natur
gelehrt, und wenn Spekulieren um blofsen
Spekulierens willen meine Sache wäre, so
dächte ich auf diesem Wege ziemlich weit
zu kommen. Aber ferne von mir sey die
Anmafsung, dich, mein liebenswürdiger Freund,
oder irgend einen andern Sterblichen von
einer Vorstellungsart abzuziehen, die ihm
einleuchtet, wobey er gutes Muthes ist, und
wodurch keinem andern Weh geschieht.
Auch die Filosofie ist in gewissem Sinn etwas individuelles, und für jeden ist nur
diejenige die wahre, die ihn glücklicher und
zufriedner macht als er ohne sie wäre.

Übrigens danke ich der schönen Lasthenia, dafs sie sich ihres entfernten Freundes
so grofsmüthig annimmt, und finde sehr billig, wenn sie (ohne sich des geheimen Beweggrundes bewufst zu seyn) etwas reelle-

res in der Welt vorzustellen wünscht, als
ein blofses Schattenbild des Platonischen
Urweibes, welches weiter nichts zu thun
hat, als im Lande der Ideen umher zu stol-
zieren, und zehentausendmahl Zehentausend
Myriaden mächtig von einander abstechender
Weiberschatten auf diese Unterwelt
herabzuwerfen; eine Verrichtung, wobey
die Dame, wie grofs ihre Selbstgenügsam-
keit auch seyn mag, endlich doch ziemlich
lange Weile haben dürfte, wenn anders ihr
präsumtiver Gesellschafter und Liebhaber,
der idealische Urmann, neben seinem eignen gleichen Tagewerk, nicht noch Mittel
und Wege findet, ihr auf eine uns Sterblichen unbegreifliche Weise die Zeit zu kürzen.

Ich gestehe dir, lieber Speusipp, dafs
ich grofse Lust hätte, diesen platten Scherz,
seines ächten Atticismu's ungeachtet, wieder auszustreichen, wenn ich nicht eine geheime Hoffnung nährte, dafs er deinem erhabenen Oheim vielleicht Anlafs geben könnte, sich über die zur Zeit noch unbegreifliche Natur seiner Ideen etwas deutlicher
zu erklären. Denn in der That, wenn er
uns nicht mehr Licht über diese wunderbaren Wesen zukommen lassen wollte als bisher, hätte er besser gethan, uns gar nichts
davon zu offenbaren.

12.

Aristipp an Eurybates.

Der angeborne Trieb der streitlustigen Athener für und wider jede Sache zu sprechen,
und von allem, was ein Anderer sagt, steben-
des Fußes das Gegentheil zu behaupten, ist
durch die berühmten Sofisten, die ehmahls
eine so gute Aufnahme bey Euch fanden,
und seitdem durch Antisthenes, Platon und
die übrigen Sokratiker, bey Alten und Jungen aus den höhern Klassen euerer Bürger
dermaßen geübt und in Athem erhalten worden, daß es mich nicht wundert, edler Eurybates, wenn Platons neuester Dialog noch
immer, wie du mir schreibst, den meisten
Anlaß zu den dialektischen Kampfübungen
giebt, womit euere vornehmern Müßiggän-
ger, während des dermahligen Stillstands krie-
gerischer und politischer Neuigkeiten, sich
einige Unterhaltung zu verschaffen suchen.
Daß meine Briefe (die nun einmahl, belieb-
ter Kürze und Bequemlichkeit halben, Platonisch oder Antiplatonisch heißen müssen) Öhl ins Feuer gegossen haben, würde

mir, als einem der friedfertigsten Menschen
unter der Sonne, beynahe leid seyn, wenn
du nicht zu gleicher Zeit den Trost hinzu-
fügtest, daſs sie auf der andern Seite nicht
wenig dazu beytragen, die Nachfrage nach
dem wundervollsten Werke unsrer oder vielmehr jeder Zeit allgemein zu machen, und
manchen einseitigen Tadler zu Anerkennung
des vielfältigen Verdienstes zu vermögen, welches der Urheber desselben sich um Athen und
die ganze Hellas, ja ich darf wohl sagen,
um das ganze Menschengeschlecht dadurch
erworben hat. Denn ich zweifle keinen Augenblick, es wird so lange leben, als unsre
Sprache das Mittel bleiben wird, die Kultur, die uns so weit über alle andere Völker erhebt, nach und nach über die ganze
bewohnte Erde auszubreiten.

Auſserdem gesteh ich dir gern, daſs ich
mich nicht wenig geschmeichelt finde, auch
in so groſser Entfernung von der schönen
Minervenstadt eine Art geistiger Gemeinschaft mit ihren Bewohnern zu unterhalten,
und mich meinen ehmahligen Freunden und
Gesellschaftern zu vergegenwärtigen, indem
ich ihnen Gelegenheit gegeben habe meinen
Nahmen zu nennen und sich so mancher
schönen, mir selbst unvergeſslichen Stunden
zu erinnern, die wir unter dem freyesten

Umtausch unsrer Gedanken und Gefühle, in
euern prächtigen Hallen und anmuthigen
Spaziergängen, oder beym fröhlichen Mahl
und bey thauenden Sokratischen Bechern,
so vergnüglich zugebracht haben. Je glücklicher das Gegenwärtige, worin wir leben,
ist, um so angenehmer ist es, den Genufs
desselben durch die ihm so schön sich an-
schmiegenden und darin verschmelzenden
Erinnerungen des Vergangenen zu erhöhen,
und uns dadurch dem Wonneleben der seligen Götter zu nähern, deren Daseyn ein
immerwährender Augenblick ist. — Warum,
ach! warum mufs unsre liebenswürdige Freundin zu Ägina — nicht mehr seyn! Welchen
Genufs, welche Unterhaltungen würden alle
diese neuen Erscheinungen, die so viel Reitz
für diese vorwitzige aber schwer zu täuschende Psyche hatten, ihr und uns durch
sie verschafft haben!

Unter den vielerley Problemen, die, wie
du sagst, aus Veranlassung meiner Briefe,
euere Filodoxen (wie Plato sie benahm-
set) unter den Propyläen oder in den Schat-
tengängen der Akademie in Bewegung setzen,
ist diejenige Frage, worüber du eine nähere
Erklärung von mir verlangst, vielleicht die
wichtigste, weil sie auf das praktische Leben mehr Einflufs als irgend eine andere zu

haben scheint. Du weifst dafs ich kein
Freund von unfruchtbaren Grübeleyen bin;
aber gewifs gehört die Streitfrage: ,,wie
sich das was ist, zu dem was seyn soll,
verhalte?" oder, ,,ob und in wie fern man
sagen könne, dafs das was ist, anders
seyn sollte?" nicht unter die Processe um
des Esels Schatten; es ist nichts weniger
als gleichgültig für den sittlichen Menschen,
wie sie entschieden wird. Ich bin so weit
entfernt meine Meinung für entscheidend zu
geben, dafs ich vielmehr überzeugt bin, dieses Problem könne niemahls rein aufgelöst
werden. Indessen sehe ich nicht, warum
ich Bedenken tragen sollte, dir die Antwort
mitzutheilen, die ich mir selbst auf jene
Fragen gebe.

Dafs im blofsen Seyn (dem ewigen Gegentheil des ewig unmöglichen Nicht-
seyns) alles Mögliche enthalten sey, ist
für mich etwas ausgemachtes, an sich klares
und keines Erweises bedürftiges. Das was
ist, im unbeschränktesten Sinn des Worts,
ist also das Unendliche selbst, und
umfafst, nach unsrer Vorstellungsart, alles
was möglich ist, war, und seyn wird. Ich
sage nach unsrer Vorstellungsart; denn im
Unendlichen selbst ist weder Vergangenheit
noch Zukunft, sondern ewige Gegenwart;

und eben darum ist es uns unbegreiflich. In
dieser Rücksicht kann man also nicht sagen,
daſs was n i c h t i s t, seyn s o l l t e; denn alles
was seyn soll, muſs seyn k ö n n e n; und
alles was seyn kann, i s t.

Aber wie bringe ich diese unläugbaren
Grundsätze in Übereinstimmung mit der
Stimme meiner Vernunft und meines Herzens,
die mir täglich sagen, es geschehen Dinge in
der Welt, die nicht geschehen s o l l t e n?
Brüder z. B. sollten nicht gegen Brüder, Hellenen nicht gegen Hellenen zu Felde ziehen,
ihre Wohnsitze und Landgüter wechselsweise
ausrauben und verwüsten, die eroberten
Städte schwächerer Völker nicht dem Erdboden
gleich machen, die Überwundnen nicht mit
kaltem Blute morden, oder auf öffentlichem
Markt als Sklaven verkaufen, u. s. w: Wer
erkühnt sich zu läugnen, daſs diefs alles n i c h t
seyn s o l l t e? Und gleichwohl i s t es. —
Leider! Aber wie könnt' es anders seyn?

Das Bedürfniſs unsre Gedanken an Worte
zu heften, und die unvermeidliche Unschick-
lichkeit, mit diesen Worten allgemeine Begriffe
bezeichnen zu müssen, deren Allgemeinheit
ihren Grund nicht in der Natur der Dinge,
sondern blofs in unsrer verworrenen und
unvollständigen Ansicht derselben, und in

den Trugschlüssen haben, die wir aus diesen
täuschenden Anschauungen ziehen, — diese
Quellen beynahe aller der Irrthümer, Halb-
wahrheiten und Mißverständnisse, die so viel
Unheil unter den Menschen anrichten — sind
auch hier die Ursache eines Trugschlusses, an
dessen Richtigkeit gleichwohl die Meisten so
wenig zweifeln, daß ich Gefahr laufe des
Verbrechens der beleidigten Menschheit angeklagt zu werden, wenn ich mich erkühne ihn
anzufechten. Indessen, der erste Wurf ist
nun einmahl geschehen, und ich werde schon
auf meine Gefahr fortspielen müssen.

Daß der Tieger blutdürstig, der Affe
hämisch, die Otter giftig ist, daß der Wolf
Lämmer stiehlt und der Iltiß die Tauben er-
würgt um ihre Eyer auszuschlürfen, wer
wundert sich darüber? Es ist ihre Natur,
sagt man, und wie lästig sie uns auch dadurch
werden, fordert doch niemand, daß sie anders
seyn sollten als sie sind. Diejenigen, welche
behaupten, daß die Menschen weiser und
besser seyn sollten, als sie sind, nehmen als
Thatsache an, ,,daß sie dermahlen, im
Ganzen genommen, eine thörichte und ver-
kehrte Art von Thieren sind;'' Plato trägt
sogar kein Bedenken zu behaupten, es gebe
kein Volk in der Welt, dessen Verfassung,
Lebensweise, Sitten und Gewohnheiten nicht

durch und durch verdorben wären. — „Aber
es sollte und könnte anders seyn, sagt
man." — Allerdings könnte und würde es anders
seyn, wenn die Menschen vernünftige
Wesen wären — Wie? sind sie es etwa nicht?
Wer kann daran zweifeln? — Ich! — Wenn
sie es wären, so würden sie anders, nehmlich
gerade das seyn, was vernünftige Wesen,
ihrer Natur zu Folge, seyn sollen. Aber
diese sehr ungleichartigen einzelnen Erdenbe-
wohner, die ihr, weil sie auch zweybeinig
und ohne Federn sind und den Kopf aufrecht
tragen wie die eigentlichen Menschen,
mit diesen zu vermengen und unter dem gemeinschaftlichen Nahmen Mensch zusammen
zu werfen beliebt, sind nun einmahl gröfsten-
theils, (wie ihre ganze Weise zu seyn und
zu handeln augenscheinlich darlegt) alles andre
was ihr wollt, nur keine vernünftige Wesen.
Das äufserste, was ich, ohne mich an der
Wahrheit zu versündigen, thun kann, ist,
ihnen eine Art von vernunftähnlichem Instinkt
zuzugestehen, mit etwas mehr Kunstfähigkeit,
Bildsamkeit und Anlage zum Reden, als man
an den übrigen Thieren wahrnimmt; Vorzüge,
wodurch sie einer zwar langsamen, aber doch
fortschreitenden Vervollkommnung fähig sind,
deren Grenzen sich schwerlich bestimmen
lassen. Diefs giebt einige Hoffnung für die
Zukunft. Binnen etlichen hundert Meto-

nischen Zykeln mögen sie, nach zehntau-
sendmahliger Wiederhohlung der nehmlichen
Mifsgriffe und Albernheiten, durch die immer
gleichen Folgen derselben endlich gewitziget,
einige Schritte vorwärts gemacht haben, und
wenn sie dereinst völlig zur Vernunft gereift
sind, zuletzt so verständig und gut werden,
als sie euerer Meinung nach bereits seyn
sollten; was doch unter allen Bedingungen
ihrer dermahligen Existenz und auf der Stufe
von Kultur, worauf sie stehen, keine Möglichkeit ist. Ihr vergefst nehmlich, dafs von
Allem, was wir uns, unter einem abgezoge-
nen unbestimmten Begriff, als möglich vorstellen, keines eher in die wirkliche Welt
eintreten kann, bis die Ursachen und Bedingungen seiner Möglichkeit in derselben
vollständig zusammentreffen. Ihr vergefst, dafs
das, was itzt ist, aus dem, was zuvor
war, hervorgehen mufs, und dafs Jahrtausende nöthig waren, bis an jenen Tiegermen-
schen, Wolf-und Luchsmenschen, Pferde-
Stier-und Eselsmenschen, u. s. w. welche, als
die wahren ursprünglichen Autochthonen,
vor undenklichen Zeiten den noch rohen Erdboden inne hatten, das Menschliche so viel
Übergewicht über die ungeschlachte Thierheit
bekam, dafs es einem Hermes, Cekrops,
Foroneus, Orfeus, den Kureten, Telchi-
nen, Idäischen Daktylen und ihres

gleichen möglich war, sie in eine Art von
bürgerlicher Gesellschaft zu vereinigen, sie an
einige Ordnung und Sittlichkeit zu gewöhnen,
und in den ersten Anfängen der Künste, die
das Leben menschlicher machen, zu unter-
richten. Wer sich die Mühe nehmen mag,
den unendlichen Hindernissen und Schwierigkeiten nachzudenken, welche die Vernunft noch
itzt, da die sogenannten Menschen sich aus ihrer
ursprünglichen Roheit und Verwilderung schon
so lange herausgearbeitet haben, in ihren Wahnbegriffen und Leidenschaften, in ihrer Geistes-
trägheit, Sinnlichkeit und thierischen Selbstig-
keit zu bekämpfen hat, der wird sich nicht
wundern, dafs es mit ihrer Veredlung so
langsam hergeht, und wird nicht schon von
der harten und herben grünen Frucht die
Weichheit und Süfsigkeit der zeitigen verlangen.

Nun wohl, höre ich sagen, wenn diefs
auch von der gröfsten Mehrheit der Menschen
in Eine Masse zusammengeworfen gelten
könnte, bleibt darum weniger wahr, dafs
Dieser und Jener, oder vielmehr dafs jeder
Einzelne Mensch besser seyn könnte, folglich
seyn sollte, als er ist? — Mich dünkt, hier
ist viel auseinander zu setzen. Wenn ich
z. B. meinen Sklaven Kappadox aus dem
ganzen Zusammenhang seiner äufsern Umstände

und aus sich selbst gleichsam heraushebe, so
scheint es allerdings, dafs er verständiger, be-
sonnener, geschickter, fleisiger und bey Gelegenheit etwas nüchterner seyn könnte; denn
es ist nicht zu läugnen, dafs ihm, wiewohl
er eben kein bösartiger Menschensohn ist, doch
ziemlich viel fehlt, um für ein Muster der
Sokratischen S o f r o s y n e zu gelten. Unstreitig läfst sich also nicht nur ein besserer Mensch
denken als er; ich glaube sogar zu begreifen,
wie er selbst, unter andern Umständen, dieser
bessere Mensch seyn könnte. Wenn ich aber
überlege, dafs er ein geborner Kappadozier,
unter ungebildeten Menschen aufgekommen,
schlecht erzogen, schlecht genährt, und nie
zu etwas besserm als knechtischer Arbeit angehalten worden ist, u. s. w. so finde ich
mehr Ursache, mich wundern zu lassen, dafs
er nicht schlechter als dafs er nicht besser ist,
und ich fordere nicht mehr Weisheit und
Tugend von ihm, als ihm unter allen Bedingungen seiner Existenz zuzumuthen ist. Sollte,
was von meinem Kappadozier gilt, nicht aus
gleichem Grunde von jedem gebildeten und
ungebildeten Athener, Thebaner oder Korin-
thier gelten? — Aber (könntest du mir einwenden) kommen nicht Fälle vor, wo du
deinen Sklaven zu einer Pflicht ermahnest,
oder ihm eine Unart verweisest, oder ihn
wohl gar körperlich züchtigen lässest? — Das

letztere ist in meinem Hause nicht üblich.
Wenn einer meiner Sklaven sich auf einen wiederholten scharfen Verweis nicht bessert, wird
er auf den Markt geführt und — nicht für gut —
verkauft. — „Du nimmst also doch die
Besserung als etwas mögliches an?" —
Warum nicht? Wenn ich ihm einen mehrmahls begangenen Fehler scharf verweise,
so geschieht es nicht des begangenen wegen,
denn der ist nun einmahl gemacht; aber da
der Fall wieder kommen kann, warum sollt'
es nicht möglich seyn, dafs mein Kappadox, indem er im Begriff ist dieselbe Sünde
wieder zu begehen, sich meines Verweises
und der angehängten Drohung erinnerte, und
dadurch zurückgehalten würde? Wo nicht,
so wirkt vielleicht eine derbe Züchtigung,
die ihm sein künftiger Herr geben läfst;
aber aus beiden Fällen geht weiter nichts
hervor, als dafs ein Mensch, der einer gewissen Versuchung heute nicht zu widerstehen vermochte, es mit Hülfe eines stärkern Beweggrundes ein ander Mahl vielleicht vermögen wird. Belehrung, Warnung,
Züchtigung, beziehen sich daher immer auf
künftige Fälle, und sind, in so fern,
als mögliche Verbesserungsmittel nicht zu
versäumen. Denn die Möglichkeit durch
gehörige Mittel unter den erforderlichen Um-

ständen besser werden zu können, ist unläugbar eine Eigenschaft, der menschlichen
Natur, wiewohl daraus nicht folgt, daſs
ebenderselbe, der in einer gewissen äuſern
Lage und innern Stimmung etwas zu thun
oder zu unterlassen vermag, auch bey verän-
derten Umständen Kraft genug haben werde,
dasselbe zu thun oder nicht zu thun. — „Du
rechnest also nichts auf die Kraft eines fest-
entschloſsnen Willens?" — Im Gegentheil,
sehr viel. Aber ein Wille, der zu allen Zeiten
jeder Versuchung, jeder Leidenschaft und
jeder Gewohnheit siegreich zu widerstehen
vermag, setzt eine groſse erhabene Natur
voraus, und kann nicht das Antheil gewöhn-
licher Menschen seyn. Von diesen zu fordern, was nach dem Zeugniſs der Erfahrung
nur in sehr seltnen Fällen von den auſser-
ordentlichsten Heroen der Menschheit
geleistet worden ist, wäre unbillig und ver-
geblich. Wir bewundern alle Arten von
Helden, aber niemand ist schuldig ein Held
zu seyn, und hört er auf es zu seyn, wenn
ers einst war, was können wir dazu sagen,
als daſs ihn seine Kraft verlassen habe? Er
ist in die Klasse der gemeinen Menschen
zurückgesunken; und verdient deſswegen
keine Verachtung, wiewohl er, als er ein
Held war, Bewundrung verdiente. — Du
wirst mir einwenden, die Rede sey nich

von moralischen Heldenthaten, sondern
von dem, wozu jeder Mensch verbunden
ist, von der Pflicht gerecht und gut zu
seyn; und ich — werde wiederholen müssen
was ich schon gesagt habe: die Vernunft
fordert beides, aber nur von vernünftigen
Wesen. Der bürgerliche Gesetzgeber scheint
zwar diese Forderung ohne Unterschied an
alle Glieder des Staats zu machen; aber im
Grunde rechnet er wenig auf ihre Vernunft;
er verlangt nur Gehorsam. Unbekümmert aus welcher Quelle dieser Gehorsam
fliefse, glaubt er genug gethan zu haben,
indem er seine Untergebnen durch Strafen
von Übertretung der Gesetze abschreckt.
Indessen zeigt der allgemeine Augenschein
wie wenig diefs hinreicht, und Plato hat
vollkommen Recht, wenn er behauptet, dafs
die Bürger eines Staats von Kindheit an durch
zweckmäfsige Veranstaltungen zur Tugend
erzogen, d. i. mechanisch an ihre Ausübung gewöhnt werden müssen, und dafs
alle andern Mittel, wodurch man dem Gesetze Kraft zu geben vermeint, unzulänglich
oder unvermögend sind. So lange diesem
Mangel nicht abgeholfen ist, sind Strafgesetze
zwar ein nothwendiges Übel, aber immer ein Übel, worüber der Weise den
Kopf schüttelt und der Freund der Menschheit trauert.

Aber wir haben es, bey Beantwortung
der Fragen über seyn und sollen, nicht
mit Bürgern, sondern mit Menschen zu
thun, aber nicht mit einer dialektischen, geschweige Platonischen Idee der Menschheit,
sondern mit den sämmtlichen einzelnen Wesen, welche unter dem allgemeinen Nahmen
Mensch begriffen werden. Von diesen zu
fordern, sie sollten anders seyn als sie
sind, — wäre die Vernunft nur dann berechtigt, wenn sie unbillige Forderungen thun
könnte. Aber die Vernunft will nichts als dafs
sie anders werden sollen, und auch diefs
erwartet sie nur von solchen innern und
äufsern Veranstaltungen, wodurch die Verbes-
serung möglich wird: denn sie verlangt
nicht (mit dem Sprüchwort zu reden) dafs das
Böckchen im Hofe herumspringe bevor die Ziege
geworfen hat.

Ich hätte noch mancherley zu bemerken,
wenn ich ins Besondere gehen, und diese
reichhaltige Ader erschöpfen wollte. Ich
glaube aber meine Gedanken hinlänglich
dargelegt zu haben, um dir klar zu machen
dafs ich durch meine Art die Dinge zu sehen hauptsächlich den schiefen und unbilligen Urtheilen (wenigstens bey mir selbst)
zuvorkommen möchte, die man täglich über
Personen, Sachen und Handlungen von Leu-

ten aussprechen hört, denen nichts recht ist
wie es ist, wiewohl der Fehler bloſs daran
liegt, daſs sie selbst nicht sind, wie sie
seyn müſsten, 'um über irgend etwas ein unbefangenes Urtheil fällen zu können.

13.

Lysanias von Athen an Droso,
seine Mutter.

Wenn ein Jüngling, der so glücklich ist
ein Athener und dein Sohn zu seyn, an irgend einem Ort in der Welt in Gefahr kommen könnte, zu erfahren was den Gefährten
des edeln Laertiaden bey den Lotofa-
gen begegnete,

    Lotos pflückend zu bleiben und abzusagen
                der Heimat,

so müſst' es, denke ich, zu Cyrene im
Hause unsers edeln Gastfreundes Aristip-
pus seyn, wo ich bereits vom dritten
Frühling überrascht werde, ohne recht
zu wissen, wie mir so viele Zeit zwischen den Fingern, so zu sagen, durchge-
schlüpft ist. Nicht als ob ich mir selbst so

Unrecht thun wollte, liebe Mutter, die Be-
sorgnifs bey dir zu erregen, dafs ich sie
übel angewandt hätte; was freylich bey den
Menschen, mit welchen ich lebe, nicht wohl
möglich gewesen wäre: aber gewifs ist, ich
befand mich von allen Seiten so wohl, hatte
so viel zu sehen, zu hören, zu lernen, zu
üben, zu schicken und zu schaffen, und das
alles unter dem mannigfaltigsten Genufs immer abwechselnder Vergnügungen, dafs ich
mich auch nicht eines einzigen Tages besinnen kann, der mir nicht zu kurz gedäucht
hätte.

Cyrene ist in der That eine Stadt, die
selbst ein geborner Athener schön finden
mufs; nicht ganz so grofs noch so volkreich
als Athen, aber doch beides genug, um nach
Karchedon die ansehnlichste Stadt an den
Küsten Libyens zu seyn. Ihre Lage ist sehr
anmuthig, noch mehr durch den Fleifs und
Geschmack der Einwohner als von Natur;
denn die Stadt scheint in einem einzigen un-
übersehbaren, treflich angebauten Garten zu
liegen.   Nichts übertrifft die Fruchtbarkeit
des Bodens; alle Arten von Früchten gelangen hier zu einem Grad von Vollkommenheit, wovon man in unserm rauhern Attika
keinen Begriff hat.

Die Bürger von Cyrene sind überhaupt
ein guter Schlag Menschen; eben nicht so
fein geschliffen und abgeglättet als unsre
Athener, aber auch nicht so hart, um so
vieler Politur nöthig zu haben. Gutmüthig-
keit, Gefälligkeit und Frohsinn sind ziemlich allgemeine Züge im Karakter dieses
Volks; sie lieben (wie alle Menschen) das
Vergnügen, aber mit einer eigenen, in ihrer
Sinnesart liegenden Mäfsigung; sie wollen lieber weniger auf einmahl geniefsen, um desto
länger geniefsen zu können; und diefs ist
vermuthlich die Ursache, warum ich hier so
viele Greise gesehen habe, die mir das Bild
des weisen Anakreons, so wie er sich selbst
in seinen kleinen Liedern darstellt, vor die
Augen brachten.

Aristipp und Kleonidas haben unvermerkt
auf den Geist und Geschmack ihrer Mitbürger eine Wirkung gemacht, deren Einflufs
auf das gesellige Leben, die öffentlichen
Vergnügungen und vielleicht selbst auf die
bisherige Ruhe dieses kleinen Staats nicht
zu verkennen ist. Auch geniefsen beide die
allgemeine Achtung ihrer Mitbürger so sehr,
dafs selbst auf mich eine Art von Glanz
davon zurückfällt, und mir als ihrem Freund
und Hausgenossen überall mit Auszeichnung
begegnet wird. Ich hoffe mich keiner all-

zugrofsen Selbstschmeicheley bey dir verdäch-
tig zu' machen, wenn ich hinzusetze, dafs
die Grazien (denen ich, nach Platons Rath,
fleifsig opfre) auch den Cyrenerinnen günstige
Gesinnungen für mich eingeflöfst zu haben
scheinen. Man sieht zwar hier, wie zu Athen,
die Frauen und Jungfrauen der höhern Klassen nur bey öffentlichen religiösen Feyerlich-
keiten in grofser Anzahl beysammen; aber
sobald jemand in einem guten Hause auf dem
Fufs eines Freundes steht, erhält er dadurch
auch die Vorrechte eines Anverwandten und
wird, in so fern sein Betragen die von ihm
gefafste günstige Meinung rechtfertigt, von
dem weiblichen Theil der Familie eben so
frey und vertraut behandelt als ob er selbst
zu ihr gehörte.

Du zweifelst wohl nicht, liebe Mutter,
dafs ich mir diese Cyrenische Sitte in dem
Hause, worin ich das Glück habe zu leben,
aufs beste zu Nutze zu machen suche, und
ich hoffe du wirst dereinst finden, dafs mir
der freye Zutritt, den ich bey Kleonen und
Musarion habe, für die Ausbildung meines
Geistes und mein Wachsthum in der Kalo-
kagathie, in welcher ich erzogen bin,
wenigstens eben so vortheilhaft gewesen ist,
als der tägliche Umgang mit den vortreflichen Männern, an welche mich mein Vater

empfohlen hat. Unläugbar, sind diese beiden Frauen unter den liebenswürdigsten,
deren Cyrene sich rühmen kann, eben so
ausgezeichnet als es ihre Männer unter ihren Mitbürgern sind; und ich gestehe dir
offenherzig, es ist ein Glück für mich, dafs
ich beide zu gleicher Zeit kennen gelernt
habe, und, da sie beynahe unzertrennlich
sind, beide immer beysammen sehe. Ohne
diesen Umstand würde es mir, glaube ich,
kaum möglich gewesen seyn, ungeachtet sie
die Blüthenzeit des Lebens bereits über-
schritten haben, von der Leidenschaft nicht
überwältiget zu werden, welche mir jede
von ihnen, hätte ich sie allein gekannt, unfehlbar (wiewohl gewifs wider ihren Willen) angezaubert hätte. Du wirst über mich
lächeln, gute Mutter; aber, wie wunderlich
es auch klingen mag, ich schwöre dir bey
allen Göttern, ich könnte sie nicht reiner
und heiliger lieben, wenn sie meine leiblichen Schwestern wären; und doch fühle ich
zuweilen, dafs ich in Kleonen, wenn keine
Musarion, und in Musarion, wenn keine
Kleone wäre, bis zum Wahnsinn verliebt
werden könnte. Blofs dadurch, dafs beide
zugleich so stark auf mich wirken, erhalten
sie mein Gemüth in einer Art von leiser
Schwebung zwischen ihnen, die ich beynahe,
Gleichgewicht nennen möchte. Kurz, weil

ich beide liebe, so — liebst du keine, wirst
du sagen; und im Grunde glaube ich selbst,
dafs für diese seltsame Art von Liebe ein
eigenes Wort, das unsrer Sprache fehlt, erfunden werden müfste. Was mich auf alle
Fälle beruhigt, ist, dafs ich Aristipp und
Kleonidas zu meinen Vertrauten gemacht habe.
Diesem sage ich alles was ich für seine
Schwester, jenem alles was ich für Musarion empfinde. Beide sind mit mir zufrieden; sie selbst sowohl als ihre Frauen gehen mit mir wie mit einem jüngern Bruder
um, so unbefangen, so traulich und herzlich,
dafs sie mich unvermerkt gewöhnt haben,
mich dafür zu halten. Darf ich dir alles
gestehen, meine Mutter? — und warum
sollt' ich nicht, da ich nichts zu bekennen
habe, worüber ich erröthen müfste? Jede
der beiden Frauen hat eine Tochter, die ich,
wenn sie auch an sich selbst weniger reitzend wären, um der Mutter willen lieben
würde. Aber hier bedarf es keines solchen
Beweggrundes; die Töchter sind in einem
so hohen Grade liebenswürdig, dafs sogar
ihre Mütter (wenigstens in meinen Augen)
durch sie verschönert werden. Melissa,
Musarions Tochter, soll an Gestalt und Gesichtsbildung der berühmten Lais ähnlich
seyn; und wirklich besitzt Kleone ein Bild
der letztern, worin alle, die es zum ersten

Mahle sehen, Melissen zu erkennen glauben.
Ich selbst wurde beym ersten Anblick getäuscht; aber als ich das Bild genauer mit
ihr verglich, sah ich, dafs Melissa — vielleicht nicht ganz so schön ist, aber etwas
noch sanfter anziehendes und, wenn ich so
sagen kann, dem Herzen sich einschmei-
chelndes hat, welches sie ihrer Mutter ähn-
licher machen würde, wenn es nicht mit
den Zügen der schönen Lais so zart ver-
schmolzen wäre. Diese wunderbare Vermi-
schung, wodurch sie, je nachdem man sie
von einer Seite ansieht, bald Musarion bald
Lais scheint, giebt ihr etwas so eigenes,
dafs ihr jede Vergleichung Unrecht thut;
einen Zauber, der mich unwiderstehlich an
sie fesseln würde, wenn nicht Kleonens
leibhaftes Ebenbild, ihre einzige Tochter
(einen holden dreyjährigen Knaben hat ihr
Aurora entführt) die liebliche A r e t e, neben
ihr stände, und durch die zierlichste Nym-
fengestalt, und die Vereinigung aller Grazien der holdesten Weiblichkeit mit dem
stillen Ausdruck eines edeln Selbstgefühls
mich etwas empfinden liefse, wofür ich keinen Nahmen habe; eine Art von Anmuthung, die nichts leidenschaftliches, aber
etwas unbeschreiblich inniges hat, und die
Gewalt der magischen Reitze ihrer schwe-
sterlichen Gespielin so lieblich dämpft. —

dafs ich (wiewohl ohne mein Verdienst) bis
jetzt noch immer Herr von mir selbst geblieben
bin, und zwischen Arete und Melissa ungefähr
eben so in der Mitte schwebe, wie zwischen
Kleone und Musarion.

Ich bin es zu sehr gewohnt, nichts gehei-
mes vor einer so gütigen und nachsichtvollen
Mutter zu haben, als dafs ich meine Bekennt-
nisse nicht vollständig machen, sollte. Da ich
die Freundschaft kannte, die schon so lange
zwischen meinem Vater und Aristipp, so wie
zwischen dir und Musarion besteht, so mufste
der Gedanke an die Möglichkeit einer engern
Verbindung unsrer Familien um so natürlicher
in mir entstehen, da ich in den äufsern Umständen kein erhebliches Hindernifs sehen
konnte. Es zeigte sich aber bald nach meinem
Eintritt in das Aristippische Haus, dafs Melissa,
welche bereits das dreyzehnte Jahr zurückge-
legt hat, meinem neuen Freund Kratippus,
Aristipps Brudersohne, und die holdselige
Arete, welche vier Jahre weniger als ihre Base
hat, von der Wiege an einem Sohne des
Kleonidas zugedacht ist. Ein Glück für mich,
dafs mir dieses Verhältnifs, welches für die
beiden Kinder selbst noch ein Geheimnifs ist,
bey Zeiten entdeckt wurde. Indessen hätte
ich die Tochter Kleonens jedem andern streitig
gemacht, als einem Sohn von Musarion und

Kleonidas. Überdiefs zeigten mir beide Mütter so viele Freude an dem Gelingen ihres
Plans und an der täglich sichtbarer werden-
den Sympathie ihrer Kinder, dafs ich eher
einen Tempel zu berauben oder mein Vaterland zu verrathen, als das häusliche Glück
dieser schönen Seelen zu stören vermöchte.
Glaube nicht, ich dünke mir dieser Selbst-
bezähmung wegen ein grofser Tugendheld;
dazu kommt sie mich in der That zu leicht
an. Eine Familie wie diese, worin Männer,
Frauen und Kinder, jedes in seiner Art so
äufserst liebenswürdig, alle wie von einer
einzigen gemeinschaftlichen Seele belebt, so
zufrieden, so einmüthig, so glücklich in sich
selbst und eines in dem andern sind, werde
ich in meinem Leben schwerlich wieder finden. Mir ist ich lebe in einer kleinen idealischen Republik, worin ich durch den blofsen
Geist der Liebe diese reine Zusammenstim-
mung realisiert sehe, welche Plato in der
Seinigen vergebens durch die mühsamsten Anstalten und die unnatürlichsten Gesetze zu er-
zwingen hofft. Der müfste ein Ungeheuer seyn,
der, in der Mitte so edler und guter Menschen
lebend, und so freundlich von ihnen in ihren
Kreis aufgenommen, die Harmonie, die das
Glück ihres Lebens macht, durch irgend einen
vorsätzlichen Mifsklang zu unterbrechen fähig
wäre!

Ich kann es mir nicht versagen, liebe
Mutter, noch einmahl zu Kleonen zurückzu-
kommen; dieser Einzigen, in welcher Alles
was ich für eine Schwester und Freundin,
für die Gattin des würdigsten Mannes, und
selbst für eine Mutter fühlen kann, mit dem,
was eine noch junge Frau, die von Afroditen
mit jedem Reitz und von den Musen mit
ihren schönsten Gaben ausgestattet wurde,
einem empfänglichen, aber nicht unbescheide-
nen Jüngling einzuflößen vermag, in einer
mir selbst beynahe wunderbaren Mischung zu-
sammenfließt. Zu dem Allem kommt noch
zuweilen eine Art von heiligem, ich möchte
sagen religiösem Gefühl, wie ich glaube daß
mir zu Muthe wäre, wenn ein überirdisches
Wesen in aller Glorie, die ein irdisches Aug' ertragen kann, aber mit dem Ausdruck von Huld
und Wohlwollen, plötzlich vor mir stände.
Wie oft ist mir in solchen Augenblicken eingefallen, was Plato in einem seiner Dialogen
von der unaussprechlichen Liebe sagt, welche
die Tugend in uns entzünden würde, wenn
sie uns in ihrer eigenen Gestalt sichtbar werden könnte!

Einer der schönsten und seltensten Züge
im Karakter dieses vortreflichen Weibes ist
die Vereinigung einer immer gleichen Heiterkeit, welche nah an Frohsinn, selten an

Fröhlichkeit grenzt, mit einem sanften Ernst,
der über dem reinen Himmel ihrer Augen
wie ein durchsichtiges Silberwölkchen schwebt.
Seit einiger Zeit scheint dieser Ernst zuweilen
(doch nur wenn sie unbemerkt zu seyn glaubt)
in ein stilles Brüten über düstern Gedanken
übergegangen zu seyn; auch haben Musarion
und ich einander die Wahrnehmung mitgetheilt, daſs sie, wiewohl in kaum merklichen
Graden, blässer und magerer wird, von den
zahlreichen rauschenden Gesellschaften (die
in diesem gastfreyen Hause nicht selten sind)
mehr als sonst ermüdet scheint, und überhaupt, wo sie kein Aufsehen zu erregen be-
fürchtet, sich gern ins Einsame zurückzieht.
Musarion glaubt in diesen und andern kleinen
Umständen Zeichen einer langsam abnehmenden
Gesundheit wahrzunehmen, und verdoppelt
daher ihre Aufmerksamkeit und Sorgfalt für die
geliebte Schwester, ohne jedoch weder Aristipp
noch Kleonidas in Unruhe zu setzen, welche,
von Kleonens gewohnter Heiterkeit und
Munterkeit getäuscht, von allem dem nichts
gewahr werden, worüber wir selbst uns vielleicht aus allzusorglicher Liebe täuschen. Denn
manches kann vorübergehende Ursachen haben;
und besonders scheint ihre Liebe zur Einsam-
keit eine natürliche Folge davon zu seyn,
daſs sie sich aus der Bildung der jungen Arete
das angelegenste ihrer Geschäfte macht; denn

selten oder nie findet man sie ohne ihre Tochter allein.

Dieser Tage machte mich ein Zufall zum
unbemerkten Zeugen einer Scene, die ein
unauslöschliches Bild in meiner Seele zurück-
gelassen hat.   Es traf sich daſs Aristipp mit
einem merkwürdigen Fremden, der sich seit
kurzem hier aufhält, einen kleinen Abstecher
ins Land machte.   Da jedes im Hause seinen
Geschäften oder Erhohlungen nachging, lockte
mich die Schönheit des Abends bey halb
vollem Mondschein in eine abgelegnere Gegend
der Gärten die das Landhaus, wo wir uns
aufhalten, umkränzt.   Unvermerkt führte mich
ein schmaler Pfad in die Nähe eines kleinen
von Cypressen und duftreichen Gebüschen
eingeschlofsnen, mit Moos bewachsnen Plat-
zes, den die älterliche Liebe dem Andenken
ihres in der Kindheit verstorbenen einzigen
Sohnes widmete.   Selbst ungesehn erblicke ich
hier Kleonen, an dem Aschenkrug des kleinen Klearists zurückgelehnt, auf einer Stufe
des marmornen Denkmahls sitzen, den Kopf
auf den linken Arm gestützt, die Augen mit
sanft traurigem Lächeln auf den Mond, der
so eben über den Cypressen aufging, wie auf
die Scene einer himmlischen Erscheinung geheftet.   Ihr bis zu den Füſsen herabgeflofsnes
weiſses Gewand, die Blässe ihres schönen

Gesichts, und die kalte Marmorweiſse des
Arms, worauf sie sich stützte, das Unvermu-
thete des Anblicks, und die schauerliche Stille
des Orts, Alles vereinigte sich meine Besonnenheit zu überraschen. Ich glaubte Kleonens Schatten zu sehen und schauderte zusammen; aber zu allem Glück blieb mir der unfreywillige Ausruf, der mir entfahren wollte,
in der Kehle stecken. Einen Augenblick darauf
hört' ich ein Rascheln durchs Gebüsch, und
die kleine Arete an der Hand ihres vermeinten Bruders Kallias kam von der andern
Seite, mit lautem Rufen, da iſt sie! da ist
sie! auf die geliebte Mutter zugeflogen,
welche sie schon lange im ganzen Garten gesucht hatten. Es war ein entzückender Anblick für mich, wie sie die holden Kinder,
jedes mit Einem Arm umschlingend, an ihren
Busen drückte, und wie schnell das süſse Mut-
tergefühl für die Lebenden die kurz zuvor
so bleichen Lilienwangen mit warmem Blut
aus dem überwallenden Herzen durchströmte.
Eine heilige Ehrfurcht hielt mich in den Boden
gewurzelt und band meine Zunge. Kleone
stand ohne mich entdeckt zu haben auf, nahm
die fröhlich hüpfenden Kinder an beide Hände,
und verschwand in wenig Augenblicken.

Ich werde zwar frey zu dir zurückkehren,
liebe Mutter; aber du wirst Mühe haben in

Athen eine Jungfrau zu finden, die mich
meiner lieben, wiewohl leider! nicht für
mich gebornen, Cyrenerinnen vergessen machen
könnte.

———

14.

Aristipp an Learchus von Korinth.

Der Syrakusier, der sich seit einiger Zeit bey
uns aufhält, edler Learch, ist wirklich der
nehmliche identische Filistus, von welchem
Kundschaft einzuziehen du von einem Freund
in Syrakus ersucht worden bist. Er macht
kein Geheimniß daraus; zumahl da er nicht
unterlassen hatte dem Dionysius schriftlich an-
zuzeigen, daß er seiner Gesundheit wegen eine
Reise nach Rhodus und Kreta, und von da
vielleicht nach Cyrene unternehmen würde.
Daß er die Einwilligung des alten Fürsten
nicht abgewartet oder vielmehr gar nicht um
sie angesucht, kann ihm nicht zum Vorwurf
gereichen: denn der Ort, wo er während seiner Verweisung aus Sicilien leben wolle, war
in sein Belieben gestellt; und so gut als er von
Thurium, wo er sich Anfangs einige Jahre
aufhielt, eigenmächtig nach Adria ziehen

konnte, stand es ihm frey, von Adria nach
Rhodus, Cyrene oder Gades zu gehen, wenn
er Lust dazu hatte. Er hat sich selbst dadurch um einige Tausend Stadien weiter von
Syrakus verbannt, aber doch nicht weit genug,
daſs ihn Dionys nicht finden könnte, wenn
er ihn wieder bey sich haben wollte; und ich
sehe nicht, warum sein Besuch bey einem alten Bekannten (der überdieſs noch von seiner
Jugend her ein erklärter Verehrer der Regie-
rungstalente dieses Fürsten ist) ihm den mindesten Verdacht zuziehen könnte. Möge Dionysius noch lange vor allen andern Anschlägen
so sicher seyn, als vor denen, die in Aristipps
Hause gegen ihn geschmiedet werden!

Es sind nun über fünf und zwanzig Jahre,
daſs ich mit Filisten zu Syrakus (wohin
ich, wie du weiſst, den Sofisten Hippias be-
gleitete) zufälliger Weise bekannt wurde.
Damahls stand er bey dem sogenannten Tyrannen noch in Gunsten, und schien Geschmack an mir zu finden: aber weder
meine Absichten noch die Kürze meines Aufenthalts gestatteten mir ein näheres Verhältniſs
mit ihm anzuknüpfen, und ich gestehe daſs
ich ihn in der Folge gänzlich aus meinem
Gesichtskreis verlor. Dem ungeachtet erkann-
ten wir einander wieder, als er vor einigen
Monaten ohne alle Vorbereitung bey mir er-

schien, und sich mir, unter dem Titel eines
alten Bekannten, als Filistus des Archomenides
Sohn von Syrakus ankündigte. Da er überall
im Ruf eines Mannes von Geist und Talenten
steht, und unläugbar einer der vorzüglichsten
und gebildetsten unsrer Zeitgenossen ist, so
wirst du dich eben so wenig wundern, daß
er hier allgemeinen Beyfall findet, als daß
sich nach und nach eine Art von Freundschaft
zwischen ihm und mir entsponnen hat, so
vertraut als sie zwischen dem planlosen Weltbürger Aristipp und einem ehrgeitzigen Syra-
kusischen Eupatriden möglich ist, der (wie
es scheint) nie vergessen wird, daß seine Geburt, sein Vermögen, die wesentlichen Dienste,
die er dem Dionysius geleistet, und seine Verbindung mit einer Bruderstochter desselben,
ihn zu Erwartungen berechtigten, die mit
seiner schon so lange daurenden Verbannung
in einem sehr unangenehmen Mißverhältniß
stehen. Bey allem dem hat er sich selbst so
sehr in seiner Gewalt, daß diese unfreywillige
Auswanderung das Werk seiner eigenen Wahl
zu seyn scheint; und allentbalben, wo die
Rede von dem Zustand seines Vaterlandes und
der Regierung des Dionysius ist, spricht er
darüber so unbefangen mit, daß Niemand,
der von seinen Verhältnissen nicht genau un-
terrichtet ist, weder in seinem Ton, noch in
seiner Miene das geringste, was einen Mißver-

gnügten verriethe, gewahr werden kann. Daſs
er sich gegen mich, wenn wir ohne Zeugen
von diesen Dingen sprechen, für jenen Zwang
ein wenig entschädigt, ist natürlich; indessen
kann ich dich versichern, er müſste entweder
der verdeckteste und undurchdringlichste aller
Menschen seyn, (was von einem so feuervollen
Sicilier kaum zu glauben steht) oder er iſt
fest entschlossen, da alle bisherige Versuche,
den nichts verzeihenden Herren zu seiner Zurückberufung zu bewegen, fruchtlos abgelau-
fen sind, sich nun vollkommen leidend zu verhalten, und den Zeitpunkt ruhig abzuwarten,
der seinem Schicksal vermuthlich eine andere
Wendung geben wird.

Filiſt ist ein so angenehmer Gesellschafter,
daſs es nur von ihm abhinge, zu Cyrene ein
so müſsiges und üppiges Leben zu führen als
euere ausgemachtesten Sardanapale zu Korinth
und Syrakus. Er hat aber in seiner Jugend
schneller gelebt als rathsam ist, und scheint
nun mit seinem Rest etwas behutsamer haushalten zu wollen. Er theilt sich nur gerade so
viel mit, als nöthig ist sich bey meinen gastfreundlichen Mitbürgern von der ersten Klasse
in Kredit zu erhalten, und hat die Übereinkunft
mit ihnen getroffen, sich monatlich nicht mehr
als sechsmahl einladen zu lassen; so daſs er,
wenn jeder Einmahl an die Reihe kommt,
gerade ein volles Jahr braucht, um bey allen

herumzuzechen. Seine meiste Zeit bringt er in
meiner Akademie zu, wo ich ein eigenes
Kabinet für ihn habe zubereiten lassen, um in
der Nähe der Bibliothek ungestört an der Fortsetzung seiner Geschichte von Sicilien
arbeiten zu können, die seit zwanzig Jahren
seine Lieblingsbeschäftigung ist, wiewohl wir
sie mehr seiner Verbannung aus dem schönsten
Lande der Welt, als seiner Liebe zur historischen Muse zu danken haben mögen. Vermuthlich kennst du die neun Bücher dieses
Werkes, welche bereits in den Händen der
Bibliopolen sind, und wovon die beiden letzten die Geschichte der Regierung des Dionysius von der drey und neunzigsten bis zur hun-
dertsten Olympiade enthalten. Man findet, wie
ich höre, zu Athen lächerlich, dafs Filistus,
ohne den Geist, den Scharfblick und die Stärke
des Thucydides zu besitzen, sich vermesse,
seinen Stil, seine scharfen Umrisse, seine
Trockenheit und nervige Kürze, und, wo es
ihm damit nicht recht gelingen wolle, wenigstens seine Dunkelheit nachzuäffen. In der
Akademie aber soll ihm hauptsächlich zum
Verbrechen gemacht werden, dafs er, wenigstens in den Büchern die den Dionysius betreffen, die Heiligkeit der Geschichte durch eine
vorsätzlich verfälschte Darstellung der Begebenheiten verletzt und alle parasitische Kunst-
griffe aufgeboten habe, den Lastern des Ty-

rännen die Farbe der Tugend anzustreichen,
seinen schlechtesten und grausamsten Handlungen edle Beweggründe und Absichten unter-
zulegen, und, kurz, den hassenswürdigsten
Unterdrücker seines Vaterlandes der Nachwelt
(wenn anders sein Buch so lange leben könnte)
für das Modell eines vortrefflichen Fürsten
aufzuschwatzen. Meiner Meinung nach geschieht Filisten durch die erstern Vorwürfe
weniger Unrecht als durch die letztern. Wenn
ich nicht irre, so hat er in den sieben ersten
Büchern, worin er das Denkwürdigste der
Geschichte Siciliens von der fabelhaften und
heroischen Zeit an bis auf die Regierung
G e l o n s und die Wiederherstellung der
O l i g a r c h i e zusammenfasst, mehr den He-
r o d o t, in der Erzählung der Begebenheiten
und Thaten des Dionysius hingegen mehr den
T h u c y d i d e s zum Muster genommen: da er
aber keinen von beiden zu erreichen vermochte, hätte er allerdings besser für seinen
Ruhm gesorgt, wenn er alles, was ihm das
auffallende Ansehen eines Nachahmers giebt,
vermieden, und falls er nicht Kunst genug
besafs, H e r o d o t s naive und angenehm un-
terhaltende Darstellungsgabe mit dem tiefblik-
kenden Verstand und der scharfen Urtheils-
kraft des Thucydides auf eine ungezwungene,
ihm eigenthümlich scheinende Art zu vermäh-
len, sich lieber begnügt hätte, uns seine Ge-

schichten mit Ordnung, Klarheit und möglichster Anspruchlosigkeit zu erzählen. Aber um diefs zu können, ja, um es nur zu wollen, hätte Filist — der auch als Geschichtschreiber glänzen und mit den Ersten in diesem Fache wetteifern wollte — nicht Filist seyn müssen. Wir wollen ihm diefs nicht zumuthen: aber dafür mag er auch für alles büfsen, was er als Filist sündiget. Leichter und (meiner Überzeugung nach) mit besserm Grunde wird er von dir und mir von dem, was in den Beschuldigungen der Platoniker das Verhafsteste ist, losgesprochen werden; denn so viel ich weifs, sind wir beide über das, was an dem alten Dionysius zu loben und zu tadeln ist, ziemlich einverstanden. Der Tyrann (wie er sich nun einmahl schelten lassen mufs, da seine Feinde die öffentliche Meinung auf ihre Seite zu bringen gewufst haben) hat vor vielen Jahren das ungeheure Verbrechen begangen, sich über den göttlichen Plato, der ihn auf eine etwas linkische Art zu seiner Filosofie bekehren wollte, in seiner mitunter ziemlich sarkastischen Manier lustig zu machen, und, da sein sauertöpfischer Verehrer Dion durch eine übelverstandene Zudringlichkeit aus Übel Ärger machte, den Filosofen allerdings unsanfter als recht war nach Hause zu schicken. Das konnte freylich nie verziehen noch vergessen werden! Einer

solchen Unthat war nur ein Abschaum der
unmenschlichsten Laster fähig! Die Feinde
des Tyrannen konnten ihm nun nachsagen was
sie wollten, das Ärgste schien immer das Glaub-
lichste. Mit Einem Worte, Dionysius wurde
in der Akademie zu Athen zum Ideal eines
Tyrannen erhoben, und es ist kein Zweifel,
daſs Plato, indem er im neunten Buch seiner
Republik den vollständigen Tyrannen mit den
häſslichsten Zügen und Farben eines moralischen Ungeheuers darstellt, ein getreues
Bild des Dionysius aufgestellt zu haben glaubt.
Wir beide, und viele andere, die, wie wir,
weder Böses noch Gutes von diesem Fürsten
empfangen haben, wissen indessen sehr gut,
wie übertrieben und unbillig der schlimme
Ruf ist, den ihm seine Sicilischen Feinde und
die allzuheiſsen Anhänger des göttlichen Plato
unter den übrigen Griechen gemacht haben,
und um so leichter machen konnten, da der
groſse Haufe schon voraus geneigt ist, von
jedem, der sich der Alleinherrschaft über einen
oligarchischen oder demokratischen Staat zu
bemächtigen weiſs, das schlimmste zu denken
und zu glauben. Dionysius kämpfte lange
gegen dieses allgemeine, und (in so fern ein
Vorurtheil gerecht genannt werden kann) nicht
ganz ungerechte Vorurtheil. Da aber weder
die Befreyung Siciliens von dem Joch und
den Verheerungen der Karchedonier, noch der

Wohlstand, worin sich diese Insel unter seiner
Oberherrschaft befindet, und sein Bestreben
jede wesentliche Pflicht eines klugen und thätigen Regenten zu erfüllen, vermögend war,
den Mangel eines unbestrittnen Rechtes an die
eigenmächtig aufgesetzte Krone in den Augen
der Menge zu rechtfertigen; da ihm alle seine
Verdienste, alle seine Bemühungen, das Vertrauen und die Liebe der Syrakosier zu gewinnen, nichts halfen, und eine Strenge, die nicht
in seinem natürlichen Karakter ist, endlich das
einzige Mittel war, ihm vor den unermüdeten
Anfechtungen seiner heimlichen und erklärten
Feinde Ruhe zu verschaffen, kurz da man ihm
wider seinen Willen nöthigte, seinen bösen
Ruf gewissermafsen zu rechtfertigen, und er
gern oder ungern den Tyrannen spielen mufste,
weil man ihm nicht erlauben wollte ein guter
Völkerhirt zu seyn: ist der Geschichtschreiber,
der seinen Talenten und Verdiensten Gerechtigkeit widerfahren läfst, nicht vielmehr Lobes
als Tadels werth? Und wenn er auch das volle
Licht nur auf die schöne Seite seines Helden
fallen läfst, wenn er dem Zweydeutigen die
vortheilhafteste Wendung giebt, und, wie ein
geschickter Bildnifsmahler, alles was sein Bild
nur verunzieren würde, entweder ganz ver-
birgt, oder wenigstens nach den Regeln seiner
Kunst mit schwächern oder stärkern Schatten
bedeckt: kann man dem Bildnifs darum alle

Ähnlichkeit absprechen? und hat der Geschichtschreiber darum allen Glauben verwirkt, weil
er uns von einem der merkwürdigsten Männer
unsrer Zeit, von welchem seine Feinde lauter
grausenhafte und mit der schwärzesten Galle
übersudelte Zerrbilder in der Welt verbreitet
haben, bloß die glänzende Seite zeigt? Eine
vollkommen unparteyische, weder verschönerte
noch absichtlich oder leidenschaftlich verfälschte Geschichte dieses Mannes dürfen wir von
keinem Zeitgenossen erwarten: aber die Nachwelt wird das Wahre (wenn es ihr anders
darum zu thun ist) desto gewisser zwischen
dem, der zu viel Gutes, und denen, die zu
viel Böses von ihm gesagt, in der Mitte finden können.

Da Filist mir von Zeit zu Zeit ein Stück
der Fortsetzung, an welcher er arbeitet, vor-
liest, so fehlte es nicht an Gelegenheit, aus
seinem eigenen Munde zu hören, was er zu
seiner Rechtfertigung gegen die ihm sehr wohl
bekannten Vorwürfe, die man seiner Geschichte
macht, vorzubringen hat.

„Glaubst du (sagte er mir einsmahls) an
eine ganz unparteyische und durchaus wahre
Geschichte von Begebenheiten deren Augen-
zeugen wir gewesen sind und an denen wir
selbst unmittelbaren Antheil genommen haben?

Ich nicht. Gesetzt auch, was doch selten der
Fall ist, der Erzähler habe von Verschwei-
gung oder Verfälschung der Wahrheit weder
Vortheil zu hoffen noch Schaden zu befürchten, und sey fest entschlossen alle Wahrheit
und nichts als Wahrheit zu schreiben; gesetzt
(was wenigstens eben so selten ist) er habe
alles, was er erzählt, selbst gesehen oder
selbst gethan und gelitten, oder doch von
vollkommen glaubwürdigen Personen (dergleichen es vielleicht noch nie gegeben hat) selbst
aufs genaueste erkundiget; gesetzt endlich er
sey (was ich geradezu für unmöglich erkläre)
in dem, was er von sich selbst zu berichten hat
von allem Einfluss der Eigenliebe und Eitelkeit so frey und rein wie ein noch ungebor-
nes Kind — Alle diese unerläslichen und
doch kaum irgend einem Sterblichen zuge-
ständlichen Voraussetzungen als richtig angenommen, stehen uns doch noch zwey schlechterdings nicht wegzuräumende Hindernisse im
Wege, um derentwillen es ewig unmöglich
bleiben wird, eine ganz wahre, ganz zuverlässige Geschichte einer Reihe von Begebenheiten und Handlungen, die wir selbst gesehen
haben, zu schreiben. Das erste dieser Hindernisse ist, daß es kein Mittel giebt, unmittelbar in das Innerste der Menschen zu
schauen, und die Entstehung ihrer Gesinnungen und Leidenschaften, Entwürfe und Ab-

sichten, und alles was sie sich selbst von den
Beweggründen und Tendenzen ihrer Handlungen bewußt sind, ohne ein verfälschendes
Medium in ihrer Seele zu lesen. Aus Mangel eines solchen Sinnes bleiben die wahren
Ursachen der Begebenheiten in ihren reinen
Verhältnissen mit den Wirkungen immer zweydeutig und ungewiß; das äuserlich Geschehené
liegt wie ein unaufgelöstes Räthsel vor uns,
und der Geschichtschreiber, der den Verstand
seiner Leser zu befriedigen wünscht, sieht sich
genöthigt zu den Künsten des Wahrsagers,
Dichters und Mahlers seine Zuflucht zu
nehmen. Aber auch ohne dieses Hinderniß
wird es ihm schon allein dadurch unmöglich
ganz wahr zu seyn, daß er, unvermögend
sich selbst aus dem festen Punkt seiner Indi-
vidualität herauszurücken, Personen, Handlungen und Ereignisse niemahls sehen kann
wie sie sind, sondern nur wie sie ihm, aus
dem Gesichtspunkt woraus er sie ansieht, erscheinen. Überzeugt von allem diesem,
sagte ich, als ich mich entschloß die Geschichte
des Dionysius zu schreiben, zu mir selbst: da
du keine Milesische Fabel, sondern Dinge, die
unter deinen Augen geschahen und bey denen
du selbst keine unbedeutende Rolle spieltest,
erzählen willst, so ist es allerdings deine
Pflicht, so wahrhaft zu seyn als dir nur immer möglich ist; aber zum Unmöglichen bist

du nicht verbunden. Du konntest nicht Alles
sehen, nicht allenthalben seyn; und wie
ernstlich du auch unparteyisch seyn wolltest, du kannst es nicht seyn! Du bist weder ein Gott noch ein Platonischer Mensch,
sondern Filistus, Archomenides Sohn, ein
Verwandter, Freund und Gehülfe des Mannes, dessen Geschichte du erzählen willst,
und es geziemt dir, die Personen und Begebenheiten so darzustellen, wie sie dir unter
allen den Verhältnissen, worin du mit ihnen
standest, erschienen und erscheinen mufsten. Nur so kannst du wahr und mit dir
selbst einig seyn, gesetzt auch dafs du öfters
getäuscht wurdest. Der unfehlbarste Weg, die
Welt mit einer ungetreuen und verschrobenen
Erzählung zu belügen, wäre, wenn du aus dir
selbst herausgehen, und, unter dem Vorwand
desto unparteyischer zu seyn, einen Gesichtspunkt, aus welchem du die Dinge nicht gesehen hättest, aber gesehen zu haben schie-
nest, erdichten wolltest. Diefs, Aristipp,
ist der Kanon, nach welchem ich die Geschichte, über die so viel schiefes und leidenschaftliches zu Syrakus und Athen gesprochen
wird, gearbeitet habe, und nach welchem
allein ich mit Billigkeit beurtheilt werden kann.
Auch keiner meiner Richter ist unparteyisch;
er ist, seiner eigenen Sinnesart und Vorstellung zu Folge, mehr oder weniger geneigt,

den Dionysius und seinen Geschichtschreiber
in einem günstigen oder ungünstigen Lichte
zu sehen; und diese uns selbst oft verbor-
gene, von den Sachen ganz unabhängige Zu-
oder Abneigung besticht unser Urtheil viel
öfter als der grofse Haufe glaubt. Mein Wille
war, gerecht gegen Dionysius zu seyn;
aber da ich ihn liebte und seine Erhebung
zum Theil mein Werk war, so wär' es Ver-
messenheit, wenn ich läugnen wollte, dafs
dieser zweyfache Umstand gar keinen Einflufs
auf die Zeichnung, Färbung und Haltung meines Gemähldes gehabt habe: denn wenn ich
alles, was in seinem Karakter und in seinen
Handlungen zweydeutig ist, zu seinem Vortheil deutete, glaubte ich auch hierin blofs
gerecht zu seyn. Übrigens gestehe ich zwar,
dafs mir im Schreiben der Gedanke öfters
kam: „Dionysius, wenn er in meiner Geschichte auch nicht die leiseste Spur einer
durch sein hartes Verfahren gegen mich ge-
reitzten Empfindlichkeit entdecken könnte,
würde sich desto eher bewogen finden, mir
seine Gunst und sein Vertrauen wieder zu
schenken:" aber wenn ich das Gegentheil auch
vorausgesehen hätte, würde ich doch, um
meiner Selbst willen, nicht das Geringste ge-
ändert oder weggelassen haben."

Mich däucht, Learch, es ist in dieser Erklärung Filists etwas offenherziges, das für

eine Art Ersatz dessen, was seiner Rechtfertigung abgehen mag, gelten kann. Übrigens ist
wie gesagt, sein ganzes Betragen so beschaffen,
daſs ich nichts zu wagen glaube, wenn ich mich,
falls es gefordert würde, dafür verbürgte, daſs
er mit nichts umgeht, was zu dem mindesten
Argwohn Ursache geben könnte. Wär' es anders, so hätte er zu Bearbeitung irgend eines
dem Dionysius unangenehmen Anschlags keinen ungeschicktern Ort als Cyrene wählen
können. Er wird, ungeachtet des guten Zu-
trauens so man ihm zeigt, sehr genau be-
obachtet, und es ist den Cyrenern zu viel an
ihren Handlungsverhältnissen mit Syrakus gelegen, als daſs sie die Gunst eines Fürsten, den
noch niemand ungestraft beleidigt hat, um des
Filistus willen verscherzen sollten.

15.

Learch an Aristipp.

Ich will dir nicht verbergen, lieber Aristipp, daſs es (wie du zu vermuthen scheinst) Dionysius selbst war, von dem ich durch einen Freund in Syrakus ersucht wurde, mich bey dir nach Filisten zu erkundigen. Wie wenig dieser auch bisher durch sein Betragen während seiner Verbannung aus Sicilien Anlaſs gegeben, ihm heimliche Anschläge und Vorkehrungen zu einer eigenmächtigen Rückkehr zuzutrauen, so gewiſs scheint es doch, daſs der alte Tyrann (der mit dem zunehmenden Gefühl der Abnahme seiner Kräfte immer miſstrauischer und argwöhnischer wird, durch das schnelle Verschwinden Filists aus Italien und durch seinen Aufenthalt in einem weit entfernten Freystaat (wo es um so leichter scheint, die Anstalten zu einer solchen Unternehmung zu verheimlichen) merklich beunruhigt worden ist; zumahl da sein Bruder Leptines zeither neue sehr ernstliche Versuche gemacht hat, ihn zur Zurückberufung seines Schwiegersohnes zu vermögen. Mehr be-

durfte es nicht, um den Verdacht bey ihm zu
erregen, dafs man mit einem Entwurf schwan-
ger gehe, dessen Ausführung, seine Einwilligung allenfalls entbehrlich machen könnte.
Wenn ich den Dionysius recht kenne, ist es
indessen doch weniger die Furcht, dafs Filist
etwas gegen seine Person zu unternehmen
fähig sey, als sein Widerwille, einem so
schwerbeleidigten ehemaligen Freund wieder
ins Gesicht zu sehen, und wenigstens stillschweigende Vorwürfe eines kaum verzeih-
lichen Undanks in seinen Augen zu lesen, was
den stolzen alten Selbstherrscher so unbeweglich gegen die Vorstellungen seines Bruders
und die anhaltenden Bitten der Frauen des
Palastes macht. Bey so bewandten Dingen
habe ich für gut befunden, ihm deinen Brief
an mich in der Urschrift mitzutheilen, um ihn
desto eher zu überzeugen, dafs er sich von
dieser Seite völlig sicher halten könne. Er
hat mir eine für dich und mich sehr schmei-
chelhafte Antwort geben lassen; aber dafs ich
meine Absicht nur sehr unvollkommen erreicht
habe, davon werdet ihr in kurzem einen Beweis in der Erscheinung eines Abgesandten
sehen, der bey euerer Republik um die Erlaubnifs ansuchen soll, hundert Freywillige,
aber geborne und angesessene Angehörige von
Cyrene, unter sehr annehmlichen Bedingungen zu Vermehrung der Leibwache des Tyran-

nen anzuwerben. Dafs der Abgeordnete neben
diesem öffentlichen noch einen geheimen Auftrag hat, wozu jener nur der Vorwand ist,
nehmlich Filisten aufs genaueste zu beobachten, brauche ich dir nicht erst zu sagen; denn
auf alle Fälle ist die bisherige Leibgarde stark
genug, um durch den Zuwachs von hundert
Cyrenischen Bauerjungen nicht viel furchtba-
rer zu werden. Inzwischen ist auch Leptines überall von Späheraugen umringt, und
ihm sowohl als allen andern Syrakusiern ist
alle Gemeinschaft mit Filisten von neuem
aufs schärfste untersagt. Dieser wird also
wohl thun, sich mehr als jemahls ruhig zu
verhalten. Vielleicht ist die Zeit seiner Erlö-
sung näher als er glaubt. Denn die Gesundheit des Alten soll in so grofsen Verfall gerathen seyn, dafs (wie die Rede geht) alle
Kunst der Hippokratischen Schule sein Leben
höchstens noch ein paar Jahre fristen kann,
wenn anders seine Leibärzte nicht etwa aus
Gefälligkeit gegen den Nachfolger in Versuchung gerathen, es vielmehr abzukürzen als
zu verlängern. Übrigens kann ich ihm nicht
sehr verdenken, wenn er gegen alles, was sich
ihm nähert, immer mifstrauischer wird, seitdem die Welt an dem berühmten Thessalier
Jason ein neues Beyspiel gesehen hat, wie
unsicher das Leben solcher Fürsten ist, die
sich, ohne einen andern Titel, als das stolze

Gefühl ihrer persönlichen Überlegenheit, aus
dem Privatstand auf den Thron geschwungen haben. Seit dem Peleiden Achilles brachte Thessalien keinen Mann hervor,
der würdiger war ein König zu seyn als Jason; und wenn Dionys ihm auch an den
Talenten, die dazu erfordert werden, gleich
oder vielleicht noch überlegen war, so stand
er hingegen an allem, was den Menschen
Zutrauen und Liebe abgewinnen kann, desto
weiter unter ihm. Gleichwohl mußte der
großherzige Jason schon im vierten Jahre
seiner Regierung unter Mörderhänden fallen,
und der verhaßte Dionysius beherrscht die
unlenksamen Sicilier schon im sechs und
dreyßigsten! Dieß sollte, scheint es, diesen sicher machen; aber das Bewußtseyn,
wie viele Gewalt und List, welche nie ermüdende Wachsamkeit und Anstrengung es
ihm gekostet sich so lange zu erhalten,
wirkt gerade das Gegentheil. Diese sich immer auf allen Seiten vorsehende, allenthalben hinlauschende, argwöhnische, überall Gefahr witternde Aufmerksamkeit ist ihm
zur andern Natur geworden; sie besteht sogar mit der höhnischen Faunenhaften Art
von lustigmacherischer Laune, die ihm eigen
ist. Daher glaube ich auch, daß er bey
weitem nicht so unglücklich ist, als Plato
seinen Tyrannen schildert; ungeachtet er

das Mifstrauen so weit treibt, dafs niemand
(selbst seinen Bruder und seine Gemahlin
nicht ausgenommen,) sich ihm nähern darf,
ohne vorher aufs genaueste durchsucht worden zu seyn, und dafs er sich in seinen
Wohnzimmern blofs von zehnjährigen Kindern
in leichtem fliegendem Gewande, wie unsere
Mahler die Zefyrn und kleine Liebesgötter zu
kleiden pflegen, bedienen läfst. Diese vor-
sichtige Mafsnehmungen mögen nicht ganz
überflüssig seyn; ob sie aber auch gegen die
Tränkchen seiner Leibärzte helfen werden,
mufs die Zeit lehren.

Was Filists Sicilische Geschichte betrifft, so denke ich, wie du, dafs ihm niemand wehren konnte, einen Mann, der von
seinen Gegnern vor der ganzen Hellas ver-
leumdet wird, in eine Beleuchtung zu stellen, worin die grofsen und guten Eigenschaften, die ihm seine bittersten Feinde
selbst kaum streitig machen können, so stark
hervorstechen, dafs sie eine dem Ganzen
vortheilhafte Wirkung thun. Was ich tadeln möchte, ist blofs, dafs er diese seine
Absicht nicht besser zu verbergen gewufst
hat. Gern will ich ihm zugeben, dafs derjenige, der eine gänzliche Unparteylich-
keit für etwas unmögliches hält, nicht verbunden ist, ganz unparteyisch zu seyn;

aber es zu s c h e i n e n , liegt allerdings jedem
Geschichtschreiber ob, dem es Ernst ist, die
Leser für seinen Helden zu gewinnen. Diefs
weifs Pilistus so gut als ich, und da er dem
ungeachtet den Schein der Parteylichkeit nicht
vermieden hat, so ist ziemlich klar, dafs er
bey Abfassung seiner Geschichte mehr an Dio-
nysen als an die Leser dachte, und sich lieber
bey diesen in den Verdacht der Schmeicheley
setzen, als etwas, das jenem mifsfallen könnte,
schreiben wollte. Gegen d i e s e n Vorwurf
wird er sich schwerlich rechtfertigen können,
und was daraus zum Nachtheil seiner Geschichte
und seines Helden gefolgert wird, brauche ich
dir nicht erst zu sagen.

16.

Antipater an Diogenes.

Mehr als zehen Jahre sind schon verflossen,
seit ich mit Aristipp bekannt wurde, und
das Glück hatte, seines Umgangs während
eines grofsen Theils dieser Zeit täglich zu
geniefsen. Ich habe ihn in mancherley Lagen und Verhältnissen gesehen und beob-

achtet; oder, richtiger zu reden, er zeigte
sich mir immer so offen, unzurückhaltend
und anspruchlos, daſs ich, um ihn kennen
zu lernen, nichts als das Paar gesunde Augen brauchte, womit mich die Natur ausgestattet hat. Es müſste also nicht mit rechten Dingen zugehen, wenn ich von den
Grundsätzen, die er in seinem Leben befolgt
(und er hat keine andere) nicht besser un-
terrichtet seyn sollte, als Leute die ihn bloſs
von Hörensagen kennen, oder aus einem zu-
fälligen Umgang und im Flug aufgeschnappten
einzelnen Worten über ihn abzusprechen sich
vermessen.

Du wirst dich daher nicht wundern,
Freund Diogenes, wenn ich dir sage, daſs
ich nicht ohne Unwillen hören kann, mit
welcher Dreistigkeit er noch immer von
einigen Sokratikern, besonders von den
eifrigsten Anhängern der Akademie, öffentlich beschuldigt wird, daſs er die Grundsätze des gemeinschaftlichen Meisters der
Athenischen Schule nicht nur verfälsche, sondern sogar das förmliche Gegentheil derselben lehre und ausübe, indem er die Wollust, und zwar bloſs die körperliche, oder
den groben thierischen Sinnenkitzel, für
das höchste Gut des Menschen erkläre, ausdrücklich behauptend: es gebe kein anderes

Vergnügen als die Sinneslust, und alles
übrige bestehe bloſs in leeren Einbildungen,
womit nur Leute sich zu täuschen suchten,
denen es an den Mitteln fehle, sich den wirklichen Genuſs aller Arten von sinnlichen Vergnügungen zu verschaffen.

Ich gestehe dir, Diogenes, meine Geduld reiſst, wenn ich diese alten abgeschmackten Verleumdungen noch [immer
von Männern, denen der Nahme Sokratiker zur Beglaubigung dient, erneuern,
und, auf deren Verantwortung, aus so manchen schwatternden Gänsebälsen und gähnen-
den Eselskinnladen wiederhallen höre; und
mehr als einmahl bin ich schon im Begriff
gewesen, nach der Aristofanischen Geisel zu
langen und die Thoren öffentlich dafür zu
züchtigen, wenn mich nicht die Achtung
für Aristippen, der keiner Rechtfertigung
bedarf, und die Verachtung seiner Verleum-
der, die der Züchtigung nicht werth sind,
jedesmahl zurückgehalten hätte. Indessen
kann ich mir doch die Befriedigung nicht
versagen, wenigstens dir, mein alter Freund,
wiewohl du es (denke ich) nicht schlechterdings vonnöthen hast, einen Aufschluſs
über diese Sache zu geben, der dir begreiflich machen wird, wie eine so alberne Sage
unter den morosofierenden Müſsiggän-

gern und Schwätzern zu Athen entstehen
konnte.

Den ersten Anlafs mag wohl der starke
Abstich gegeben haben, den die verhältnifsmäfsig etwas üppige Lebensweise Aristipps
mit dem schlechten Aufzug und der sehr
magern Diät der meisten Sokratiker und des
Meisters selbst machte, und der jenen um
so anstöfsiger seyn mochte, weil er im ersten Jahre seines Umgangs mit Sokrates sich
ihnen in allem ziemlich gleich gestellt hatte.
Indessen war Aristipp nicht der einzige, der
sich auf diese Art auszeichnete; mehrere
begüterte Freunde des Weisen lebten auf
einem ihrem Vermögen angemessenen Fufs,
und er selbst (sagt man) war weit entfernt
mit seiner Armuth zu prunken, und diejenigen mit stolzer Verachtung anzusehen, die
nicht, wie er, von einem Triobolon des Tages leben wollten, weil sie wollen mufsten.
Warum wurde denn Aristippen allein so
übel genommen, was man an andern nicht
ungehörig fand? Ohne Zweifel lag der wahre
Grund darin, dafs Aristipp überhaupt nicht
fecht zu den meisten Sokratikern pafste,
und da er diefs bald genug gewahr wurde,
von Zeit zu Zeit aus ihrem Kreise heraus-
trat und sich auch mit andern, die nicht zu
ihnen gehörten, sogar mit einem Hippias

und Aristofanes, in freundschaftliche
Verhältnisse setzte. Hierzu kam noch, dafs
er, bey aller seiner Verehrung für den Geist
und Karakter des Sokrates, eben so wenig
zum Nachtreter und Wiederhall desselben
geboren war als Plato, und sich eben so
wenig verbunden hielt über alle Dinge einerley Meinung mit ihm zu seyn, als sich ihm
in seiner absichtlichen Beschränkung auf das
Unentbehrliche gleich zu stellen. So reitzten
z. B. eine Menge wissenschaftlicher Gegenstände,
seine Neugier, welche Sokrates für unnütze
Grübeleyen erklärte; und so machte er auch
kein Geheimnifs daraus, dafs der Attische
Weise ihm die eigentliche Lebensfilosofie zu
sehr in den engen Kreis des bürgerlichen
Lebens und auf das Bedürfnifs eines Attischen Bürgers einzuschränken scheine; da er
selbst hingegen schon damahls Trieb und
Kraft in sich fühlte, einen freyen Schwung
zu nehmen, und die Verhältnisse des Bürgers
von Cyrene den höhern und edlern des Kos-
mopoliten, wo nicht aufzuopfern, doch nach-
zusetzen.

Indessen hinderte diefs Alles nicht, dafs
Aristipp, so lange Sokrates lebte, für einen
seiner Freunde und Homileten vom engern Ausschufs, und selbst in Ansehung des
Wesentlichen seiner Filosofie für einen So-

kratiker galt. Als aber nach dem Tode des
Meisters Antisthenes und Plato sich an
die Spitze dessen, was man jetzt die Sø-
kratische Schule zu nennen anfing,
stellten, und die Stifter zweyer Sekten wurden, welche, ihrer Verschiedenheit in andern Stücken ungeachtet, darin übereinka-
men, daſs sie gewisse Sokratische Grundbegriffe und Maximen weit über den Sinn des
Meisters und bis auf die äuſserste Spitze
trieben: so muſste nun, wie Aristipp von
seinen langen Wanderungen nach Athen
zurückkam und ebenfalls eine Art von Sokratischer Schule eröffnete, nothwendig eine
öffentliche Trennung erfolgen, wobey die
Pflichten der Gerechtigkeit und Anständigkeit, wenigstens auf Einer Seite, ziemlich
ins Gedränge kamen. Beide, Plato und Antisthenes, sprachen von allen Vergnügungen,
woran der Körper Antheil nimmt, mit der
tiefsten Verachtung: Dieser, weil er
„Nichts bedürfen" für ein Vorrecht der
Gottheit hielt; und also, nach ihm, der nächste
Weg zur höchsten Vollkommenheit ist, sich,
auſser dem schlechterdings Unentbehrlichen,
Alles zu versagen was zum animalischen Leben gerechnet werden kann; Jener, weil
er den Leib für den Kerker der Seele, und
die Ertödtung aller sinnlichen Triebe für
das kürzeste Mittel ansieht, das innere Le-

ben des Geistes frey zu machen, und die
Seele aus der Traumwelt wesenloser Erscheinungen zum unmittelbaren Anschauen
des allein Wahren, der ewigen Ideen und
des ursprünglichen Lichts, worin sie sichtbar werden, zu erheben. Aristipp, dem
alles Übertriebene, Angemaßte und über
die Proporzionen der menschlichen Natur
Hinausschwellende, lächerlich oder widrig
ist, mochte sich, als er noch zu Athen lebte, bey Gelegenheit erlaubt haben, über
diese filosofischen Solöcismen seiner ehemahligen Lehrgenossen in einem Tone zu scherzen, den der sauertöpfische Antisthenes so
wenig als der feierliche Plato leiden konnte.
Beide rächten sich (jeder seinem Karakter
gemäß, jener gallicht und plump, dieser
fein und kaltblütig) durch die Verachtung,
womit sie von dem Manne und seiner Lehre
sprachen. Aristippen hieß die Sinneslust
eben sowohl ein Gut als irgend ein Anderes;
er sah keinen Grund, warum er es über diesen Punkt nicht mit dem ganzen menschlichen Geschlecht halten sollte, welches stillschweigend übereingekommen ist, alles gut
zu nennen, was dem Menschen wohl be-
kommt; ja er war so weit gegangen, zu behaupten: auch das geistige Vergnügen sey
im Grunde sinnlich, und theile den Or-
ganen des Gefühls eine Art angenehmer Be-

wegung mit, deren Ähnlichkeit und Ver-
wandtschaft mit andern körperlichen Wol-
lüsten von jedem sich selbst genau beobach-
tenden nicht verkannt werden können. Diese
Sätze wurden, ohne daſs man sich auf ihre
Beweise und genauere Erörterung einlieſs,
in der Akademie und im Cynosarges
für übeltönend und antisokratisch erklärt; und so erzeugte sich unvermerkt bey
allen, denen Aristipp nicht besser als von
blossem Ansehen oder Hörensagen bekannt
war, jene ungereimte Meinung, die ihm
und seinen Freunden von den Anhängern
der beiden Tyrannen, die sich damahls in
die Beherrschung der filosofischen Republik
theilten, den Spitznahmen Wollüstler
(Hedoniker) zugezogen haben. Das Miſs-
verständniſs wäre leicht zu heben gewesen,
oder würde vielmehr gar nicht Statt gefunden haben, wenn jene Herren nicht so ein-
seitig und steifsinnig wären, ihre persönliche Vorstellungsart zum allgemeinen Kanon
der Wahrheit zu machen. Die meisten
Fehden über solche Dinge hörten von selbst
auf, wenn die verschieden Redenden vor
allen Dingen gelassen untersuchen wollten,
ob sie auch wirklich verschieden denken;
und in zehen Fällen gegen einen würde sogleich Friede unter den Kämpfern werden,
wenn sie anstatt um Worte zn fechten

und in der Hitze der Rechthaberey sich
selbst immer ärger zu verwickeln, die Begriffe kaltblütig auseinander setzen und, so
weit es angeht, in ihre einfachsten Elemente
auflösen wollten. Daher kommt es ohne
Zweifel, dafs Aristipp in solchen Fällen
immer das allgemeine Wahrheitsgefühl der
Zuhörer auf seiner Seite hat. Wie stark
auch das gegen ihn gefafste Vorurtheil bey
einer sonst unbefangenen Person seyn mag,
so bald er sich erklärt hat, wird man entweder seiner Meinung, oder sieht, dafs man
es bereits gewesen war und sich die Sache
nur nicht deutlich genug gemacht hatte; oder
man begreift wenigstens, wenn man gleich
selbst nicht völlig überzeugt ist, wie es zugeht, dafs andere verständige Leute seiner
Meinung seyn könnten.

Mit Plato und Antisthenes hat es nun
freylich eine andere Bewandtnifs. Ihre Filosofie ist von Aristipps zu sehr verschieden,
um eine Vereinigung zuzulassen. Die seinige begnügt sich menschliche Thiere
zu Menschen zu bilden — was Jenen zu
wenig ist; die ihrige vermifst sich Menschen zu Göttern umzuschaffen, was
Ihm zu viel scheint. Sie gehen von Begriffen und Grundsätzen aus, die mit den
seinigen in offenbarem Widerspruch stehen:

Die Fehde zwischen ihnen kann also nur
durch eine Unterwerfung aufhören, zu
welcher wohl keine von den streitenden Mäch-
ten sich je verstehen wird. Ich verlange aber
auch für meinen Lehrer und Freund sonst
nichts von ihnen, als nur nicht unbilliger
gegen Ihn zu seyn, als Er gegen Sie ist. Mögen Sie doch sein System mit stolzem Nase-
rümpfen verhöhnen, oder mit gerunzelter
Stirne verdammen! Nur verfälschen sollen
sie es nicht.

Übrigens ist bekannt genug, oder könnt'
es wenigstens seyn, daß Aristipp nie eine
eigene filosofische Sekte zu stiften begehrt,
und so wenig als Xenofon oder Sokrates
selbst, seine Lebensweisheit jemahls schul-
mäfsig gelehrt hat. Denn daß er vor
vielen Jahren, während seines letzten Aufenthalts in Athen, die Filosofie des Sokrates einigen Liebhabern, die sich schlechterdings nicht abweisen lassen wollten, zu
großem Ärgernifs der übrigen Sokratiker,
um baare Bezahlung, unverändert und ohne
etwas von dem seinigen hinzuzuthun, vor-
getragen, gehört nicht hierher. Er that damit nichts anders, als was ein Mahler thut,
wenn er eine mit allem Fleifs gearbeitete
Kopey eines berühmten Gemähldes eines ältern Meisters, nicht für das Urbild selbst,

sondern für das, was es ist, für ein Nach-
bild verhandelt. Das, was man seine eigene Filosofie nennen kann, stellt er weniger in mündlichen und schriftlichen Unter-
weisungen als in seinem Leben dar; ob
er gleich kein Bedenken trägt, seine Art
über die menschlichen Dinge zu denken,
und die Gründe, die sein Urtheil, es sey
nun zum Entscheiden oder zum Zweifeln,
bestimmen, bey Gelegenheit an den Tag zu
geben', zumahl in Gesellschaften, die zu einer freyen und muntern Unterhaltung ge-
eignet sind. Unter vertrautern und kampflustigen Freunden läfst er sich auch wohl
in dialektische Gefechte ein, wo es oft zwischen Scherz und Ernst so hitzig zugeht,
als ob um einen Olympischen Siegeskranz
gerungen würde; aber auch diese Spiegelge-
fechte endigen sich doch immer, wie alle
Kämpfe dieser Art billig endigen sollten:
nähmlich dafs die Ermüdung der Kämpfer
dem Spiel ein Ende macht, und jeder mit
heiler Haut, d. i. mit seiner eigenen unver-
letzten Meinung davon geht, zufrieden sich
wie ein Meister der Kunst gewehrt zu haben, und die Zuhörer ungewifs zu lassen,
welcher von beiden der Sieger oder der Be-
siegte sey. Ich will damit keinesweges
sagen, dafs Aristipp von seinem System, in
wiefern es ihm selbst zum Kanon seiner

Vorstellungsart und seines praktischen Lebens dient, nicht wenigstens eben so gut
überzeugt sey als Plato von dem seinigen;
nur glaubt er nicht, daſs eine ihm selbst
angemessene Denkweise und Lebensordnung
sich darum auch für alle andern schicken,
oder was Ihm als Wahr erscheint, auch
von allen andern für wahr erkannt werden
müsse.

Gestehe, Diogenes, daſs man mit einem
so anspruchlosem Geisteskarakter eher alles
andere als ein Sektenstifter seyn wird,
und daſs es sogar widersinnlich ist, denjenigen dazu machen zu wollen, der eben darum,
weil er seine Art zu denken und zu leben
unter seine persönlichen und eigenthümlichen
Besitzthümer rechnet, andern nur soviel davon mittheilt, als sie selbst urtheilen, daſs
ihnen ihrer innern Verfassung und ihren
äuſserlichen Umständen nach zuträglich seyn
könne.

Übrigens sehe ich nicht, warum er nicht
eben so gut als Andere berechtigt wäre,
seine Grundbegriffe für allgemein wahr und
brauchbar zu geben. Was er unter jener,
seinen Tadlern so unbillig verhaſsten Hedone (welche, nach ihm, das Wesen der
menschlichen Glückseligkeit ausmacht) ver-

steht, ist nicht Genuſs wollüstiger Augenblicke, sondern dauernder Zustand
eines angenehmen Selbstgefühls, worin
Zufriedenheit und Wohlgefallen am Gegenwärtigen mit angenehmer Erinnerung des
Vergangenen und heiterer Aussicht in die
Zukunft ein so harmonisches Ganzes ausmacht, als das gemeine Loos der Sterblichen, das Schicksal, über welches wir
gar nichts — und der Zufall, über den
wir nur wenig vermögen, nur immer gestatten will. Ist etwa die Eudämonie
der andern Sokratiker im Grunde etwas anderes als ein solcher Zustand? Warum hält
man sich, anstatt sich um Worte und Formeln
zu entzweyen, nicht lieber an das, worin
Alle übereinkommen? Wer wünscht nicht
so glücklich zu seyn als nur immer möglich
ist? Und, wie verschieden auch die Quellen
sind, woraus die Menschen ihr Vergnügen
schöpfen, ist das Vergnügen an sich selbst
nicht bey allen eben dasselbe? Warum soll
es Aristippen nicht eben so wohl als andern
erlaubt seyn, Worte, die der gemeine Gebrauch unvermerkt abgewürdigt hat, wieder
zu Ehren zu ziehen, und z. B. die schuld-
lose Hedone, wiewohl sie gewöhnlich nur
von den angenehmen Gefühlen der Sinne
gebraucht wird, zu Bezeichnung eines Begriffs, der alle Arten zusammenfaſst, zu er-

lieben? Dafs durch einen weisen Genufs
alle unsrer Natur, gemäfse Vergnügungen,
sinnliche und geistige, sich nicht nur im
Begriff sondern im Leben selbst sehr
schön und harmonisch vereinigen lassen, hat
Aristipp noch mehr an seinem Beyspiel als
durch seine Lehre dargethan. Seine Filosofie
ist eine Kunst des Lebens unter allen
Umständen froh zu werden, und blofs
zu diesem Ende, sich von Schicksal und
Zufall, und überhaupt von aller fremden
Einwirkung so unabhängig zu machen als
möglich. Nicht wer Alles entbehren,
sondern wer Alles geniefsen könnte, wär'
ein Gott; und nur, weil die Götter das Letztere sich selbst vorbehalten, den armen
Sterblichen hingegen über alle die Übel, welche sie sich selbst zuziehen, noch so viel
Noth und Elend von aufsen aufgeladen haben
als sie nur immer tragen können, nur aus
diesem Grund ist es nothwendig, dafs der
Mensch entbehren lerne was er entweder gar
nicht erreichen kann, oder nur durch Auf-
opferung eines gröfsern Gutes sich verschaffen könnte.

Doch ich sehe, dafs ich mich unvermerkt
in Erörterungen einlasse, die zu meiner Absicht sehr entbehrlich sind. Denn es versteht sich, dafs ich dich nicht zur Filosofie

Aristipps bekehren, sondern nur geneigt
machen möchte, dich des Karakters eines
Mannes, den ich als einen der edelsten und
liebenswürdigsten Sterblichen kenne, bey Gelegenheit mit so viel Wärme, als deiner wohl-
bekannten Kaltblütigkeit zuzumuthen ist, gegen seine unbilligen Verächter anzunehmen.
Ich befriedige dadurch blofs mein eigenes
Herz; Aristipp weifs nichts von diesem
Briefe, und scheint sich überhaupt um alles,
was seine ehemahligen Mitschüler von ihm
sagen und schreiben, wenig zu bekümmern.
Indessen nährt er doch für die Athener noch
immer eine Art von Vorliebe, die ihn über
ihre gute oder böse Meinung von ihm nicht
so ganz gleichgültig seyn läfst als er das
Ansehen haben will. Zuweilen wenn die
Rede von den Albernheiten, Unarten und
Verkehrtheiten ist, wodurch sie ehemahls
dem Witz ihres Aristofanes so reichen Stoff
zu unerschöpflichen Spöttereyen und Necke-
reyen gegeben haben, sollte man zwar meinen, er denke nicht gut genug von ihnen,
um sich viel aus ihrem Urtheil zu machen;
aber im Grund entspringt sein bitterster Tadel blofs aus dem Unmuth eines Liebha-
bers, der sich wider seinen Willen gestehen mufs, dafs seine Geliebte mit Mängeln
und Untugenden behaftet ist, die es ihm
unmöglich machen sie hoch zu achten, und

worin sie sich selbst so wohl gefällt, daß
keine Besserung zu hoffen ist.

Ich höre, daß du seit dem Tode des alten
Antisthenes nach Athen zurückgekehrt seyest, um,
wie man sagt, von seiner Schule im Cynosarges
Besitz zu nehmen, da du itzt als das Haupt der
von ihm gestifteten Sekte betrachtet werdest.
Ich kenne dich zu gut, Freund Diogenes, um
nicht zu wissen, wie diefs zu verstehen ist.
Du wirst so wenig als Sokrates und Aristipp
in dem gewöhnlichen Sinn des Worts, an der
Spitze einer Schule oder Sekte stehen wollen,
und deine Filosofie läfst sich so wenig als die
ihrige durch Unterweisung lernen. Aber die
Athener bedürfen deines scherzenden und spottenden Sittenrichteramts mehr als jemahls; und
wenn gleich wenig Hoffnung ist, dafs du sie
weiser und besser machen werdest, so kann
es ihnen doch nicht schaden, einen freyen
Mann, dessen sämmtliche Bedürfnisse auf einen
Stecken in der Hand und eine Tasche voll
Wolfsbohnen am Gürtel eingeschränkt sind,
unter sich herumgehen zu sehen, der sie alle
Augenblicke in den Spiegel der Wahrheit zu
sehen nöthigt, und ihnen wenigstens das täuschende Vergnügen des Wohlgefallens an ihrer
eignen — Häfslichkeit möglichst zu verküm-
mern sucht. Wenn deine Gegenwart endlich
ihnen, oder ihre unheilbare Narrheit dir,

gar zu lästig fiele, so wirst du die Arme deiner
Freunde in Korinth immer wieder offen finden;
und sollte dich zuletzt die ganze Hellas nicht
mehr ertragen können, so lsſs dich irgend eine
freundliche Nereide an die Küste Lybiens zu
deinem Antipater geleiten, der die Tage, die
er in seiner Jugend mit dir verlebte, und die
traulichen Wallfahrten nach dem Eselsberg, und
die Schwimmpartien nach dem Inselchen Psyt-
talia, immer unter seine angenehmsten Erinnerungen, zählen wird.

———

17.

Diogenes an Antipater.

Weder der hoffärtige Gedanke meinen alten Meister ersetzen zu wollen, noch ein
Cynischer Trieb die Laster und Thorheiten
der edeln Theseiden anzubellen, hat
mich von Korinth nach Athen zurückgeru-
fen, Freund Antipater. Die bloſse Neigung
zur Veränderung, die dem Menschen so natürlich ist, — wär' es nur um sich selbst
eine Probe seiner Freyheit zu geben — ist
allein schon hinlänglich eine so unbedeuten-

de Begebenheit zu erklären; wenn auch der
Reitz, womit Pallas Athene ihren Lieblings-
sitz vor allen andern Städten der Welt so reichlich begabt hat, für einen Weltbürger meiner
Art weniger anziehendes hätte als für andere
Menschen. Indessen kam doch noch ein anderer Bewegungsgrund hinzu, ohne welchen
ich mich vielleicht dennoch nicht entschlossen
hätte, meinem lieben Müßiggang zu Korinth — wo sich, Dank sey den Göttern!
schon lange niemand mehr um mich beküm-
mert, und meinem kleinen sonnigten Win-
zerhüttchen (seines Umfangs wegen mein
Faſs genannt), aus bloſsem Muthwillen zu
entsagen.

Wisse also, mein Lieber, daſs ich vor
einiger Zeit, zufälliger Weise, mit einem
jungen Thebaner in Bekanntschaft gerieth,
der mit der vollständigsten Auſsenseite des
Homerischen Thersites eine so schöne
Seele und eine so frohsinnige Unbefangenheit verbindet, daſs der tugendhafteste aller
Päderasten, Sokrates selbst, seinem bekannten
Vorurtheil für die körperliche Schönheit zu
Trotz, sich in ihn verliebt hätte, wenn er
dreyſsig bis vierzig Jahre früher zur Welt gekommen wäre. Schwerlich ist dir jemahls eine
so possierlich häſsliche Miſsgestalt vor die Augen gekommen, und es sollte sogar dem sauer-

töpfischen Heraklites kaum möglich gewesen seyn, über den komischen Ausdruck, womit alle Theile seines Gesichts einander anzustaunen scheinen, nicht zum ersten Mahl in seinem Leben zu lächeln. Glücklicher Weise für den Inhaber dieser seltsamen Larve leuchtet dem, der ihm herzhaft ins Gesicht schaut, ich weiß nicht was für ein unnennbares Etwas entgegen, welches zugleich Ernst gebietet und Zuneigung einflößt, und einen Jeden, dem es nicht gänzlich an Sinn für die energische Sprache, worin eine Seele die andere anspricht, fehlt, in wenig Augenblicken mit der Ungereimtheit seiner Gestalt und Gesichtsbildung aussöhnt.

Ich weiß nicht wie es zuging, daß er, ohne an den Fransen meines ziemlich abgelebten Mantels Anstoß zu nehmen, nicht wenigen Geschmack an meiner Person zu finden schien als ich an der seinigen. Genug, wir fühlten uns gegenseitig von einander angezogen, und in wenigen Stunden war der Grund zu einer Freundschaft gelegt, welche vermuthlich länger dauern wird als unsre Mäntel. Krates (so nennt sich mein junger Böotier) ist der einzige Sohn eines sehr reichen Mannes, der sein Leben unter rastlosen Anstrengungen, Sorgen und Entbehrungen mit der edeln Beschäftigung zugebracht hat, sein Vermögen alle zehn

Jahre zu verdoppeln; und der nun, da ihm
nächst seinem Geldkasten nichts so sehr am
Herzen liegt als das Glück seines Sohnes, alles
mögliche thut, um diesen zu eben derselben
Lebensweise, in welcher er das seinige gefunden, anzuhalten. Zu grofsem Schmerz des
alten Harpagons zeigt der junge Mensch so
wenig Lust und Anlage dazu, dafs, im Gegentheil, unter allen möglichen Dingen, womit
der menschliche Geist sich befassen kann, die
Rechentafel ihm gerade das verhafsteste ist;
und nur aus Gehorsam gegen einen beynahe
achtzigjährigen Vater, — der zwar noch immer
wachend und schlafend auf seinen Geldsäcken
zählt und rechnet, aber nicht Kräfte genug
übrig hat, seinen Geschäften aufser dem Hause
nachzugehen — unterzieht er sich den Aufträ-
gen, womit ihn der Alte überhäuft, um ihm
keine Zeit zu solchen Beschäftigungen zu lassen, die in seinen Augen nichts als zeitverder-
bender Müfsiggang sind. Der Auftrag, eine
alte Schuld zu Korinth einzufordern, gab indessen Gelegenheit zu unsrer Bekanntschaft, welche Krates als den einzigen wahren Gewinn
betrachtete, den er von dieser Reise mit nach
Hause bringe. Wirklich fühlte er sich stark
versucht die Rückreise gar einzustellen, und
ich mufste alle meine Macht über sein Gemüth
aufbieten, um ihn zu bewegen, dafs er die
Ausführung seines neuen Lebensplans wenig-

stens nur so lange aufschieben möchte, als sie
mit der Pflicht gegen seinen alten Vater unvereinbar war. Vor kurzem berichtete mich mein
junger Freund, daß der Tod des Alten ihm
endlich die Freyheit gegeben habe, seiner Neigung zu folgen, und seinen Geist aller der
schweren Gewichte zu entledigen, die ihm, so
lange er sie an sich hangen hätte, den reinen
Genuß seines Daseyns unmöglich machten. Er
habe, um der verhaßten Last je eher je lieber
los zu werden, bereits seine ganze Erbschaft,
die sich auf nicht weniger als drey hundert
Talente belaufe, mit Vorbehalt dessen, was er
etwa selbst zu Bestreitung des Unentbehrlichsten nöthig haben könnte, unter seine Verwandten und Mitbürger ausgetheilt, und sey
nun im Begriff, Athen — wofern ich mich
entschliessen würde, es mit dem üppigen und
geräuschvollen Korinth zu vertauschen — oder,
widrigenfalls, das Letztere, wiewohl ungern,
zu seinem künftigen Aufenthaalt zu wählen.

Was dünkt dich von diesem jungen Menschen, Antipater? Hier ist mehr als Antisthenes und Diogenes, mehr als Plato und Aristipp,
nicht wahr? — Ich gestehe dir unverhohlen,
hätte mich die wackelköpfige Göttin Tyche
nicht, sehr gegen meinen Willen, um mein
väterliches Erbgut betrogen, ich würde so wenig als Aristipp daran gedacht haben, mir diese

Last, die mir ehemahls sehr erträglich vor-
kam, vom Halse zu schaffen. Wir wollen es
indessen einem weisen Mann' eben nicht übel
nehmen, wenn er von den Gütern, die ihm
das Glück freywillig zuwirft, einen zugleich so
edeln und so angenehmen Gebrauch macht, wie
Aristipp. Eben so wenig soll es dem von Kindheit an zur Dürftigkeit gewohnten Antisthenes,
oder dem Sinopenser, den der Zufall um sein
Vermögen brachte, zu einem grosen Verdienst
angerechnet werden, dafs sie lieber von Wurzeln und Wolfsbohnen leben, als Karren schieben, rudern, oder das schmähliche Parasi-
ten - Handwerk treiben wollten. Auch Plato
hat sich wenig auf eine Genügsamkeit einzubilden, die ihm das Glück, unabhängig in seinem eigenen Ideenlande zu schweben, und die
erste Stelle unter den Filosofen seiner Zeit, in
der öffentlichen Meinung verschafft hat. Aber,
wie Krates, in dem Alter, wo alle Sinnen nach
Genufs dürsten, die Mittel zu ihrer vollständigsten Befriedigung, die uns das Glück mit Ver-
schwendung aufgedrungen hat, von sich werfen, und jedem Anspruch an Alles, was dem
grofsen Haufen der Menschen das Begehrens-
würdigste scheint, von freyen Stücken entsagen, um sich mit völliger Freyheit der Liebe
der Weisheit zu ergeben: diefs, dünkt mich,
ist etwas bis itzt noch nie Erhörtes, und setzt
einen Grad von Heldenmuth und Stärke der

Seele voraus, den ich um so bewundernswürdi-
ger finde, da derjenige, der sich zu einem solchen Opfer entschliefst, zum Voraus gewifs
seyn kann, von der ganzen Welt (den Diogenes vielleicht allein ausgenommen) für den
König aller Narren erklärt zu werden. — Und
das mit Recht, höre ich dich sagen; denn was
sollte aus den Menschen werden, wenn der
Geist, der diesen jungen Schwärmer so weit
aus dem gewöhnlichen Gleise treibt, in alle
Köpfe führe, und die Begriffe und Grundsätze,
nach welchen er handelt, allgemein würden? —
Auf alle Fälle etwas Besseres als sie itzt sind,
antworte ich, und getraue mirs von Punkt zu
Punkt mit wenigstens eben so stattlichen Gründen zu behaupten, als die, womit uns Plato
beweiset, dafs ein Staat nicht eher gedeihen
könne, bis er von lauter Filosofen regiert werde.
Leider hat die Natur selbst dafür gesorgt, dafs
es mit den Menschen nie so weit kommen wird,
und die Freunde des dermahligen Weltlaufs
können sich, der Gefahr halben die von der
ansteckenden Kraft des Beyspiels meines jungen Freundes zu besorgen ist, ruhig auf die
Ohren legen. Sie ist desto geringer, da du
ihm wirklich grofses Unrecht thust, wenn
du ihn für einen Schwärmer hältst. Er ist
vielmehr der ruhigste, besonnenste, heiterste
Sterbliche, der mir je vorgekommen ist; und
wie aufserordentlich sein Verfahren auch immer

seyn mag, so fällt wenigstens das Wunderbare
weg, wenn ich dir sage, daß nebst einem sehr
kalten Temperament, die von Kindheit her ge-
wohnte beynahe dürftige Lebensart im väterlichen Hause, eine durch beides ihm zur andern
Natur gewordene Gleichgültigkeit gegen alle
Vergnügungen der Sinne, und eine noch tiefer
liegende Verachtung der Urtheile des grofsen
Haufens, der einen Menschen nicht nach seinem persönlichen Gehalt, sondern nach dem
Gewichte der attischen Talente, die er werth
ist, zu schätzen pflegt, — dafs, sage ich, das
alles nicht wenig zu der Entschliefsung beyge-
tragen habe, sich eines ihm wirklich mehr über-
lästigen als brauchbaren Erbgutes zu entschla-
gen. Denn was hätte er, der von drey oder
vier Obolen zu leben gewohnt war, mit drey-
hundert Talenten anfangen sollen, da es seine
Sache nicht war, nach dem Beyspiel seines
Vaters sechs hundert daraus zu machen? Von
allem, wozu der Reichthum seinen Besitzern
gut ist, hatte er entweder keine Kenntnifs, oder
keinen Sinn dafür. Gänzliche Unabhängigkeit
und sorgenfreye Mufse war schon damahls, da
ich ihn zuerst kennen lernte, das höchste Gut
in seinen Augen: und so ging es, dünkt mich,
ganz natürlich zu, dafs der Umgang mit deinem
Freund, Diogenes, in sehr kurzer Zeit tausend
schlummernde Ideen in seiner Seele weckte;
dafs die Harmonie der Vorstellungsart desselben

mit seiner eigenen das Verlangen sich nie wieder von ihm zu trennen erzeugte, und die durch unmittelbaren Augenschein bewirkte Überzeugung, dafs es keinen glücklichern Menschen gebe als den Diogenes, und dafs er zufriedener mit seinem Loose sey als zehentausend vermeinte Glückliche mit dem ihrigen, seinem Beyspiel einen unwiderstehlichen Reitz zur Nachfolge gab. Ich denke du wirst diefs desto begreiflicher finden, Antipater, da du noch nicht vergessen haben kannst, wie wenig ehemahls daran fehlte, dafs du selbst den Cynischen Mantel und Schnappsack übergeworfen hättest, wenn nicht, glücklicher Weise für dich, der Genius Aristipps den Reitzungen der zuthulichen Nymfe Penia, unsrer Schutzgöttin, das Gegengewicht gehalten hätte. Denn nicht alles, was dem einen gut, ja sogar das Beste ist, ist es darum auch dem andern; und ich bin ziemlich gewifs, dafs unsre Lebensweise, sobald der Ehrenpunkt, nicht in Widerspruch mit dir selbst zu gerathen, jede andere unmöglich gemacht hätte, dir nicht halb so wohl bekommen wäre als meinem Thebaner — Wiewohl es ein so launisches Ding um den Menschen ist, dafs ich mich nicht dafür verbürgen möchte, dafs Krates selbst, wie glücklich er sich gegenwärtig auch in seinem neuen Götterleben fühlt, auf immer vor allen Anwandlungen der Nachreue sicher sey.

Ich bin mit deinem Freund Aristipp, wie
in vielem andern, auch darin einverstanden,
dafs jeder Mensch, sobald er Verstand genug
hat eine Filosofie, d. i. eine mit sich selbst
übereinstimmende Lebensweisheit nach festen
Grundsätzen, zu haben, in gewissem Sinn seine
eigene hat. Das was den Unterschied macht,
ist nicht die Richtung: wir gehen alle auf eben
dasselbe Ziel los. Eudämonie ist der Preis,
nach welchem wir ringen; und wie gern der
stolze Plato (der, wenn's möglich wäre, gar
nichts mit uns Andern gemein haben möchte)
sich auch die Miene gäbe, als ob das übersinnliche Anschauen der formlosen Urwesen und
die geistige Vereinigung mit dem Auto-Agathon, ohne alle andere Rücksicht das einzige
Ziel seiner Bestrebungen sey, so soll er mich
doch nicht bereden, dafs sie es auch dann noch
seyn würden, wenn er sich in diesen — geistigen oder fantastischen? — Anschauungen
nicht glücklicher fühlte als in jedem andern
Genufs seiner selbst. Der Unterschied wird
also in dem Wege und den Mitteln bestehen. Wir Cyniker, z. B. wählen uns, mehr
oder weniger freywillig, den kürzesten Weg,
unbekümmert dafs er ziemlich rauh und steil
ist und hier und da von Disteln und Dornhecken starrt. Aristipp wählte sich einen weitern, aber ungleich ebenern und anmuthigern
Weg, nicht ohne Gefahr unversehens auf diesen

oder jenen Abweg zu gerathen, der ihm das
Wiedereinlenken in die rechte Bahn mehr oder
minder schwer machen könnte. Andere haben
sich zwischen diesen beiden, oft ziemlich weit
aus einander laufenden Wegen, mehrere Mit-
telstrafsen gebahnt. Plato nimmt den seinigen sogar, wie Ikarus, durch die Wolken;
unläugbar der sanfteste und nächste, wenn es
nicht der gefährlichste wäre. Noch verschiedener sind die Mittel, wodurch jeder auf
seinem Wege sich zu erhalten und zu fördern
sucht. Tausend innere und äufsere, zufällige
und persönliche Umstände, Temperament, Erziehung, geheime Neigungen, Verhältnisse,
kurz das Zusammenwirken einer Menge von
mehr oder minder offen liegenden oder verbor-
genen Einflüssen auf Verstand und Willen, ist
die Ursache der verschiedenen Gestalten und
Farben (wenn ich so sagen kann) worin sich
eben dieselbe Lebensweisheit (ich erkenne keine
Filosofie die nicht Ausübung ist) im Leben einzelner Personen darstellt; und worin eben das
Eigenthümliche desselben besteht. Denn, wie
gesagt, im Hauptzweck, und selbst in solchen
Mitteln, welche, als zu jenem unentbehrlich,
selbst wieder zu Endzwecken werden, stimmen
Alle überein. Von dieser Art ist z. B. die
Befreyung der Seele von Wahn und Leiden-
schaft, ohne welche schlechterdings keine
Eudämonie denkbar ist. Alle Filosofen, von

Thales, und Pythagoras, an, bekennen sich zu
diesem Grundsatz; aber wie weit gehen sie
wieder aus einander, sobald es zur Anwendung
kommt! Wir können von den Wahnbegriffen,
Fantomen und Vorurtheilen, die unsern Verstand benebeln, und irre führen nur durch die
Wahrheit frey werden. Aber was ist Wahrheit? Der Eine behauptet die Ungewißheit aller
Erkenntniß; ein Anderer erklärt alle sinnlichen
Anschauungen und Gefühle für Täuschung und
Betrug, und sucht die Wahrheit in einer übersinnlichen Ideenwelt; ein Dritter, läßt im Gegentheil keine Erkenntniß für zuverlässig gelten; die uns nicht durch die Sinne zugeführt
und durch die Erfahrung bestätiget wird, u. s. w.
Eben so ist es mit der Befreyung von der Herrschaft der Triebe und Leidenschaften. Der
Eine will alle Begierden an die Kette gelegt,
und den Leidenschaften alle Nahrung entzogen
wissen; ein Anderer läßt nur die reinen Naturtriebe gelten, und verwirft alle durch Verfei-
nerung und Kunst erzeugte Neigungen; ein
Dritter will die natürlichen Triebe und Leidenschaften, weder ausgerottet noch gefesselt, sondern bloß gemildert, verschönert, und durch
die Musenkünste mit Hülfe der Filosofie in die
möglichste Harmonie und Eintracht gesetzt
sehen. Alle diese Verschiedenheiten sind in
der Ordnung, so lange die Leute keine Sekten

stiften wollen? — Jeder hat für seine eigene Person Recht; aber so bald sie mit einander hadern,
und sich um den ausschließlichen Besitz der
Wahrheit, wie Hunde um einen fetten Kno-
chen, herumbeißen, dann haben sie alle Unrecht; — und in diesem einzigen Punkt
wenigstens ist Diogenes, der mit niemand um
Meinungen hadert, vollkommen gewiß daß er
Recht hat.

Indessen ist am Ende die Anzahl der Filosofen, denen dieser Nahme in der eigentlich-
sten Bedeutung zukommt, so klein, daß wahrscheinlich unter der ganzen übrigen Menschen-
klasse manche seyn müssen, die an Sinnesart,
Gemüthsbeschaffenheit und äußerlichen Umständen mit irgend einem von Jenen mehr oder
weniger übereinstimmen. Ich betrachte daher
jeden unsrer Filosofen gleichsam als den Reprä-
sentanten einer ganzen Gattung, und indem
ich annehme, daß seine Filosofie einer Anzahl
ihm ähnlichen Menschen als Ideal oder Kanon
ihrer Denkart und ihres Verhaltens brauchbar
seyn könne, berechne und schätze ich hiernach
ungefähr den verhältnißmäßigen Nutzen, den
sie der Menschheit etwa schaffen könnte. So
kann, z. B. meiner demüthigen Meinung nach,
die Platonische Filosofie nur solchen
Menschen verständlich seyn und wohl bekom-

einfachen Art zu singen, eine viel zusammen-
gesetztere Chromatische untergeschoben,
auch in seinem Gedicht über die Niederkunft
der Semele die geziemende Anständigkeit *)
gröblich verletzt habe: als hätten die Könige
und Eforen, in Erwägung, daſs solche Neuerun-
gen nicht anders als den guten Sitten sehr nachtheilig seyn könnten, und zu Verhütung der
davon zu besorgenden Folgen, besagtem Timotheus einen öffentlichen Verweis gegeben, und
befohlen, daſs seine Lyra auf sieben Saiten zu-
rückgesetzt und die übrigen ausgerissen werden
sollten.“ — Daſs Athenäus (im 10. Kap. des
XIV. B.) diese Anekdote nach andern Autoren
anders erzählt, beweiset eben so wenig gegen
sie, als das Ansehen des edlen und für sein
Zeitalter gelehrten Boëthius die Ächtheit des
Dekrets, nach Verfluſs von 1000 Jahren, verbürgen kann. Ich kenne nicht eine einzige

*) Nehmlich durch das fürchterliche Geschrey,
welches er die in des Donnerers allzufeuriger
Umarmung sich verzehrende und vor Angst und
Schmerz zu früh von dem jungen Bacchus ent-
bundene Semele erheben lieſs; wie aus einer Stelle
im Athenäus, B. VIII. Kap. 5. erhellet; denn
eine andere Art von Unziemlichkeit ist hier nicht
zu vermuthen.

Griechische Anekdote dieser Art, die nicht von
andern anders erzählt würde. Gewiss ist indessen,
ben, dafs das Dekret ganz im Geiste der Spar-
tanischen Aristokratie, die in allem streng über
die alten Formen hielt, und ihrem Geschmack
in der Musik gemäfs, abgefafst ist.

2) S. 116. Dafs Plato durch dieses Vorgeben seinem Mährchen eine Art von Beglaubigung geben wolle, ist klar genug: aber worauf er die Fönizische Abkunft desselben gründet, und wer die Dichter sind, welche versichern, es habe sich an vielen Orten zugetragen, weifs ich nicht. Denn dafs er auf die
bewaffneten Männer anspiele, die aus der Erde
hervorgesprungen seyn sollen, als der Fönizier
Kádmus die Zähne des von ihm erlegten
Kastalischen Drachen in die Erde säete, oder
auf die goldnen, silbernen, ehernen, heroischen und eisernen Menschen des Hesiodus,
die nicht zugleich sondern in auf einander
folgenden Generazionen, nicht aus dem Schoofs
der Erde hervorsprängen, sondern von den
Göttern gebildet und zum Theil gezeugt wurden, — ist mir nicht wahrscheinlich. Doch
vieleicht will er mit dieser anscheinenden Beglaubigung seines in der That gar zu abgeschmackten Mährchens nicht mehr sagen, als
mit dem etwas plattscherzhaften Zweifel sei-

nes Sokrates „ob es sich künftig jemahls wieder zutragen dürfte."-

3) S. 134. Praxilla, eine zu ihrer Zeit
berühmte Skoliendichterin aus Sicyon, hatte
ein Lied verfertiget, worin Adonis, den sie
so eben im Reich der Schatten anlangen läfst,
auf die Frage: was von allem, so er auf der
Oberwelt habe zurücklassen müssen, das
Schönste sey? zur Antwort giebt: „Sonne,
Mond, Gurken und Äpfel." Man fand diese
Antwort so albern naif, dafs die Redensart,
einfältiger als Praxillens Adonis, zum Sprüchwort wurde.

4) S. 204. Aski, Kataski, sind ein Paar
Zauberworte von denen, die bey den Griechen
Efesia grammata hiefsen, womit von Betrügern
und abergläubischen Leuten allerley Alfanzerey
getrieben wurde, und über deren Abstammung
und Bedeutung viel vergebliches filologisiert
worden ist.

5) S. 239. Die sogenannte Platonische Zahl,
wovon Aristipp hier mit einer Art von Unwillen spricht, der ihm zu gut zu halten ist,
hat von alten Zeiten her vielen bene und
male feriatis unter Filologen, Mathemati-
kern und Filosofen, manche saure Stunde gemacht. Alle haben bisher bekennen müssen,
dafs ihnen die Auflösung dieses Räthsels, oder

vielmehr die Bemühung Sinn in diesen anscheinenden Unsinn zu bringen, nicht habe
gelingen wollen. Ich gestehe gern, daſs ich
den Versuch, eine auch nur den schwächsten
Schein einer sichtbaren Dunkelheit von sich
gebende Übersetzung dieser berüchtigten Stelle,
eben so wohl, wie der sehr geschickte und
beynahe enthusiastisch für den göttlichen Plato
eingenommene Französische Dollmetscher über
meine Kräfte gefunden habe. Herr K l e u k e r,
— dem wir eine schwer zu lesende Übersetzung der Werke Platons, zu danken haben,
die nicht ohne Verdienst ist und einem künftigen lesbaren Übersetzer die herkulische Arbeit
nicht wenig erleichtern wird, — ist herzhaf-
ter gewesen als wir beide: und da seine Doll-
metschung wohl den wenigsten Lesern dieser
Briefe zur Hand seyn dürfte, so sehe ich mich
zu Aristipps und meiner eigenen Rechtfertigung beynahe genöthigt, von seiner mühsamen
Arbeit dankbaren Gebrauch zu machen, und
seine wörtlich getreue Übersetzung dieser Stelle,
so weit sie die Platonische Zahl betrifft, hier
abdrucken zu lassen. Sie lautet folgender
Maſsen:

„— Alles Lebende auf Erden hat seine
Zeit der Fruchtbarkeit und Unfruchtbarkeit der
Seele und dem Körper nach. Diese Zeit ist

zu Ende, wenn die umkreisende Linie eines
jeden Zirkels wieder auf den ersten Punkt
seines Anfangs kommt. Die kleinen Umkreise
haben ein kurzdaurendes, die entgegengesetzten ein entgegengesetztes Leben. Nun aber
werden diejenigen, die ihr zu Regenten des
Staats gebildet habt, so weise sie auch seyn mögen, dennoch den Zeitpunkt der glücklichen Erzeugung und der Unfruchtbarkeit eines Geschlechts durch alles Nachdenken
mit Hülfe der sinnlichen Erfahrung nicht treffen. Dieser Zeitpunkt wird ihnen entwischen,
und sie werden einmal Kinder zeugen, wenn
sie nicht sollten. Der Umkreis der göttlichen Zeugungen hält eine vollkommene Zahl
in sich: aber mit der Periode der menschlichen Zeugungen verhält es sich so,

„daß die Vermehrungen der Grundzahl,
„nehmlich drey potenziirende und poten-
„zürte Fortrückungen zur Vollendung,
„welche vier unterschiedene Bestimmun-
„gen des Ähnlichen und Unähnlichen, des
„Wachsenden und Abnehmenden anneh-
„men, alles in gegenseitigen Beziehungen
„und ausgedrückten Verhältnissen darstel-
„len. Die Grundzahl dieser Verhältnisse,
„nehmlich die Einsdrey mit der Fünfe ver-
„bunden, giebt nach dreyfacher Vermeh-

„rung eine zwiefache Harmonie; eine
„gleiche ins Gevierte, als Hundert in der
„Länge und Hundert in der Breite; eine
„andere, die zwar von gleicher Länge ist,
„aber mit Verlängerung der einen Seite,
„so dass zwar auch Hundert an der Zahl,
„nach dem diametrischen Ausdruck der
„Fünfen darin liegen, wovon aber jede
„dieser Fünfen noch eine bedarf und zwey
„Seiten unausgedruckt sind: Hundert aber
„folgen aus den Kuben der Dreyheit. Diese
„ganze Zahl ist nun geometrisch und re-
„giert über die vollkommnern oder un-
„vollkommnern menschlichen Zeugungen,
„u. s. f.“

Herr Kleuker hat uns in einer Anmerkung
zu dieser Platonischen Offenbarung, welche
ihm vielleicht doch erklärbar scheint,
einen künftig nähern Aufschluss darüber hoffen
lassen; ob und wo er diese Hoffnung erfüllt
habe, ist mir unbekannt.